The Highly Sensitive Person in Love

ひといちばい敏感なあなたが人を愛するとき

HSP気質と恋愛

エレイン・N・アーロン 著　明橋大二 訳

青春出版社

夫アートと

息子エリジャーへ。

そして、同じく愛おしい読者の皆さんへ

――エレイン・N・アーロン

THE HIGHLY SENSITIVE PERSON IN LOVE
by
Elaine N.Aron,Ph.D

Japanese translation published by
arrangement with
Elaine N. Aron,Ph.D c/o Betsy Amster Literary Enterprises
through
The English Agency (Japan) Ltd

訳者まえがき

大切な人と豊かな関係を築くために――

明橋大二

私は、総合病院の心療内科で、日々多くの患者さんの診療をしています。さまざまなストレスを抱え、心身に不調をきたして来られる人の話を聞く中で、人の気持ちに敏感であったり、ちょっとした変化に気づく鋭い感性を持つ人が少なくないことに気づいてきました。

そういう方の多くは、「自分はストレスに弱い」とか、「人と同じことができない」と自分を責めておられるのですが、そういう人に「しかしそれは、人に優しいとか、よく気がつくとか、あなたの素晴らしい長所でもあるんじゃないですか」と伝えてゆくと、少しほっとされて、それをきっかけに自分のプラスの面にも徐々に目を向けられるようになると感じています。

そんな時に出会ったのが、エレイン・N・アーロン氏の提唱する、HSPという概念でした。HSPとは、Highly Sensitive Personの略で、「ひといちばい敏感な人」を言います。

感覚的にも、人の気持ちにも敏感で、５人に１人くらいの割合でいるといわれます。相手の気持ちを察して気遣うことができたり、人が気づかないちょっとした変化に気づくので危険予知に優れていたり、素晴らしい長所をたくさん持っている一方で、人が気にならないところが気になったり、変化に慣れるのに時間がかかったりするので、ストレスをためやすい面もあります。また HSPは病気でも障がいでもありません。一つの特性、持って生まれた性格です。

1996年に、アーロン氏が HSPについての最初の著書を出版するや否や、それは全米でベストセラーとなり、さらに世界各国で翻訳され、今や HSPという概念は世界中に広まっています。それほど多くの人にとって必要とされ、待たれていた概念だったのだと思います。

日本でもここ数年、HSPに対する関心が飛躍的に高まっていて、新聞やマスコミで取り上げられたり、タレントが自分がHSPだと告白することも出てきています。インターネットにもたくさんの記事が掲載され、各地で、HSPのお茶会なども行《おこな》われているようです。学問的にも、この特性は、SPS（感覚処理感受性）として、さまざまな研究者によって活発な研究が開始されています。

人の悩みの最大のものは人間関係といわれます。その人間関係に、極めて大きな影響を及ぼすのが、気質、すなわち持って生まれた性格です。その中でも、この「敏感さ」という特性は、男性か女性かと同じくらい、人と人との関係に深く関わっています。

ですから恋愛でも、夫婦関係でも、親子関係でも、学校や会社での人間関係でも、これからの社会は、このHSPという概念を知らずに語ることは不可能ではないかと思っています。

ところが、それほど広まってきたHSPですが、もともとこの概念を提唱した、エレイン・N・アーロン氏の原著が、日本ではまだ２冊しか翻訳されていません（“The Highly Sensitive Person［ザ・ハイリー・センシティブ・パーソン］”と“The Highly Sensitive Child［ザ・ハイリー・センシティブ・チャイルド］”の２冊）。

この翻訳書の原著となる“The Highly Sensitive Person in Love（ザ・ハイリー・センシティブ・パーソン・イン・ラブ）”は、実は2001年に一度、講談社から『敏感すぎてすぐ「恋」に動揺してしまうあなたへ。』という邦題で出版されたのですが、残念ながらその後廃刊となり、ネット上では、中古書が１万円以上の高値で取引される状態となっていました。

HSPが、この日本で正しく広まっていくためには、そのもともとの提唱者である、アーロン氏の原著とその考えが、もっともっと多くの人に読まれる必要があると思います。

特に、この“The Highly Sensitive Person in Love（ザ・ハイリー・センシティブ・パーソン・イン・ラブ）”は、前著“The Highly Sensitive Person（ザ・ハイリー・センシティブ・パーソン）”が基礎編とするならば、いわばその応用編、実践編であり、さらに、アーロン氏のもう一つの重要な概念であるHSS（High Sensation Seeking/刺激探求）について、初めて詳しく述べられた本でもあります。

そういう意味で、HSPを知るには、欠くことのできない本であり、それほど重要な本が、日本でなかなか手に入らない状況にあることを、とても残念に思ってきました。

ですから今回、ようやくこのような形で邦訳を出せたことを本当にうれしく思っていますし、これをきっかけに、さらにHSPについての理解が、日本に広まることを心から願っています。

この本には、HSPが、あるいはHSPをパートナーに持つ人が、相手とよい関係を築くために役立つ、具体的なアドバイスがたくさんあります。その一方で、アーロン氏の心理療法実践から生まれた深い人間理解、さらには、ユング心理学者としての人間についての洞察に至るまで、極めて豊かな内容が盛り込まれています。

多くの人がこの本によって、より幸せな人生へのヒントを得られることを願っています。

最後になりますが、この邦訳の出版を引き受けてくださった青春出版社の皆さん、そして熱心に後押ししてくだった編集者の宮島菜都美氏に心から感謝申し上げます。

ひといちばい敏感なあなたが人を愛するとき　目次

第3章

HSPと親密さへの怖れ

第4章

恋に落ちるとは?

本文デザイン・DTP　岡崎理恵

はじめに

ひといちばい敏感という生まれながらの特性が、愛というものにどう作用するのか、純粋に科学的な関心を、私が持っているわけではありません。望むと望まざるに関わらず、私自身がHSPとして生きていて、多くのことを教わったのです。

私の経験は、ほんの一例でしかありませんが、敏感さが人との関係や愛に与える影響について、これまで見落とされてきた深い気づきを与えてくれるでしょう。

二人の違いから学んだこと

私の夫のアートは、社会心理学者で、じっとはしておれないタイプです。散歩は一人ならウォークマンが欠かせませんが、それよりは私と歩くほうがいいようです。私は、むしろ一人で歩くほうが好きです。私は一人で５時間でも運転できますが、ラジオは絶対につけません。ただ、考え事をしています。

アートは、プレッシャーの下でも平気です。困った時にこれほど頼りになる人はありません。彼は危険をものともせず、結局何とかしてしまうのです。しかし一方、同じ部屋に100回出入りしても、切れた蛍光灯にも、ずれた絨毯《じゅうたん》にも気づきません。私は、居心地をよくするために、自然と細かなことにも気づきます。

一緒に学会に出席すると、アートは朝から夜中の２時まででも、いろんなグループの懇親会に顔を出します。私は、セッションに顔を出し、ディナーやパーティーまでは同席しても、その後は、外を歩いたり、ずっと一人の相手としゃべったり、部屋に戻ることがほとんどです。

アートにとっては、全ての活動がスピリチュアルです。日々の生活も神聖なものなのです。私は、外から求められることと、内面に沈潜《ちんせん》した時の豊かでスピリチュアルな世界の間で、引き裂かれる思いをしていますが、本当はいつも引きこもっていたいのです。１年半も前に買い替えたキッチンの壁の額について、アートが「あの新しいのどこで買ったの？」と聞いてきた時のことを、私は今でもからかっています。でも、彼は、私のことをからかいません。私が深刻に受け止めてしまうと分かっているからです。

二人で丸々16時間も働くことがあります。私は嫌ですが、彼は平気です。私は休もうとしても、神経が高ぶって眠れないのですが、アートは私の横に転がると、30秒もしないうちに冬眠中の熊のようになります。

アートは、私のように頻繁には夢を見ません。見るとしても、幸せな夢、何かを整理している夢です。私の見る夢は強烈で、時に不快なものです。そのため、二人の間では何年も、「私は異常に激しく、彼は泰然自若としている」ということになっていました。しかし、もちろん私はそれについても突き詰めて考えていました。

「私が病んでいて、夫のメンタルは凄《すご》い」

「私は天才なのに、どうしようもなく浅はかで思慮のない夫に縛られている」

私は、この２つの思いの間を、行ったり来たりしていました。どちらかというと、自分に問題があると考えたほうが楽でした。夫のことを愛したいと強く願っても、時々、アートとは違う、もっと深いパートナー、私を本当の幸せへと導いてくれそうな相手を望むこともありました。

アートにしたって、ノリがよく、会話が上手で社交的な妻がいたら、もっと楽しい生活ができたんじゃないかと思うこともありました。でも彼は、二人の違いを、疎《うと》ましいなどとは思ってもいませんでした。私と違って。

私は自分のことでも不幸でした。アートは決して言わないのですが、私は、本当に自分に何か問題があると思っていたのです。アートは、私の激しさ、想像力、洞察力、深い考えや会話が好きなこと、細かいことに気づくこと、激しい感情を愛してくれました。これらは、生涯ずっと気にしてきた自分のひどい欠点の中で、許容できるものだけが表に現れているのだと思っていました。そんな私にしてみたら、それにも関わらず夫が私を愛してくれるのは、信じられないことでした。

そして、もちろん、私たち夫婦は、他のことでも見事に真逆でした。本書で述べるのは、HSPと非HSPの愛についてだけではありません。HSPがまず自分を愛すること、そして相手を愛し、愛される話をしたいと思います。念のために言っておくと、アートは、ひといちばい鈍感なのではありません。彼は、人混みは苦手で、暴力的な映画は嫌い、芸術を愛しています。とても誠実で、いつも相手に対しても、そして自分の内なる声に対しても耳を傾けています。28～29ページにあるHSPのセルフテストで、彼は9点でしたがこのスコアは中間値です（中間値になる人は少なく、ほとんどはHSPか否かはっきり分かれます）。彼は、愛情、親密さ、親しさを大切にする人です。実は、私たちの研究の中心は、これまでも、そして今も、愛と、身近な人との関係です。

そうはいっても、数年前までは私も、誰かに近づきたい気持ちもありませんでしたし、近づける自信もありませんでした。中年の危機が吹き飛ばしてくれるまでは、私は、もう一つの私の欠点である、ネガティブな感情にとらわれていたのです。この時期、私は不満ばかりを口にしていたので、アートにはかなりキツかったと思います。しかし、そのようなことがあったからこそ、私たちの苦しみに解決の道が開かれ、本書が誕生したのです。

HSPについて

ある心理療法士が私のことを何気なく、「ひといちばい敏感ですね」と口にしたことが私の人生の突破口となりました。「これが、私の欠点の正体？ いや、全然欠点ではないかも？」と光が差したのです。そこから、私のHSP研究が始まりました。

初めて耳にする人のために説明します。HSPとは、人口の15～20パーセントを占め、遺伝子的に、ささいなことに敏感で、内的な経験を深く考える傾向があり、そのため必然的に、外の出来事に圧倒されやすい神経システムを持って生まれた人のことです。この気質については第1章で詳しく述べます。

この概念は、私だけでなく、他の研究者の研究からも、十分に確立されてきたものです。ここでご理解いただきたいのは、私がここで話すことは、何も珍しいことではなく、多くの人が生まれ持つ普通《ノーマル》*1の違いが、神経システム全体の中でどう機能し、生活のさまざまな面にどう影響するかです。この気質は、5人に1人かそれ以上が持ちます。人がランダムにペアを組む場合、少なくとも36パーセントの人がこの気質の影響を受けることになります。

ここで問題となるのは、あなたやあなたのパートナーがHSPかどうかです。28～31ページで、HSPのテストをパートナーと受けてみましょう。36～39ページにある「刺激探求」という、もう一つの生来《しょうらい》の気質のテストも一緒にどうぞ。それも第1章で説明します。また、ひといちばい敏感な男性は、女性と同じくらいいるのですが、女性は、細かいことに敏感で、男性はタフでおおらかなのがいいとされています。男女に対する固定観念と敏感さについては、第2章で話します。

インタビューや調査を行い、相談を受け、数千人へのアンケートを行って分かったことは、私自身の人生と夫婦生活の両方に、大きな意味をもたらしました。二人が違っていればいるほど、自分と夫の両方を愛し、尊敬できるのです。私たちの奥に根ざした気質の違いに向き合うことで、本当に多くのことを学び、成長させられ、人生に得難い情熱と喜びを与えられました。

私個人の印象深い経験から書き始めましたが、HSPとそのパートナー（HSPでも非HSPでも）には、HSPの激しさやお互いの違いを考える手助けが要ります。HSPには、このような助けがないと、相手との愛や親密な関係も、最後にはつらい失望に終わり、その過程で図らずも相手を苦しめてしまうのです。しかし、HSPは助けさえあれば、家族や世界に対して、素晴らしく豊かな愛の貢献ができる素敵な才能があるのです。

全て遺伝子で決まるのでしょうか？

私はHSPかどうかで、その人の幸せや人間関係がうまくいくか決まるなどと言うつもりはありません。もちろん、アートと私も、敏感さの違いの他にも課題はたくさんありました。しかし、はっきり言えることは、敏感さの度合いと一般的な生まれつきの気質は、人間関係がうまくいくかどうか理解しようとする時に、最も無視されてきた要因だということです。

しかし、この無視の歴史は間もなく終わります。例えば、これを知ったからといって何がどうなるわけでもありませんが、1992年にミネソタ大学の心理学者、マット・マクギューとデビッド・リッケンは、離婚のリスクの50パーセントは遺伝で決まる（！）ことを発見しました。

その数字に対しての異論はこれからすぐ話しますが、この遺伝の影響の大きさにはびっくりです。この問題は、すぐに注目の的になり、世間における遺伝子への関心は急上昇しました。

夫婦関係、恋愛関係は本当に遺伝子が決めるのでしょうか？ あなたは、もちろん「違う」と言うでしょう。人は成長するにつれ、態度や価値観を学びますし、自己啓発本のアドバイスに従うなどして、自分を変えることだってできます。しかし、この離婚の遺伝学は、仕事や家庭の幸せの度合いを決めるのは、経験や育ちでなく、遺伝子だと主張する、現代の風潮を表しています。

私はこれほどまでに遺伝子を強調することには懐疑的になって当然だと思います。まず、結婚と離婚は、明らかに、その本質は社会的なものです（例えば、ミネソタよりカリフォルニアのほうが離婚が多い理由は遺伝子ではありません）。

次に、行動は遺伝子に支配されると考えるこの風潮は、知らず知らずのうちに考え方そのものを蝕《むしば》みます。「その人の生き方を変えようとしたり、『人の行動には責任が伴う』と考えたりすることはやめましょう。なぜなら、彼らは『そのように生まれついた』のですから。神経質、ビクビクしている、悲観的、知能が低い、暴力的、注意欠陥障害があったりするのも、遺伝子のせいで『そのように』生まれついたから」ということになってしまうのです。確かに、これらの要因を遺伝子とする研究もあります。

しかし、一体それがどう関係して、そこから何を学べというのでしょう？ 同じ遺伝子の一卵性双生児でも、「遺伝的」問題が一方にはないのはなぜですか？ 心のほとんどは遺伝子で決まると思っている気質の研究者たちと、森にキノコを採りに行くとしたら、私はその森で違う恵みを摘んで帰ると思います。

第一に、私は人との関係は、遺伝子ではなく、社会的な問題と考えます。離婚が遺伝するといっても、遺伝子の何かが離婚に作用しているというだけであって、問題は生まれつきの気質ではなく、気質の扱い方が間違っていることだと思うのです。

第二に、気質を学べば学ぶほど、ストレスは軽くなり、自分や他人に寛容になれます。人が変わる鍵だと思えるようになります。人が変わらない、変わらないように見えるのは、気質のためではありません。

とはいっても、離婚のリスクの50パーセントには、何らかの遺伝子が絡んでいます。だからこそ、重要でありながら無視されてきた生まれつきの気質が、人間関係の調和の鍵なのです。

本書の使い方

● 人は複雑だということを忘れない

多くの心理学の本と同様、私も、まずは一般論を述べなければなりません。しかしHSPは、書かれていることとは別の可能性もじっくりと考えるので、特にこれから話すような一般論やレッテル、固定観念には疑いを持ちます。もしかして、あなたはもう心の中で、「自分はHSPだと思ったけど、むしろ、アートに似ているな。よく眠れるし、外向的だし、落ち着きがないし、楽観的だから」と呟いていませんか？

実際、それらが全部当てはまるHSPもいます。例えば、HSPの30パーセントは外向的*2です。

人は皆、違う経験をしていて、遺伝子も複雑だし、おそらく運命もそれぞれなので、一人ひとりがユニークな存在です。ですからその関係もまた、皆、ユニークです。だから、本書の全てを鵜呑みにしないで、役立つところだけを取り入れてください。

あるいはまた、「結局、HSPという別のレッテルを作っただけじゃないの？」と思う人もあるかもしれません。いいですね。それが、「シャドー（影）*3」という、一般論につきものの悪い面であり、それが固定観念となり、偏見となるのです。私たちは、「HSPはこうで、これがよい、非HSPはああで、それが悪い」と思い始めます。

私たちHSPは、偏見の目で見られてきました。単に無視されただけではなく、シャイ、臆病、神経質（生まれながらの人はいないと思います）と同情されたり、貶《おとし》められたりしてきました。もちろん私たちは、自分には優れたところがあるという感覚と誇りを忘れてはなりません。しかし、本書では特に違いを誇ろうとする時、私もあなたも、決して非HSPを見下すことのないよう、十分に気をつけなければなりません。

自分や誰かを、ある気質を用いて単一の尺度でしか捉えなくなったり、それで優劣を感じるようになったりしたら、一呼吸置きましょう。

あなたは本書を慎重に読んでくれると信じています。

● 本書は、恋愛にも友達関係にも活かせます

本書では、主に恋愛について書いていますが、もちろん友達や身内だって愛しい存在です。ここで話すことは、友達と会う時、家族と暮らす時、同僚とのつきあい、親しいHSPや非HSPとのコミュニケーションにも同じように当てはめることができます。私は、恋愛は、これら恋愛以外の身近な関係なくして、長続きしないと思うのです。相手の全てを満たせる人はありませんし、相手の全てを喜べる人もいません。HSPには、豊かで複雑な個性と、話して理解してもらうべき長所があります。パートナーが非HSPなら、あなたにはHSPの友達が何人か必要で、パートナーにも非HSPの友達が要るでしょう。二人ともHSPなら、二人ともそれぞれ別に、非HSPの友達がいると楽しいでしょう。

● 自分の愛に合わせて本書を活用しましょう

それにしても、愛というのは、とても大きなテーマです。この本への皆さんのニーズは、とにかくさまざまでしょう。今恋をしているのか、相手と幸せに暮らしているのか、長続きせずに困っているのか、はたまた誰とも交際していないか、いろんなパターンがあるからです。ですから、しばらくそれぞれの人に向けて話します。

本書をパートナーと一緒に読んでいるあなたへ

（相手がHSPかどうかに関わらず）本書を一緒に読むことは、二人にとって一番いいことです。二人で、この本の一部、あるいは全部を一緒に読み合うこともできます。自分たちの気質を一緒に考えることで、驚くほど、二人のトゲトゲやギスギスが和らぐでしょう。

パートナーが一緒に読んでくれなさそうなあなたへ

それでも大丈夫です。学びをシェアできます。「おいしい」箇所を声に出して読んで、後は全部読んでくれそうな時間を作ってあげるのです。もし、相手が無関心でも、心配はありません。人は、新しい考えに抵抗するものです。その人は何かを怖れているのでしょう。だから、パートナーが何を怖れて読んでくれないのか、考えてみるといいでしょう。そうすれば相手も徐々に信頼してくれ心を開いてくれるでしょう。

もしあなたが怒っていたり、傷ついていては、その信頼を得ることはできないでしょう。

もちろん、そこまで理解してもらうのは、簡単なことではありませんし、またそれが必ずしも賢明とも限りません。もし相手が無関心で、あなたがとても悲しい思いをしているのなら、その気持ちは隠せないし、隠すべきではありません。しかし覚えておいてください。人の心は続かないものです。怖れも無関心も。人は、リラックスし、理解され安心している時に、新しい考え方に心を開けるものです。パートナーの愛おしいところをたくさん思い浮かべ、しばらく大きな気持ちで見守りましょう。

今は恋をしていないあなたへ

私はそんなあなたのことも想いつつこの本を書いています。望むと望まざるに関わらず、交際をしていないHSPにたくさん接してきたからです。しかし、現在の関係がどうであれ、HSPはそうでない人よりも、恋に火傷しやすいのです。HSPはそうでない人よりも、激しく恋に落ちやすいです。ですから逆に、いつでも過去の愛から教訓を得ることができます。

「僕は君を愛している。そして、それは君には関係のないことだ」

ゲーテのこの言い回しは、私のお気に入りの一つです。私は本書を、対人関係ではなく、愛の本と呼んでいます。

愛は、対人関係よりも、ずっと芳醇《ほうじゅん》でパーソナルで、「HSPの話」に向いている気がするからです。対人関係の本には、内向的な、孤独さえも求める愛については、あまり書かれていないと思います。しかし私を含めてHSPの愛は、そのような愛も少なくないのです。私がどうしてHSP向けの愛の本が必要だと思ったか、HSPの皆さんにはきっとお分かりいただけると思います。

そして覚えておいてほしいことは、私たちは皆、親しい友達が必要で、そして、愛は、決して消えることのない人間心理における一つの「力」だということです。たとえたった一人の時でも、私たちは誰かのことを考えています。その誰かのことを、HSPは愛することができるのです。

人は愛されないといけません。あなただってそうです。自分を愛し、相手も愛せるよう、あなたにこの本が届きますように。

あなたが非HSPなら

HSPのパートナーや友達のことを知ろうとしているあなたは、素晴らしいです。HSPのことばかり書いていてゴメンなさい。非HSPをないがしろにしているつもりはないのです。分かってもらえると思います。

本書は、研究に基づいています

HSPは本書が確固とした研究に基づいているのか知りたいと思うでしょう。本書は、私自身の研究と、成人の気質や親密な関係の分野における最先端の研究成果に基づいています。この分野は、ここ10年で急速に発展しました。しかし、そういった研究の多くは、ほとんど一般の方々には知られることなく、パーソナリティや、ジェンダー、「どうすれば愛が続くか」といった、研究に基づかない流説の煽《あお》りを受けてきました。本書では、研究で集められた多くの事実をHSPの人間関係の実態に絡めてお伝えしたいと思います。

● あらゆるデータや研究を基に

私は本書のために、HSPに交際について徹底的にインタビューを行いました。より突っ込んだ質問ができるよう、研究調査やアンケートを考案し、あるアンケートでは、HSPも非HSPも合わせて1000人に質問をしました。他のアンケートでは、HSPのニュースレターである“Comfort Zone（心地よい居場所）”の全ての購読者に回答してもらっただけでなく、比較のために非HSPの知人にもアンケートに答えてもらうようにしました。さらには、他の研究者がカップルの敏感さを長期にわたって評価したデータの結果も分析してきました。

私の目標は、HSPは相手もHSPがいい？　HSPカップルなら幸せ？　HSP—HSPと、HSP—非HSPカップルの問題は？　交際におけるHSP

の強みと弱みは？　ひといちばい敏感だと、性生活は？　別れてしまうこともある？　といった質問に対し、私の意見だけでなく、信頼できる回答を提供することでした。

もちろん、愛の謎は、数字だけで測れるものではありません。そのため、本書は「はじめに」の最初にお話ししたような、私のまさに個人的な経験と、私の心理療法士としての経験の両方をベースにしています。最後に深層心理学からも、書いています。

● 深層心理学からのアプローチ

深層心理学は、見落とされ、抑圧され、蔑《さげす》まれさえしている生の側面に目を向ける心理学の一分野です。船乗りが海の水面を注視するように、心理学者は意識的な思考と行動の一般原則を探し続ける手法を使います。対して深層心理学は、海面から無意識の「ストーリーの奥底」へと潜水し、探ろうとするスキューバ・ダイバーであり、ジャック＝イヴ・クストー（水中考古学の創始者）です。

両方のアプローチに価値があります。しかし、表面しか見なければ、海の一面しか知り得ないことになってしまいます。一瞥《いちべつ》するだけでも、目的によってはそれで十分であったとしても、両方を見るのは意味のあることなのです。

私はたまたま、一般的手法による調査と深部からのアプローチの両方を扱う稀《まれ》な心理学者の一人となりました。

しかし敏感さの研究には、これが必要です。なぜなら敏感な人は、無意識に非常に同調し、圧倒されさえするからです。彼らが鮮明な夢を見るのも、その一つです。

愛の海底へ潜るためにも、深層心理学が必要です。暗い水底は、怖れ、未知、禁断、忘却、暴力的な抑圧の棲家《すみか》だからです。深層心理学の観点からすれば、急激な深い愛情は、大抵、この深淵から噴き出しているのです。これについては第４章で説明します。

ですから本書では、愛と敏感さを、数字とデータを使った海面から眺め、無意識と沈黙という海底から探っていきたいと思います。それがHSPには最適だと思います。なぜならHSPは、安易な答えを受け容《い》れる人間ではないからです。特に愛については。私たちの愛の話は、熟成させればさせるほど、豊かで、繊細で、複雑になっていきます。

例えばHSPにとって、愛は、たとえ恋愛であっても、生物学者が何と言おうと、セックスではありません。これは、幼稚園児からシニアまで、恋には適齢期がない事実からも明らかです。

多くのHSPは、愛は永続する関係だとか、結婚だとか、そういう短絡的な回答にも承服しかねます。多くの深淵な愛は謎であり、決して報われず、一瞬の閃光のように消えゆくものだと知っているからです。愛は人を変えることも確かですが、そうとは限らないことも知っています。人が変わるのなら、よりよいほうに変わってほしいと願いますが、実際には選んだ恋人が、裏切ったり、傷つけたりすることもあるのです。

「長い恋愛関係を続ければ、それだけ自分自身について大切なことを学べる」

こういう楽観主義にも賛成したいところです。しかし、これが一番悲しいジョークです。交際を続ける中で、自分の役割がどんどん見えなくなり、ただ相手を悪者にする人がたくさんいるからです。

結論はこうです。愛について私たちHSPが言えることは、それは常に、内面に足を踏み入れ、私たちの全体性*4と洞察を育むためのチャンスである、ということです。このチャンスを逃すこともあるかもしれません。しかしそれは、いつどんな時も、与えられ続けているのです。

たとえその関係がとうの昔に終わっていたとしても、私と一緒に振り返るなら、まだチャンスはあります。

さあ、始めましょう。

あなたは
ひといちばい敏感（HSP）ですか？
セルフテスト*

次の質問に感じたままを答えてください。
どちらかといえば当てはまるのなら「はい」、
全く当てはまらないか、ほぼ当てはまらない場合は、
「いいえ」と答えてください。

1 自分を取り巻く環境の微妙な変化によく気づくほうだ

2 他人の気分に左右される

3 痛みにとても敏感である

4 忙しい日が続くと、ベッドや暗い部屋など
プライバシーが得られ、刺激から逃れられる場所に
引きこもりたくなる

5 カフェインに敏感に反応する

6 明るい光や強い臭い、ざらざらした布地、
サイレンの音などに圧倒されやすい

7 豊かで複雑な内面世界を持つ

8 騒音に悩まされやすい

9 美術や音楽に深く心を動かされる

10 とても誠実である

11 すぐに驚いてしまう

12 短時間にたくさんのことをしなければならない場合、
混乱してしまう

13 人が何か不快な思いをしている時、
どうすれば快適になるかすぐに気づく
（例えば電灯の明るさを調節したり、席を替えたりするなど）

14 一度にたくさんのことを頼まれるのが嫌だ

15 ミスをしたり、忘れものをしたりしないよう
いつも気をつけている

16 暴力的な映画や、テレビ番組は見ないようにしている

17 あまりにもたくさんのことが自分の周りで起こっていると、
不快になり神経が高ぶる

18 生活に変化があると混乱する

19 繊細な香りや味、音楽を好む

20 ふだんの生活で、混乱や動揺を避けることに
重きを置いている

21 仕事をする時、競争させられたり、
観察されていると、
緊張していつもどおりの実力を発揮できなくなる

22 子どもの頃、親や教師は自分のことを
「敏感だ」とか「内気だ」と思っていた

採点は、パートナー用テストの後の欄をご覧ください。

パートナーは
ひといちばい敏感（HSP）ですか？
セルフテスト

今、交際中でなかったり、パートナーが受けたくないというなら、
あなたがその人になったつもりで回答することもできます。
本書を読んで思い浮かぶ、過去身近だった人になったつもりで
回答されてもいいと思います。次の質問に、感じたままを答えてください。
どちらかといえば当てはまるのなら「はい」、全く当てはまらないか、
ほぼ当てはまらない場合は、「いいえ」と答えてください。

1. 自分を取り巻く環境の微妙な変化によく気づくほうだ
2. 他人の気分に左右される
3. 痛みにとても敏感である
4. 忙しい日が続くと、ベッドや暗い部屋などプライバシーが得られ、刺激から逃れられる場所に引きこもりたくなる
5. カフェインに敏感に反応する
6. 明るい光や強い臭い、ざらざらした布地、サイレンの音などに圧倒されやすい
7. 豊かで複雑な内面世界を持つ
8. 騒音に悩まされやすい
9. 美術や音楽に深く心を動かされる
10. とても誠実である
11. すぐに驚いてしまう

12 短時間にたくさんのことをしなければならない場合、
混乱してしまう

13 人が何か不快な思いをしている時、
どうすれば快適になるかすぐに気づく
（例えば電灯の明るさを調節したり、席を替えたりするなど）

14 一度にたくさんのことを頼まれるのが嫌だ

15 ミスをしたり、忘れものをしたりしないよう
いつも気をつけている

16 暴力的な映画や、テレビ番組は見ないようにしている

17 あまりにもたくさんのことが自分の周りで起こっていると、
不快になり神経が高ぶる

18 生活に変化があると混乱する

19 繊細な香りや味、音楽を好む

20 ふだんの生活で、混乱や動揺を避けることに
重きを置いている

21 仕事をする時、競争させられたり、
観察されていると、
緊張していつもどおりの実力を発揮できなくなる

22 子どもの頃、親や教師は自分のことを
「敏感だ」とか「内気だ」と思っていた

採点

12個以上が、「はい」ならば、おそらくHSPでしょう。しかし、どんな心理テストよりも、実際の生活の中で感じていることのほうが確かです。たとえ、「はい」が1つか2つであったとしても、ものすごく当てはまるのであれば、HSPといっていいでしょう。

訳注

＊1 普通（ノーマル／normal）：ここでノーマルと言われているのは、病気とか障がいとか、異常とか、そういうものではない「健常な範囲の中の多様性の一つ」という意味。

＊2 外向性（extraversion）、内向性（introversion）：ユングは、人間の基本的態度を２通りに分け、それを内向性、外向性と呼んだ。関心や興味が外界の事物や人に向けられた時に現われる態度を外向性といい、主観的な心の内容に関心を向けた時の態度を内向性という。今日の「あの人は外交的だ」とか、「この子は内向的で」といった、外的行動で判断されるような用いられ方とは、若干異なる。

＊3 シャドー（影／shadow）：シャドーとは、ユング心理学の言葉で、「自分が認めたくない思い」である。意識的態度と両立しがたいため、通常隠されている。原始的で本能的な部分であったり、「悪」の部分であったりする。あるいは自分の優れた部分を認めない場合は、それがシャドーとなり、「白い影（white shadow）」といわれることもある。

＊4 全体性（wholeness）：ユングは、人間の中に、意識と無意識、内向と外向、男性性と女性性、思考と感情、自我と影（シャドー）などの相補的なものが存在することを指摘した。そしてそれが統合された時に、より高次の存在に至ると考え、それを「全体性」と呼んだ。それが自己実現であり、心の健康への道であり、心理療法の目的でもあると考えた。

第1章

生まれ持った気質を知ることが、人を愛する時に大切

―敏感さと刺激探求―

「恋に落ちると、ものすごく大変なの」
「みんなのような恋愛を、私もしたいとは思わない。時々、自分は異星人じゃないかって思います」
「妻への想いと比べたら、お金や、車やスポーツには興味ゼロです。口にはしませんが」

ひといちばい敏感な人たち（HSP：Highly Sensitive People）が、愛について語る時、目を見張るような深さと激しさがあります。HSPはとても大変な恋に落ち、苦労をしています。もちろん、非HSPも、恋に心を奪われ混乱することがありますが、HSPは、もっと魂が奥底から揺さぶられるような経験をするのです。

これは驚くべきことではありません。「はじめに」でも話しましたが、人口の15～20パーセントを占めるHSPは、生まれつき細やかなことに気がつき、それを強く心に受け止める神経システムを持っていて、圧倒されやすいのです。そんなHSPが恋をすると、もちろん、相手の心の機微全てに気づき、その人の個性について深く考え抜くので、恋にまつわる経験全てに圧倒されてしまいます。

HSPのこれらの反応は驚くことではないのに、あまりにも語られてきませんでした。

それでも、以前より心理学の本は多くの人に読まれるようになってきました。それは、人々の幸せと、この世界の存続のために、心理学、特に愛情の心理についてよく知ったほうがいいと皆が気づき出したからではないでしょうか。

特に長い間、見向きもされなかった「敏感さ」という、基本的な特性をよく知ることは必要不可欠です。「人は生まれつき違う」と言うと、まるで差別発言のようになってしまうのは、このテーマの重要性がまだ知られていないからでしょう。

本章では、敏感さと、もう一つの生まれながらの気質である、刺激探求（sensation seeking）について丁寧に探っていきます。そして、第2章から先に進む前に、あなたはHSPとして何を必要としているか、他人《ひと》との関係はどうであるか、振り返ってみたいと思います。

さて、あなたの気質は……？

最初に（まだしていない人は）、HSPのセルフテスト（28～29ページ）の採点をしてから、ここの刺激探求のセルフテストをしてみてください。何を測るテストなのか、説明は後です。先に受けておけば、読んだ内容に影響されることも少なくなります。

ところで、HSPがこのテストでも高得点を取ることがあります。

今、交際中のパートナーがいて、その人も受けてくれるというのなら、ぜひ受けてもらいましょう。パートナーが何らかの理由で受けたくないというなら、あなたがその人になったつもりで回答することもできます。

パートナーがいないなら、本書を読んで思い出した、過去の身近な人になったつもりで回答されてもいいと思います。

あなたは
刺激を探求する人（HSS）ですか？
セルフテスト

感じたままに、少しでも当てはまるなら「はい」、
あまり当てはまらない、全く当てはまらないなら、
「いいえ」と回答してください。

1. 安全なら、変わった新しい体験のできる薬を飲んでみたい
2. 会話が退屈で、苦痛になることがある
3. 行ったことのあるお気に入りの場所より、気に入らないかもしれないけれど、新しい場所に行きたい
4. スキーやロッククライミングやサーフィンなど、スリルを感じるスポーツをしてみたい
5. ずっと家にいると息が詰まる
6. 何もせずにただ待つのは嫌いだ
7. 同じ映画を2回以上観ることは滅多にない
8. 「初めての出来事」を楽しみたい
9. 珍しいものがあれば、わざわざ確かめに行く

10 毎日、同じ人と一緒だと退屈する

11 友達に、何をしたいのか予測不可能だと言われる

12 新しい分野を探求するのが好き

13 型にはまった毎日にならないようにしている

14 強烈な体験をさせてくれる芸術《アート》に惹かれる

15 テンションを上げてくれる物が好き

16 何をするか読めない友達が好きだ

17 新しい変わった場所に行くのが楽しみである

18 旅行にお金を使うなら、知らない外国のほうがいい

19 探検家になってみたい

20 みんなが苦笑するような下ネタギャグや発言でも、結構楽しめる

採点は、パートナー用テストの後の欄をご覧ください。

パートナーは刺激を探求する人(HSS)ですか？
セルフテスト

パートナーが何らかの理由で受けたくないというなら、
あなたがその人になったつもりで回答することもできます。
パートナーがいないなら、本書を読んで思い出した、
過去に身近だった人になったつもりで回答されてもいいと思います。

感じたままに、少しでも当てはまるなら「はい」、あまり当てはまらない、
全く当てはまらないなら「いいえ」と回答してください。

1 安全なら、変わった新しい体験のできる薬を飲んでみたい

2 会話が退屈で、苦痛になることがある

3 行ったことのあるお気に入りの場所より、
気に入らないかもしれないけれど、新しい場所に行きたい

4 スキーやロッククライミングやサーフィンなど、
スリルを感じるスポーツをしてみたい

5 ずっと家にいると息が詰まる

6 何もせずにただ待つのは嫌いだ

7 同じ映画を2回以上観ることは滅多にない

8 「初めての出来事」を楽しみたい

9 珍しいものがあれば、わざわざ確かめに行く

10 毎日、同じ人と一緒だと退屈する

11 友達に、何をしたいのか予測不可能だと言われる

12 新しい分野を探求するのが好き

13 型にはまった毎日にならないようにしている

14 強烈な体験をさせてくれる芸術《アート》に惹かれる

15 テンションを上げてくれる物が好き

16 何をするか読めない友達が好きだ

17 新しい変わった場所に行くのが楽しみである

18 旅行にお金を使うなら、知らない外国のほうがいい

19 探検家になってみたい

20 みんなが苦笑するような下ネタギャグや発言でも、
結構楽しめる

採点

女性なら、11個以上当てはまれば刺激探求型、
7つ以下なら刺激探求型ではないといえます。
8～10個ならば、一部刺激探求型のところがあるでしょう。

男性なら、13個以上当てはまれば刺激探求型、
9個以下なら刺激探求型ではないといえます。
10～12個ならば、一部刺激探求型のところがあるでしょう。
HSPであっても、刺激探求のスコアが高くなることがあります。

どうしよう!「私たち、真逆です……」「私たち、まるで双子です……」

もし、あなたとパートナーの結果が、真逆に近かったらどうでしょう?

大丈夫です。心配する必要はありません。違いがあるから、どの人よりも強くて幸せな関係になれるかもしれません。本書では、「同じ気質の人を選ぶことが大切」などと言うつもりはありません。

では、二人が似た者同士ならばどうでしょう? その結果は二人にとって意外だったかもしれませんし、長くつきあううちに互いの違いに気づき、合わせる努力が必要になるかもしれませんが、それでも大丈夫です。

正直に言うと、研究によれば、人は自分と似た性格の相手を選ぶ傾向が少しだけあります。ここで性格とは、生まれつきの気質に人生経験が加わって形成されたもののことです。そして、似た性格の者同士が一緒になると幸せだという傾向も少しあります。「傾向が少しある」と言っても、傾向には例外がたくさんあります。「男性は女性より背が高い傾向にある」と言っても、男性より背の高い女性もたくさんいるようなものです。基本の気質が似ていなくても、幸せにしているカップルはたくさんいます。

誰かが言ったことの「例外」になるのは楽しいことです。性格の不一致から関係を終わらせるのは、とても残念です。関係がうまくいくかどうか、つまり、長続きするかどうか、それで幸せになれるかどうかに大きく関わるのは、それぞれが持つ性格です。合う、合わないではありません。カップルのうち片方だけでも、優しさや賢さ、前向きさ、他にもセルフテストでは測れないいろいろな特質を持っているのなら、二人はお互いの違いとうまくつきあっていくことができます。

最も重要なことは、気質がどう作用するのかを理解することです。

これは、第５章と第６章で話します。

きっと、ほとんどの人は、先の２つの気質のうち片方が相手と違っていても、もう片方は同じというように、ほどよい違いがあるのだと思います。ほどよい違いのある二人が、一番いいと言えるでしょう。

本書で伝えたいのは、こういう人と一緒になったらいいとか、ああいう人は避けたほうがいいというものではありません。カップルが合うか合わないかの悩みは、気質とのつきあい方を知らないのが原因です。

そのような例と、解決策を見てみましょう。

● 夫婦、恋人たちの現実

〈悩み１〉夫をどうも尊敬できない

ディーナは、夫を心から愛したいと思っています。夫ダニエルは、面白く、優しくて世渡り上手で、頼りがいがあり、子どもの面倒見もいいのですが、彼女にしてみるとどうも退屈で、つい「バカじゃないの」と言いたくなることがあるのです。

「それ、今じゃないとだめなの？」という時に邪魔をしてきて、「ちょっと違うんじゃない？」ということを平気で言います。その欠点を指摘すると、心外そうに傷つきます。

ディーナが友達にこっそり聞いたところ、みんなはダニエルのことをそうは思っていないようでした。ディーナは、その友達に対してもよくがっかりするので、「私は人を愛せないのかもしれない。これは私の問題なんだ」と考えるようになりました。

しかし、ディーナはダニエルを愛せないのではありません。愛していても、尊敬できないのです。彼の趣味が低俗で薄っぺらいと思ってしまうのです。ディーナは、またそんな自分を恥じてもいます。夫の俗っぽい部分にはよく助けられている、夫はちゃんと自分を愛し尊敬してくれている、それを知っているからです。

厄介なことに、ディーナは最近、ヨガスクールで運命の人に出会ってしまいました。その男性は物静かで、精神《スピリチュアル》を重んじ、口数は少なくても、思慮深いことを話してくれます。ダニエルと別れるつもりは決してないのに、間違った相手と一緒になってしまったと、つい悔やんでしまいます。この気持ちは、彼らにはもちろん、誰にも話せません。

〈悩み2〉こんな僕をいいと言ってくれる女性なんていない

次は、当分は誰ともつきあえそうにない、ブレイクという子持ちバツイチ男性の例です。彼は誰かとつきあうとなると、落ち着かず、気が滅入ってしまいます。ネット上の出会いさえも彼には無理です。プライベートな自分をネット上に公開し、誰か関心を持ってくれないかと願ったり、つまらない情報をお金でやりとりしたりすることに、違和感を覚えるのです。

問題は、そんなブレイクが連れ添ってくれる女性を求めていることです。ブレイクは、前の失恋で怖気づいてしまい、殻を破らないといけないと自分では分かっていても、できないでいます。そして、自然と「自分がおかしいんだ、こんな僕をいいと言ってくれる人なんているわけない」と感じるようになりました。

ブレイクの見る夢は、デートや結婚式で失敗したり、津波や洪水や泥棒に遭ったりするような悪夢ばかりです。

〈悩み3〉似ている二人。幸せが続くはずだったのに

この夫婦はどうでしょう。妻テリーと夫ジェスは、二枚貝のように寄り添っていけるはずの夫婦でした。二人とも家で過ごす静かな夜が好きで、世間はストレスだらけで危険なところとさえ思っています。一緒に死や人生の意味を語り合える二人は、巡り逢えたことを喜んでい

たのです。

ところが年月が経つと、妻のテリーは二人の生活に少し「ドキドキ」を取り入れたいと思って、夫と一緒に少しだけ外の世界へ出てみようとしました。しかし結果は、いつも出かけていくのは、テリー一人。夫のジェスは疲れてしまったのです。そうしているうちにテリーは、外交的でかっこよく、ぐいぐい引っ張ってくれる楽しい男性に出会いました。そして、はたと気づいたのです。「私は人生を楽しまないで損をしていた」と。

今は、夫ジェスの元を去ることも考えていますが、夫が別れに耐えられないかもしれないと怖れています。

〈悩み4〉みんな見透かされている。自尊心がボロボロ……かも

デビッドは、ジルにすっかり惚れ込んでいます。彼女はとても思慮深くて面白い。問題は、デビッドがそんな相手を到底自分と釣り合っているとは思えないことです。ジルには特殊な能力があって、天気のことから、映画の内容、友達が何をしているかまで、何もかもお見通しなのです。おまけに、デビッドが何をしようとしているかまで、行動を読んでいます。彼女と一緒にいて、デビッドは、「僕は鈍感で、間抜けな人間だ」という気分にさせられます。最近は、彼女もそう思っている気がして怖がるようになりました。彼女からの鋭い批判は、いつもグサッときます。デビッドは、素敵な彼女とつきあいながらも、自分の自尊心も保てればいいんだけどなぁ……と悩んでいます。

〈悩み5〉彼は、転職や引っ越しばかり。もしかして、障がい？

最後は、ジョーダンとクリスです。ジョーダンは6年間で3回も仕事を変えました。クリスはその度に一緒に引っ越しをさせられ、いつも不満を抱えていました。引っ越しが大きな負担になるクリスは、ジョーダンは一つのことを続ける能力に問題があって、一つの場所に腰を落

ち着けて満足することができないんじゃないかと考えるようになりました。職や住む場所を衝動的に変えてしまうなんて、注意欠陥障害でなかろうか、とさえ疑うようになりました。

今週、ジョーダンは、ロンドン支社に異動すると言い出しました。クリスは、「もうついていけないわ」と迫り、「カップルセラピーを受診したほうがいい」「誰かにジョーダンの障がいを診断してもらわなきゃ！」と考えています。

何とも耳が痛い話です。このような嘆きが、星の数ほどあるのです。

二人の争いは解決しない

ここに一つの謎があります。精神分析学者のジョン・ゴットマンによると、カップルの抱える争い事の69パーセントは、解決せずに繰り返すものだというのです。幸せなカップルも、そうでないカップルも、そのパーセンテージは同じだそうです。

これではカップルが仲よくやっていけるのは、衝突を上手に解決して、ギスギスした空気を長引かせないからだ、という論理が通用しなくなります。幸せなカップルも、同じくらい困り事を抱えているのです。

今のところ、この謎を解明する十分な調査結果はありません。ただ、いい関係のカップルは、この「永遠の問題」の理解が違うのでしょう。

彼らは、争い事を巡って喧嘩をするのではなく、対話をしているのです。

幸せなカップルでさえ、解決できずに繰り返す衝突とはどのようなものでしょう？ それは、例えば片方は、賑やかな生活や都会暮らしが好きなのに、もう片方は二人っきりの田舎暮らしがいい、というような、生来の気質の違いから生じるものではないでしょうか？ もしかすると、幸せなカップルは、変えることができない気質からくる衝突に対して、話し合いの方法を見つけて、受け容れているのかもしれません。

一方、先のケースの人たちは、解決できない争いが一体どこからくるのか未だに分かっていません。彼らは今も、相手が変わらないことを責め、知らず知らず、相手や自分自身を尊重する気持ちを失っているのです。「幸せでない関係」にもいろいろありますが、問題は根深いです。

私の知る限り、彼らはコミュニケーションやメンタル系の病気があるわけではありません。つらい幼少期を過ごしたわけでも、仕事や友達作りに問題があるわけでもないし、今の関係以外では自分のことを客観的に見ることもできます。では、何が起きているのでしょう？

彼らが経験しているのは、気質に起因した衝突です。彼らはことさらに自分や相手を、違う風に変えたがります。しかし、自分が変わろうとか、相手に変わってもらおうとするのは、青い目を茶色くするようなものです。

彼らがそのことを知っていれば、彼らやカウンセラーたちは、全く違うアプローチができるはずです。しかし、生まれつきの気質は、心理学において最もないがしろにされてきたテーマの一つです。子どもに関わる人たちの間でようやく理解され始めたものの、大人を支援する人たちにはほとんど浸透していませんし、人間関係を扱う人たちに至っては、全く知られていません。

このことが知られていないために、助けを求める大人が世の中には溢《あふ》れかえっています。彼らは個人セラピーやカップルセラピーを受けても、的外れのアドバイスしかもらえないのです。

では、何に焦点を当てればいいのでしょうか。それが気質です。特に「ひといちばい敏感である」という気質です。

先に出てきた5つのケース……
彼らを診断しましょう

＜悩み１＞で紹介したディーナは、退屈な夫ダニエルへの情と、ヨガ教室で出会ってしまった物静かな男性への思慕の間で胸を痛めていました。これは、全く普通の愛すべき非HSPの夫に対して、HSPの妻が取る、全く普通の反応です。非HSPの夫が持っているたくさんの資質を愛しつつも、HSPとして不快に感じる部分は、やはり好きになれないのです。彼女は、典型的なHSPで、この状況全体に苦しんでいます。夫から離れないほうがいい、まして裏切れないと分かっていても、自分と違うダニエルを心から尊敬することができないのです。これについては、第５章でじっくりと考えましょう。

ここで、「マンネリ（退屈）」について話したいと思います。相手、または二人の関係そのものへの退屈感、あるいはそれに似た感情です。

これはカップルに一番多い問題の一つで、大抵気質の問題から起こっています。カップルが助けを求めて相談に行くのは、大抵、喧嘩をしたり、尊敬を失ったり、浮気をしてしまってからで、その根っこにある「退屈」という問題は見えなくなってしまっています。本書では、それに正面から向き合いたいと思います。

彼女のいないブレイクはHSPです。彼は非HSPのように振る舞おうとしています。きっと前のパートナーの時も、そう背伸びしていたに違いありません。彼に必要なのは、自己肯定感を高めることです。しかしそれがまた、敏感な男性にはとても難しいことなのです。これについては第２章で話します。

自己肯定感を高めるためには、まずは自分の心をよく知ることです。自己との関係は、他人との関係にも当てはまります。それだけではなく、孤独な時にも、他人との関係がうまくいっている時にも、HSPの彼をずっと支え続けることになるでしょう。これは、第9章で主に扱います。

＜悩み３＞のテリーとジェスは二人とも HSP です。妻のイライラが始まるまでは、仲よし夫婦でしたが、その間に二人はありがちな失敗をします。バランスを保つためには、ほどほどの刺激が必要なのに、それをせず居心地のよすぎる関係に安住したことです。これもまた「退屈」の問題です。

さらに、夫婦には「お互いを不快にしない」という暗黙のルールがあって、テリーは不満を口にすることさえできませんでした。この夫婦が救われる方法はただ一つ、二人ともあまりに怖れ、蓋《ふた》をしてきた「怒り」に、ちゃんと向き合うしかありません。「夫は私がいないと、きっと生きていけない」とテリーが怖れるのは、二人の気質を肯定できていないからです。第6章はそのようなカップル向けです。

妻に畏《い》怖《ふ》のような思いを抱くデビッドは、HSPとの生活に苦闘する非 HSP です。彼はジルの能力に圧倒され過ぎて、自身の本来の力を見失っているのです。深層心理学的にいうならば、デビッドは自分のソウル＊1の部分である内なる恋人《インナーラバー》＊2を、妻に「投影＊3」していると言えます。

これは二重の意味で間違いです。この投影のために、デビッドは、洞察力、情緒的で芸術《アート》的な表現力、子どもや動物とのコミュニケーション力、器用に時間を守れるといったジルの神秘的な能力を崇拝に近いほどに過大評価しています。同時に、そういう能力は彼自身も潜在的に持っているのに、自分にはないと嘆くのです。確かにこの社会では、男性はそのような力は、自分の中に育てるよりも、いつも離れたところで「すごいね、いいな」と言って見ているほうが、ずっと生きやすく、安全な気がするのかもしれません。

最後に、引っ越しを繰り返すジョーダンを障がいかと疑うクリスもHSPで、非HSPをそのように誤解しています。彼女は、自分と違うパートナーを病気扱いすることで、相手にとっては簡単な引っ越しが、自分にはなぜこんなにもひどい苦痛なのかという、おそらく「本当の怖れ」から目をそらしているのです。この章の終わりのほうで、刺激探求について話す時に、もう一度触れます。

ひといちばい敏感であるとは

ひといちばい敏感であるとは、五感を通してやってきた情報を、とても深く細やかに処理する生まれつきの傾向を言います。これは、目や耳がいいということではなく、入ってきた情報をより丁寧に仕分けているということです。

HSPは、何かを探ったり、振り返ったり、吟味したりすることが好きですが、これらのプロセスを必ずしも意識はしていません。考え事や心配事は意識することもあるかもしれませんが、ほとんど無意識で進めています。高い洞察力を持つので、物事がどうしてこうなっているのか、これからどうなるのかが分かるのですが、それを意識していないため、「どうしてそんなことが分かるの？」と聞かれても、答えられません。

HSPは、細やかな手がかりから、言葉を使えない相手の様子を知るのも得意です。例えば、動植物、赤ちゃん、他人の無意識、会話のできない病人や遺体、身振り手振りの外国人、大昔に亡くなった歴史上の人物（伝記を通して）などです。

HSPは、自分の無意識とも強い繋がりがあり、その証拠に鮮明な夢を見ます。HSPは、自分の夢と身体に目を向けることで、無意識を尊重するだけでなく、人がいかに無意識の衝動に突き動かされているかを知り、賢い人間性を発達させることもできます。
「もし、私がこれをしなかったら？」「もし、みんながあれをしたら？」と、深く考える傾向があるので、一層良心的になれます。私の調査では、HSPは、社会的正義や環境問題への関心が高いです（自分が政治の最前線に立って変革を起こすようなことは、あまり望んではいませんが）。

芸術からも、自身の内的な生活からも、大きな喜びを得ます。人をスピリチュアルな存在と捉えているので、例えば、他人の看取りの場に立ち会ったり、緩和ケアを引き受けたりすることも多いです（調査による実際の回答です）。

困ることは、身の回りのささいな全ての情報を拾い上げるので、強く複雑な刺激が続くと、すぐに圧倒されることです。今日の社会では、HSPはすぐに疲れてしまいます。しかし、長所と短所はいつも同じ気質の裏表《パッケージ・ディール》*4です。

受け取った情報全て（自分の欠点も）を深く処理するHSPは、さらに批判にも敏感です。嫌な出来事も深く受け止めるので、すぐに落ち込んだり不安になったりもしやすいです。その結果、自分に起こったことをあまり深く考えない人と比べると、「もうダメか」と悲観したり、「どうなってしまうんだろう」と不安を感じたりしやすいのです。

HSPの敏感さは、脳の奥での処理だけではなく、アルコールやカフェイン、暑い寒い、布のチクチクやその他の刺激、明るさの変化、薬品、皮膚や鼻のアレルギー反応などにも現れます。

ほどほどの刺激が大切なわけ

刺激が強過ぎても弱過ぎても、調子や気分がいい人はいません。全ての生き物は生来そうです。赤ちゃんは、痛かったり、お腹がすいたり、うるさかったり、1日が長いというだけで刺激となり、泣き出します。そして退屈したり、刺激が足りなくても泣きます。大人も、騒音や、乱雑さ、痛み、締め切りに追われる、プレッシャーなどによって不快になります。怖れや怒り、悲しみといった刺激も嫌です。休日の楽しみでも、ショッピングや博物館巡りを何カ所もしようとすると、刺激が多くなってしまいます。

刺激がオーバーすると、心身が不快なだけでなく、混乱して、試験で失敗したり、何かを間違えたり、事故を起こしたりします。皆、刺激が多過ぎるのを避けますが、刺激がなさ過ぎるのも同様に避けます。退屈になったり、じっとしていられなくなったり、何もせずに待たされることも嫌なのです。

全ての生き物は、刺激がほどほどなのを好み、人間の日々の営みは、ほどほどを保つための調整といっていいでしょう。刺激を増やすためにラジオをつけ、減らすために仮眠を取る。また増やすために友達と電話をし、また減らすためにテレビを消し……などなど。

私たちはこのことをもう少し長いスパンでもしています。刺激を増やすために転職をし、減らすために離婚を避け、増やすために海外旅行をし、減らすために田舎に引っ越します。

HSPが違うのは、ただ刺激に対して高ぶるのが、他の人よりも少し早いということです。これは、誰かにとってちょうどよい刺激が、HSPには強過ぎる、ということを意味します。そして、HSPにとっての心地よさは、相手にとっては退屈を招くのかもしれません。

非HSPがラジオを聞きたい時、HSPは消したいと思います。旅先での忙しい1日の終わりには、HSPはホテルでゆっくりしたいのに、非HSPは夜の街に遊びに行きたいと思うのです。衝突するのも無理はありません。

敏感とは、「内向的」ということですか？
―そうとも言えますが、違うとも言えます

精神科医のカール・ユングは、内向性*5を「世界の事象から離れて内的世界に向き、主観的な領域を好み、深く反芻《はんすう》する傾向」と定義しました。

ユングは、「内向性の人は、外的世界よりも内的世界を現実として、あるいは現実以上のものとして捉える」と言います。経験を深く振り返ることで、たくさんの芳醇な意味を見出すので、もともとの客観的な経験よりもそこに価値を置くのは、敏感さの基本的な側面の一つです。

しかし、多くの人は「内向」を社会的に内向的な人という意味で使っています。知らない人に会うこと、大きな集団に属することを嫌がる人という意味です。ユング派の類型テストにさえ、このような誤解が見られます。「内向とは、社会的に内向的であること」という定義に則ってテストを受ければ、HSPの30パーセントが内向的ではないと診断されます。実際、彼らは外向的です。

ですから、私は基本的な気質は、多くの人が定義するような意味での「内向的」ではなく、「敏感である」という言い方に忠実でありたいと思います。そうすれば、社交的、外向的なHSPが、言葉の定義で混乱せずに済みます。

社会的な意味の内向と敏感なこととの違いを（完全に違うのではなく）「ほとんど」と言うのは、なぜでしょう？

それは70パーセントのHSPは、社会的に内向的であるからです。そのほうが刺激を減らせるし、HSPが一番得意なこと－物事を深く受け止める作業－をする時に、他人や大勢に囲まれて過ごすよりも、独り、あるいは親友とのほうが、都合がいいからです。

しかし、大勢の中や知らない人ばかりの環境で育ったHSPは、奥ゆかしいながらも、人懐っこくなり、外向的に育ちます。

内向的にしていると叱られ、外向的にしていると褒められるような育てられ方をしたHSPも、同じように「外向的にしていることが、人に気に入られ、可愛がられ、不安を減らせる一番のスタイル」となっていきます。そのため繰り返しますが、外向的なHSPもたくさんいるのです。社会的な、内向性・外向性は、生まれつきではないのです。

敏感とは、「臆病」ということですか？
―先天的な臆病はありません

「臆病」とは、社会で認められず、拒絶されるのを怖れていることですが、生まれつきそのような人間や動物がいるという証拠はどこにもありません。臆病も、内向と同じように、生きている間に起こるいろいろなことに適応していくうちに育つものの一つで、先天的な気質とはいえません。

確かにHSPは、非HSPと比べて臆病で怖がりになりやすいですが、それは、ある環境下にあった時だけです。基本の気質は敏感さなのです。

敏感さによって、HSPは立ち止まり、全ての細やかなものを感じ取り、それらの示していることをよく考え、新しい状況を丁寧にチェックしているだけです。このように立ち止まっているのを、怖れているのだと勘違いされているのです。

動物も人間の子も生まれつき敏感なのと、つらい出来事が重なり、気弱で臆病でビクビクするようになったのとでは、違いは一目瞭然です。敏感な個体は、新しいことに突き進む前にしっかりと確認し、よく考えておきたいだけです。彼らは、初めての相手のことを、全神経を傾けてチェックします。それで「大丈夫」で、かつ、過去にトラブルのあった人たちと似ていないと分かれば、どんどん近づいてきて、相手の全てを知ろうとします。一生、仲よくしていけるのです。

慢性的な怖がりの場合は、相手がいるだけで圧倒され、用心深く注意するでもなく、そわそわと不安そうに警戒し、相手をあまり感じ取ろうともしません。もしあなたから彼らに歩み寄ったとしても、次に会った時には、また全く同じことの繰り返しになります。これでは、一生仲よくなれるような相手は、見つからないでしょう。

敏感な個体が、過去の経験によってオドオドしているなら、当然、臆病とも言えます。

私は、幼少期に両親との関係に問題があった人、それも非HSPよりもHSPが臆病になりやすいという事例をいくつも見てきました。

しかし、臆病とは経験によって引き起こるもので、生得《しょうとく》の基本的な気質ではありません。実際、私の研究では、恵まれた幼少期を過ごしたHSPは、非HSPよりも臆病にならないと証明されています。

敏感さがそれほどに大切な理由

本書のテーマは気質ですが、ただしHSPに焦点を当てています。それには3つの理由があります。

・敏感さがおそらく生来の気質の最も基礎にあるということ
・それが特に人間関係に影響を及ぼすこと
・その気質を理解して受け容れることが、人類の存亡にまで関わること

この思い切った主張を、3つ一気に話したいと思います。

〈主張1〉敏感さが全ての基礎にある

「ひといちばい敏感（High sensitivity）」は、人間や全ての高等動物

の生来のパーソナリティの一つに対する、新しい呼び方です。これは、これまでにもとても広く研究されてきており、かつては「内向性か外向性か」とか、「臆病か大胆か」などで知られていました。

呼び名は新しくとも、この気質の研究には長い歴史があります。神経システムの基本的な配線における違いと関連しているからです。精神科医のカール・ユングも、初期の著作で敏感さについて述べています。

心理学者のアルバート・メラビアンも、1970年代にこれに近い概念を思いつき、「ロー・スクリーニング」と呼びました。

1988年には、精神科医バートン・アップルフォードが、“Sensitivity—Agony or Ecstasy?（敏感さは苦悩か喜びか？）”を出版します（とはいえ、出版社の倒産で配本はされなかったので、探さないでください）。アップルフォードは、この気質の強みをよく理解していて、IQと同じくらい重要で人によって異なる要素として見ていました。子どもの敏感さについては、1950年代に、児童精神科医のアレキサンダー・トーマスと、ステラ・チェスが、基本的な9つの気質の特徴の1つとして発表しています。そして、ジャネット・ポーランドによる“The Sensitive Child（敏感な子）”が、私の“The Highly Sensitive Person（ザ・ハイリー・センシティブ・パーソン）”初版と同じタイミングで（1996年の同じ月に）出されました。

敏感さは、これらの書き手によって広く認識されてはいました。しかし、「あの子犬は臆病だ」とか「彼は生まれつき弱気だ」というように、臆病、怖がり、引っ込み思案、内向的といった間違った呼び名で伝わっていたのです。呼び方が何であれ、敏感さはどの文化圏においても、性別や年齢に次いで、人や動物の個性を特徴づけるものでありました。

〈主張2〉人間関係にはHSPが重要

敏感さに焦点を当てる2番目の理由は、HSPの対人関係は、とてもうまくいくか、ひどくうまくいかないかなど、極端になることがあるからです。人口の５人に１人がHSPなので、ランダムに組み合わせるなら、人間関係にHSPが含まれる確率は約36パーセントです。ほどほどに敏感な人も加えれば、確率はもっと上がります。 恋愛だけではなく友達関係も含めるなら、全ての非HSPは多分複数のHSPと仲よくなろうとし、全てのHSPも、少なくとも一人の非HSPを大切に思っているに違いありません。

また、全てのペアに敏感さの違いがあるということは、言葉を変えれば、必ずどちらか一人が、もう一人よりも敏感だということです。

人間関係において、HSPであるかどうかが大きく関係する理由は極めて明らかです。HSPには、優しさ、洞察力、相手の気分を察する力があるので、相手と自分の間に何が起きているのかを深く探ろうとします。

しかし何らかの理由で、こういった特性が裏目に出ると、HSPのパートナーシップは、拗《こじ》れたり、ドロドロしたり、すれ違ったりして、うまくいかないこともあるのです。しかし、その全てを本書で話していくので、安心してください。

例えばHSPは、何かをパートナーと一緒にしようとしても、刺激が早めにオーバーしてしまうために、それを無理やり我慢して怒りをため込むか、あるいは相手に断念してもらって、相手の怒りを買うか、どちらかになってしまいます。また第３章で話しますが、HSPは相手と親密になること、そして衝突すること、この両方を尋常でないほど怖れることもあります。

さらに詳しい調査の結果、ストレスの多い不幸な家庭で育ったHSPは、同じ環境で育った非HSPよりも、悲観的、自己肯定感*6が低い、落ち込みやすい、抑圧されている、不安症、愛着スタイルが不安定型、という特徴があることが分かりました。

他の研究では、人間関係に一番よくないのがそれらの特徴だといわれています。一方で、こういったストレスを持たずに育ったHSPは、同じ環境の非HSPと比べても、そういう特徴は見受けられません。

このような個人の経験から受けている影響と、生まれながらの気質とをきちんと区別して考えれば、両方に振り回されることも少なくなり、それぞれに有効な取り組みができるようになります。

〈主張3〉人類の存続には敏感さが欠かせない

種には、2タイプが必要

かつて生物学者たちは、進化とは「それぞれの種が環境に完璧に適応するように、たった1つの理想型に向かうことだ」と考えていました。環境が変化するなら、理想も変化しなければ種は絶滅します。

しかし、ほとんどの種は、もっとよい生存戦略を取ってきました。理想の形を2つ（以上）持つのです。つまり、生存の手段を2通り用意しておくのです。種の中で、あるタイプが苦手とすることを他のタイプが得意とするのです。

私が、敏感、敏感でないと呼んでいる2つの気質は、まさにこの生存のための賢い戦略だと思うのです。敏感な個体は、行動する前に多くの情報を処理し、物事を慎重に確認し、衝動的なリスクをあまり負おうとしません。この特質を持たない個体は、リスクを選びます。「転ばぬ先の杖」や「今日の一針、明日の十針」という格言はHSPの生き方そのものですし、「二の足を踏んだら負け」や「チャンスを逃すな（チャンスの女神は前髪しかない）」は、非HSPの生き方にぴったりです。ある状況では一人が力を発揮し、違う状況ではもう一人が頼りとなる、両方のアプローチが必要なのです。

このような異なった戦略を持つことは、サル、イヌ、ヤギ、ネズミ、シカなどの多くの種に見られ、おそらく高等動物には皆あるのでしょう。

例えば、パンプキンシード・サンフィッシュという魚には、池に仕掛けられた罠に入ろうとする個体と、そうでないのがいます。サンフィッシュのこの２つのタイプは、行動だけではなく、交尾や餌の捕り方、攻撃や逃げ方も異なっていて、宿している寄生虫までも違います。

「カリフォルニア州魚類鳥獣保護局」の専門家たちが、シカの生態調査を行う時は、夜道にカメラを仕掛け罠を設置しておくのですが、約20パーセント（多分、敏感なシカだと思います）は、仕掛け罠を避けるので、その分を調査結果に足すようにしているという話を聞いたことがあります。

どの社会でも片方のタイプがえこひいきされている

集団の中に、ささいなことで警戒する、注意深い個体が一定数あるのは、人間のような社会的な生き物の理にかなっています。彼らがまず、茂みの中のライオンの存在を最初に察知します。その次に、敏感でない個体が茂みへと突進し、ライオンを追い払います。

ところが実際は、ほとんどの社会では、どちらか片方が尊重されます。

移民や、生きるために闘わねばならないような民族の間では、むしろリスクに挑むタイプが好まれます。大地とともに生きる社会では、ハーブの調合士、狩猟者や宗教家たちが、伝統ある市民社会では、鋭敏な裁判官、僧職者、歴史家、医者、予言者、芸術家、研究家、学者、カウンセラーなどが尊重されます。

闘争に明け暮れるような社会では、非HSPが大事にされますが、実はそれは、どこにおいてもありがちなことなのです。先ほどのパンプキンシード・サンフィッシュの研究では、アメリカの生物学者は論文の中で、罠に入った魚のことを「普通に」行動した「勇気ある」魚と書いています。それは、そうでない魚を「臆病」と言っているのと同じです。

しかし、罠にかからなかった魚は本当に「臆病」なのでしょうか？それこそ独りよがりではないでしょうか。その魚を「賢い」と表現すれば、逆に、他の魚を「バカ」と言うことになります。その魚がどう感じているかは分かりませんが、その生物学者が彼らの文化の中でそういう偏見を刷り込まれてきたことは確かです。

躊躇《ちゅうちょ》する魚は怖がりで、そうでないのが普通。科学は、いつもこうして文化の色眼鏡にかけられ、本当の姿は変わらなくても、着色されてしまうのです。

上海とカナダの小学生を比較した研究があります。中国では、敏感で大人しい子たちが同級生に一番尊敬されるのですが、カナダはその反対で、最も尊敬されないことが分かりました。尊重されない環境で育つと、HSPは自分に自信を持てなくなってしまいます。

闘争の文化の中でもHSPの役割は大きかった

文化によって、ある気質がもう一つの気質よりも少し歓迎されるのは仕方ないにしても、西洋の歴史に例を見るように、衝動的な攻撃性を買いかぶり過ぎるのは危険です。

西洋文化（一部の東洋も）が、攻撃性に過剰に重きを置く一つの理由は、彼らの由来が、ヨーロッパとアジアの間の草原に起源する屈強な非定住民族だからです。彼らは侵略、略奪で生き、ついには世界のほとんどを征服してきました。ギリシャ、ローマ、ガリア帝国やゲルマン民族の基礎を築いたり、インドのカーストの上位を占拠したりしたので、インド・ヨーロッパ系民族と呼ばれるようになりました。

人類学者は、インド・ヨーロッパ文明、その後もその草原から派生した他の文明、アステカのように強い国家には、２つの支配階級があったと言います。「戦士の王」と「相談役の僧侶」です。「戦士の王」は、戦争の指導者、帝国の建国者たちです。今日なら、ビジネスや政治、軍事の実権を握るリーダーでしょう。「相談役の僧侶」は、大抵がHSPだと思いますが、今日の教師、医者、判事、歴史家、芸術家などで、彼らは王に助言、進言を行います。リンカーンのように、戦士の王たる市民戦争の将軍としてバランスを取りながら、国のトップとなるHSPもいます。

相談役は戦士たちを監視し、勝つ見込みがないか、勝ったとしても利益の少ない戦争を始める時は、結果がどうなるか戦士に考え直させる役割を担っていました。

両方のグループの力のバランスのいい世の中は、全てがうまくいきます。行政と司法もそうです。しかし、バランスのためには、相談役のHSPがきちんと自己主張しなければなりません。そのためにはHSPは自らの価値、その力と影響力をしっかりと自覚する必要があるのです。

バランスを取り戻すと、人との関係はどう改善するのか

ここ50年、HSPは自己主張をするどころか、影響力を失ってきました。これは誰かの陰謀ではなく、ただ時代が高い刺激とストレスのもとでも平気な人を求めるよう、変化した「ように見える」からだと思います。しかし本当は、これまで以上にHSPが求められているのです。

敏腕な医師や看護師、法律家、教師やアーティストが足りなくて困っているのは、誰の目にも明らかです。

政治や経済では、思慮の浅いリーダーが、衝動的で攻撃的な決定をすると多くの人が苦しみます。その中には、まさに大勢の人命に関わるかもしれない決断もあります。地球温暖化への関心も、HSPのほうが高いでしょう。両タイプの強みを活かさない種は、多くのものを失

うのです。

あなたが本書を読み進め、大切な人との関係を振り返っていけば、救われるのはあなたとあなたの身近な人だけではありません。あなたの周囲の人はまた、あなたがこの世界で重要な役割を果たしていく手助けをするようになるのです。まず、あなたが大切な人たちに直接影響を与えると、次に彼らは、その考えを他の相手に伝えるようになります。

しかし、もっと重要なことは、本書を読むと、あなたが広くたくさんの人たちに影響を与えることができるよう、あなたの大切な人たちがあなたに自信を与え、協力し、実地訓練をさせてくれる存在に変わるということです。そして最後に、これは、あなたや、あなたの周りのHSPだけに当てはまるのではなく、子どもを産んだり、育てたり、他人の子育てに関わる、たくさんのHSPにとって大切なテーマなのです。

刺激を求める人たち

相談役に敏感な人が多いのなら、戦士らはそうでないということになります。しかし、もしかするとそれだけではなく、ある別の気質の度合いが高いのかもしれません。その気質と、敏感な気質の両方が高いという人は、2つのグループの仲介役に最適です。刺激探求のテスト（36～39ページ）で、あなたやパートナーのスコアが高かったのなら、今から話す気質が当てはまるということです。

ジョーダンの転職したがりに動転していたクリスを思い出してください。クリスの目には、ジョーダンは、落ち着くことを恐れているか、注意欠陥障害としか思えないでしょう。しかし、私からすると、ジョーダンの行動は普通の範囲に見えました。ジョーダンは、飽きやすい神経システムを持って生まれ、前に進むため、そして新しい体験を得るためには、クリスには考えられないリスクを選ぼうとするのです。

HSSは変化を求める

このもう一つの気質の第一人者であるマービン・ズッカーマンは、それを刺激探求（High Sensation Seeking）と呼びました。ズッカーマンによると、ひといちばい刺激を探求する人たち（HSS：high-sensation seekers）は、変化に富んだ、新しく複雑で、「強い」刺激と経験を探し求めていて、そのためには、身体的、社会的、法的、経済的なリスクを選ぼうとするのです。遺伝子の研究から、この気質は遺伝的に決まることが分かりました。背の高さが、遺伝子で決まるのと同じくらいです。HSSに育つ赤ちゃんは活発に動き回ることからも、遺伝子による身体的な違いは、生まれて数日で見られるようになります。これは男子に多いのでしょうか？ もしかしたらそうかもしれませんが、HSSテストの設問から、偏った性のイメージ《ジェンダーバイアス》の要素を除くのは困難で、「男たるもの、こうでなければ」と考えて回答をする男性陣のスコアは高くなってしまうのです。

HSSであることで、退屈しやすく、そのため新しいことにどんどんトライしようとリスクを選ぶ様子は、ひといちばい敏感な人とは正反対にしか見えないでしょう。しかし、実はちっともそんなことはありません。この２つの気質は完全に独立した別のものです。だから、片方だけ高い、両方高い、あるいは両方低いということがあるのです。中には、片方の気質だけをほどよく持つように見える人がいますが、敏感さよりも刺激探求が高ければ、ちょうどよく見えるものです。

そうはいっても、一番驚くのは、HSPでありHSSでもある人がいるということです。両方の気質を持つ人とは、一体どんな人なのか、後で話しますが、まずは刺激探求についてです。

脳の2つのシステム

脳内の何がHSPやHSSを形成するのか、誰もはっきりとしたことは知りませんが、2つのシステムがあり、それぞれ強さと作用もお互いに独立していると推測するのがベストです。

敏感さの度合いを決めるシステムを「行動抑制システム（Behavioral Inhibition System）」と呼ぶ研究者もいますが、「現状確認システム（Pause-to-Check System）」のほうがよいでしょう。この現状確認システムがあることで、HSPは何をするか決める前に、現状を知り、過去に似たことがなかったかを確認します。HSPは現状確認システムが強く、時間をかけて深く処理するので、数々の状況をかなり細かく識別しているといわれます。

もう一つの「行動活性システム（Behavioral Activation System）」によって、人は好奇心旺盛になり、探検したくなり、満たされると興奮します。この行動活性システムに関わる主な神経伝達物質はドーパミンで、主な神経伝達物質をセロトニンとする現状確認システムとは完全に独立しています。脳の活動する部位も異なります。行動活性システムの働きが活発であれば、HSSです。

人がリスクを選ぶことを、ズッカーマンはHSSと関連づけていますが、私はHSPでないこと、つまり現状確認システムが低いことと関連すると思っています。

HSSであることは、新しい経験を好むということです。リスクを好んで選択しているように見えるのは、HSSなら、何か新しい経験を純粋に欲しているだけのことです。それを得るには、結果としてリスクを冒すしかないのです。

ほとんどのHSP/HSS（HSPであり、HSSでもある人）は、真新しいことは「安全に」楽しんでいるのですが、たとえHSPであってもHSS

ならリスクを選び得るのです。HSSでかつHSPでないなら、現状確認がないので、もっとたくさんの危険を冒すことになるでしょう。

● 刺激探求と愛

ズッカーマンは、HSSの恋愛関係は、「強い責任感に欠け、お気軽で快楽的で、移り気」な傾向にあることを発見しました。しかし彼は同時に、お気軽とは裏腹に、きちんと結婚しているHSS（大体相手はHSS）がいることも発見して驚いています。ただ、そのHSSがHSPであるというならこれを説明できるかもしれません。結婚をしたHSSは、おそらく結婚前に一度じっくりと考えて、たくさんの気軽でロマンティックな冒険（HSSの部分）に見切りをつけ、HSPの部分によって最も深い愛の世界に導かれ、長期の関係へと落ち着いていったのでしょう。気質を理解し、関係をよくするためのもう一つのアプローチとして、随所でHSSに立ち返ります。

私たちには4タイプがある

ここで、人を4通りに分類してみましょう。

1.HSP/非HSS

思慮深く、穏やかな生活を送ることに幸せを感じる。衝動的に行動することはなく、リスクは引き受けない。

2.非HSP/HSS

いつも好奇心が旺盛で、情熱的、衝動的で、すぐリスクに飛びつき、飽きやすい。細かい状況には気がつかないか、そもそも関心すらない。

3. 非HSP/非HSS

好奇心が低く、あまり深く考えない傾向にある。ただシンプルに自然体に生きている。

4.HSP/HSS

HSPの洞察力とHSSの衝動を併せ持ち、確かに多才である。しかし、すぐに圧倒され、同時にすぐに飽きるので、刺激の最適レベルの範囲がかなり狭い。新しいことをしたいのに、過剰な刺激や大きなリスクが嫌で、しばしば葛藤に苛《さいな》まれている。「アクセルとブレーキを同時に踏んでいる感じ」と言った人もある。

カップルの組み合わせを考えると、この4タイプ掛ける4タイプで、16パターンとなります。知性のレベルや、考え方は分析的か芸術的かといった、他の大切な特性も加えると、本書は超分厚い百科事典になってしまいます。

それでも、敏感さと向き合うためには、刺激探求の特性をよく知ることが不可欠だとお分かりでしょう。例えば、刺激探求型ではないHSPが、HSSと一緒になるのなら、その相手が、HSPなのか非HSPなのかによって全然違ってきます。実は、こうして刺激探求について話しているのには、HSPとHSSの両方を持つ人には、自分にも、人との関係でも、特別に気をつけてもらいたいことがあるからです。その「自分自身のケア」については、本章の終わりに書きたいと思います。

例えば、テリー（妻）とジェス（夫）（42ページ参照）は、二人とも明らかにHSPですが、テリーはそれ以上にHSSでもありました。HSP同士のカップルで、一人だけがHSSでもある場合は、HSSは自分のHSPの部分をパートナーに「投影」してしまいがちです。なぜなら、そうすることで、刺激に敏感（HSP）でありながら刺激を求める（HSS）という、内面の葛藤を和らげることができるからです。

そのため関係の「ブレーキ」になるのは、「純粋に」敏感なジェス、となっていきました。テリーは、自分で葛藤を引き受けず、「あなたがすぐに疲れるって言うから、私たちバラバラなのよ」とジェスを悪者に仕立てて、批判していたのです。自分は、ジェスと一緒じゃなくても引きこもっていたかもしれない、そうテリーが分かっていれば、二人の静かな生活ぶりで、相手を責めはしなかったでしょう。

本書の全体像と、性格をなす3つの層

そろそろ全体像をお見せする時かもしれません。

本書は、気質、性格（パーソナリティ）、性別といった一般的な概念から、敏感さや、刺激探求、内向性、外向性、臆病といった特性、そして今からは、親密さへの怖れ、愛着スタイル、鬱《うつ》、不安、セクシャルな嗜好についてまで、少しずつ解き明かしていきます。これらはどう絡み合うのでしょう。

ここで私は、人の性格を３つの層で捉えたいと思います。

一層目には、私が生まれつきの気質と言っている遺伝子レベルのものがあります。敏感さや刺激探求がまさにそうで、先天的な生命力や、遺伝的な知性、おそらく特別な才能も一緒です。これらの一層目の特質は、神経システムに行き渡り、ちょっとしたことで驚いたり、社会的な不公平に悩んだり、あらゆることに影響します。

二層目にあるのは、個性です。

個性はその人らしさを担う部分で、人の行動の大部分を彩り、持ち味となります。一層目の生まれ持った気質と、社会環境、個人史との相互作用によって生じます。生まれ持った気質が、社会的、個人的経験を通してあなたをどのようにユニークに咲かせるかです。個性には、

内向的か外向的か、楽観的か悲観的か、愛着スタイル、親密さへの憧れや怖れ、臆病さなどが含まれます。

これまで話したとおり、HSPに内向的な傾向があるのは、個人的な経験を通して、刺激過多から身を守ろうとしているからです。HSPは、つらい社会経験があると臆病になります。社会では、ある種の特質に優れることが理想とされがちなので、その個性を持っていることで少しだけ居心地がよくなることがあります。例えば、アメリカ、オーストラリア、イスラエルでは外向性が好まれますが、日本、スウェーデン、チベットでは違います。アメリカでは創造力が評価されますが、インドではあまり問題にされません。

最後の三層目は、しばらくは持続するものですが、二層目の個性ほどではない、目に見える行動や習慣、趣向です。

例えば、定期的なエクササイズや、毎週飲み会に行く、怠け癖がある、性的パートナーがたくさんいる、毎朝コーヒーを飲む、寄付に毎回参加している、などです。これらの行動は、比較的簡単に何度でも変えられますが、ただ全ては下の層から生成されたものなので、いつでもというわけではありません。

一層目の生来の特性は、二、三層目よりも影響力があるとも、ないとも言えます。あると言えるのは、基盤に組み込まれているからです。ないと言えるのは、社会的、個人的経験の単なる背景に過ぎないからです。ある文化圏の中にいると、皆どこか同じ経験をしていて、突然ズールー（南アフリカ共和国東部の民族）やイヌイット（極北地帯に住む人々）にでも出会わない限り、自分のいる社会は毎日吸っている空気のように意識しないので、私たちは社会的、特に文化的な経験の作用を見くびりがちなのです。

この全体像が役に立ちますように。

HSPにとって必要なこと

あなたやパートナーが持っているかもしれない2つの気質、敏感さと刺激探求について理解されたと思います。ここで、HSPとしての自分のことだけを考えてみましょう。あなたに必要なものは何でしょうか？

これは、以前、私が出版した“The Highly Sensitive Person（ザ・ハイリー・センシティブ・パーソン）”と“The Highly Sensitive Person's Workbook（ザ・ハイリー・センシティブ・パーソンズ・ワークブック）”という本の中心テーマでもありますが、ここでも思い出してもらいたいと思います。幸せなHSPは、相手も幸せにします。

1．気質についての情報を定期的に得る

その情報は、気質を分かっていない人たちのネガティブな見方を覆《くつがえ》し、中和するほどポジティブなものであるべきです。そうでないと、あなたは、ありのままの自分（HSP）は社会の理想ではないからと、他人に合わせて背伸びをし、できない時に自分を責めてしまうのです。

あなたが人とは違う気質を持っているのは事実で、他にも同じ気質を持つ人がいます。さらに生物のほとんどの種には、この気質が一定の割合で存在します。そしてこれは、科学的に価値あることなのです。

2．敏感さの観点で過去を捉え直す（リフレーミング＊7）

特に自信を失った出来事をもう1度捉え直す必要があります。記憶を呼び起こし、それがあなたの敏感さが原因で起きたものでなかったか、積極的に検証するのです。

例えば、その時、刺激がオーバーしていたとか、あるいはオーバーすることを避けようとしていたとかです。もしそうなら、あなたが悪いのではなく、それは「パッケージ・ディール（いいところも、悪いとこ

ろも一つ)」です。あなたは失敗したと思っているかもしれませんが、それは敏感なあなたが自分を守るために、必要な行動だったのです。

3. つらい幼少期、機能不全家庭、大きくなってからの傷を癒す

あの頃ネガティブな出来事に傷つきやすかったのは、単に子どもだったからではなく、例えば家庭にもストレスがあったりして、家族が、敏感な子が安心して育つための大切な役割を果たせていなかったからです。

また、家庭環境がよかったとしても、「理想の子」とは思ってもらえなかったという偏見による影響を癒さなければなりません。この治癒には時間がかかりますが、いろんな良質の支援があります。

これらが原因で不安や鬱になってしまっているなら、非HSPもしているように、きちんとした研究に基づいた本を読んだり、長（短）期の心理療法を受けたり、薬を飲んだり、他の身体的な治療を受けたりして、その症状の治し方を探さなければなりません。 あるいは、これらを組み合わせても効果的かもしれません。

ただ、敏感さそのものに対する治療は受けてはなりません。敏感さは問題ではないのです。

4. 刺激過多の扱いを学ぶ

刺激過多をできれば避ける、起きたらやり過ごす、過ぎ去ったら回復する方法を学びましょう。

刺激の高ぶりは、HSPには最大の問題なのに、ストレス・マネージメントについて書かれた本はたくさんあっても、HSP（刺激過多の扱い）に特化したものはあまりありません。

HSPに必要なのは、新しい小手先の技術ではなく、ライフ・スタイル全部を自分の気質に合わせていくこと、そして、自分に必要なことをして何が悪い！ という強い意志です。

5. 刺激の最適レベルを保ちながら活躍する

HSPは外に出て、社会と関わり、成功して幸せになるべきだし、それが可能ですが、それにはバランスが必要です。守りに入り過ぎてもいけないし、自分を見失ってもいけません。

職業選択は、落ち着いて休めること、価値を感じること、気質を最大限に活かせること、これらの条件がそろうものでなければなりません。

HSPの多くは、たくさんの職を転々とし、「本当の天職」に巡り逢うのに一生かかったり、自営業に落ち着いたり、学生に戻ったりします。

いつも気質のことを顧慮しましょう。

6.「他人の求めに敏感なスイッチ」は切ってもいい

他人の求めにそれほど敏感にならなくてもいいのです。そのほうが、パートナーもずっと幸せになれるでしょう。それは決してわがままではありません。

非HSPのように求めてきた人全てを助けようとすれば、刺激が跳ね上がってオーバーします。背伸びをすると、ストレスホルモン（コルチゾール）によって不眠や不安になり、神経伝達物質（セロトニン）が減って、もろに自分の心を追い詰め見失い（不安、抑鬱、イライラ)、もはや他人を助けるどころではなくなってしまいます。他人《ひと》を優しく愛することなどできなくなります。敏感さを誰に注ぐのかを決めて、蓄えておきましょう。それができないなら、その理由を探してみましょう。

7. HSP/HSS タイプは特に……

退屈しやすく、圧倒されやすいこのタイプは、刺激の最適レベルを見つけるのに、特別な助けが必要です。「外出するか家にいるか」「もっとやるか、この辺でやめておくか」でいつも葛藤するのは、別に非HSPのように振舞おうとするからではありません。それは、「生まれつき持っている」内面の葛藤なのです。ですから、その葛藤はとても激しくなることもあります。例えば、思い描く仕事があって、やれば絶対にいい！と分かっていても、取りかかりの段階で、それがいかに大変なことになるかも分かって、既に重荷なのです。

こんな場合、一体どうすればいいのでしょう？

HSPなのに、HSSでもあるあなたへ……

「刺激が大変だろうなぁ」と思いつつも、あらゆる方向に走り出そうとする時は、まず「俺は神経質だからなぁ」とか「私って自己破壊的だから……」と自分を責めるのはやめましょう。そのとおり、あなたは、自己破壊的な行動をしてしまうことがあったと思いますが、実は、「自己破壊的」という言葉が、正直しっくりこなかったのではないでしょうか。

しかし、「HSPでHSS」という気質を知れば、新しい解決の道が見えてきます。

新しいプロジェクトを立上げなくても、あなたのHSSの部分は、旅行で満たすこともできます。HSPの部分のために、頑張り過ぎの刺激オーバーを減らせるようアシスタントを雇い、自分はHSSのままにプロジェクト拡大に突き進むこともできます。つまるところ、2つの気質を中途半端に妥協させて「ビジネスは始めない」と決めるのではなく、気質の出番を調整すればいいのです。HSPの部分が、慎重さからマゴマゴしている時には、HSSの部分を活かして、思い切ってチャレンジしてみましょう。

最後に

敏感さについて、最初よりも分かってもらえたと思います。しかし、その知識が深層心理にまで届き、働き出すのには時間がかかります。

例えば私も、"The Highly Sensitive Person（ザ・ハイリー・センシティブ・パーソン）"の執筆後も、自分自身の敏感さを肯定するために、取り組みを続ける必要がありました。否定感を拭えるようになってきたら、今度は夫が非HSPなこと（いつも愛せるとは限らない！）にぶつかることになりました。

自分や相手への否定感を肯定感に変えていくためには、内省する一人きりの時間と、その次に新しい見方を大切な人と語り合い、時には考えをぶつけ合う時間も必要でした。時間だけでなく、忍耐も必要ですが、これらの過程が大切なのです。

「気質、気質って、私、めんどくさい女？」とか、「考え過ぎかしら……?」と思うのは、自分の中に偏見があるからです。

自分の偏見を変えるためには、HSPであることの自尊心を奪おうとする、外部の力に対して境界線を引くための時間も必要です。

例えば、これらの気質を理想としない攻撃的な社会では、すぐに病気扱いをされます。「あの人は社交不安症じゃない？」「彼女は強迫神経症だってさ」「彼は共依存だ」「彼女は抑鬱性格だね」「誰だってそういう部分はあるよ。程度の問題じゃない？」みたいな言われ方をされることがあります。

確かに、違いを肯定されなかった人は、社会的に拒絶されたことで、これらを発症することもあります。しかし、このように病気と考えられているものは、気質の観点からいえば、単に刺激を減らすために引きこもったり、定職に就かなかったり、じっくりと考えていたり、他人の求めに敏感でいたり、人類の現状を嘆いたりしているに過ぎないかもしれません。これらは皆、気質の普通《ノーマル》な多様性のうちの一つです。

気質の普通《ノーマル》のバリエーションを理解せず、それらを尊重しなければ、自分に対し、またパートナーに対しても、より「正常（もっと社会の求める理想)」へ近づくように、無理をしなくてはいけなくなります。

私たちの社会における「普通（理想)」の人とは、いつも元気で、外交的で肩の力が抜けていて、成功を目指し、自立している人のことでしょう。私たちは、そうなりたい、そんな友達やパートナーが欲しいと当然のように思っています。

しかし本当は、そういう理想から離れたところに、さまざまな個性があるほうが自然で、理想と違っているほうが、その人らしいし、ずっと素敵なのです。

「男はこうで女はこう」というように、男女にも社会の求める理想型が存在することが次の章のテーマです。

男は決断力があり、ストイックで、論理的で、敏感ではない人。女は、人付き合いがよくて、子ども好きで、感情表現が得意で、敏感な人。パートナーにそんないい男性像、女性像を求めていないというなら、自分の本音を誤魔化していることになるでしょう。

次は、男らしさ、女らしさと長い間混同されてきた、敏感さに目を向けましょう。

訳注

＊1 ソウル（魂／soul）：社会から求められる、あるべき姿（男らしさや女らしさなど）に必ずしも合致しない、自分の一部分。

＊2 内なる恋人（inner lover）：ソウルは、異性のイメージとなってあらわれることもある。それを「内なる恋人（内なる異性）」といい、男性の場合は、女性的なイメージ（アニマ）、女性の場合は男性的なイメージ（アニムス）としてあらわれる。

＊3 投影（projection）：心理的防衛機制の一つ。自分の中にある認めたくない感情や衝動を、相手に投影して、相手のものだと思い込むこと。「投射」ともいう。

例えば、自分が相手のことを何となく嫌いだと思っているのに、そのことを認めたくないために、「相手が自分のことを嫌っているのだ」と思い込むようなこと。

＊4 パッケージ・ディール（package deal）：セット売りのこと。アーロン氏は、HSPには長所もあれば短所もある、両者は同じ気質の裏表、という意味で、このパッケージ・ディールという言葉をよく用いている。日本で言えば、福袋のようなもので、人気の商品も入っていればそうでない商品も入っている。人気の商品だけを選んで買うことはできないようなもの。HSPという買い物をすれば、そのよい所も悪い所も一緒についてくる。長所だけでもないし、短所だけでもない、という意味。

＊5 内向性（introversion）、外向性（extraversion）：32ページ参照。

＊6 自己肯定感（self-esteem）：自分が大切な存在であるという気持ちのこと。

＊7 リフレーミング（reframing）：ある事柄を、別の視点から見直すこと。多くは、否定的に見ていたことを、別の見方をすることで、肯定的な意味を見出すこと。

第２章

理想の男性像と女性像はもう古い

― ジェンダーと敏感さ ―

この章は、性《ジェンダー》*1への固定観念から受けるダメージから、あなたの愛—愛する相手、愛という感情—を救い出すことを目的としています。

凝り固まった性への固定観念や偏見は、誰にとっても問題となりますが、特にHSPには厄介です。HSPは、どちらかというと世間が求める理想像には当てはまらないため、一層、偏見に悩まされます。その結果、異性に対し、

・信じられない
・拒否されるのが怖い
・すれ違ってしまう

などの悩みを抱えがちです。まず、この現実に目を向けねばなりません。

本章で、男女の間の身近な関係に注目するのは、はっきりとした理由があります。そこにジェンダーの問題の最も繊細で、最も醜い部分が顔を現すからです。

しかし、同性との関係も、身近な関係なら同様に「大きな壁」が横たわっています。ですからここで話すことは、少し読み替えれば、同性との関係にも役立つでしょう。

HSPが異性に不安を覚えるわけ

生き物の世界ならオスとメス、人間なら男と女に分かれて、なんとたくさんのいざこざが起きていることでしょう。そして、たくさんの喜びも。男女は、生物学的な理由と、楽しみや安心や興奮を求める理由の両方から、相手を望み、相手を夢みます。しかし、その関係を阻《はば》むのが性差別です。

● 社会的な理由

まずこの困った問題を改めて見ると、この社会では、女性は「男性にとって、外見的に魅力的でなければならない」というプレッシャーを感じていることが分かります。もちろん、女性も自尊心を持ち、自分の目標を達成するように教えられてきましたが、それでも男性の目や気を引くことを、少しばかり優先してはいないでしょうか。全てがうまくいっている二人であれば、彼女の魅力とともに彼女の仕事も愛し、歳を重ねるごとの外見の変化も愛せるはずです。しかし往々にして、若い女性は、自分の美しさに満足できないことが多く、外見ばかりを気にします。美しさこそが自分の価値であり、さもなければ、「しぼむ」しかないと考えています。

一方、男性は主に業績で評価され、歳を取っても相手を見つけることができます。そのため、女性は不公平だと感じたり、「男の都合どおりにはならないわ！」と叫んだり、「どうでもいい」と言ったり、男勝りになったりします。

女性はこうして意識するしないに関わらず、男性不信になっていくのです。

これに対して、男子は「男らしくなれ」と育てられます。同時に、「女の子にはどんな時も優しく」と教えられ、途方もなく微妙で、遠回しで、理解し難い女性の求めを、敏感に、忍耐強く察知しなければなりません。なんという矛盾でしょう。男性もまた、自分が作ったものでない、家父長制や、一部の男性の性差別や暴力のために、不当に責められている気がするのです。

HSPは、これらの裏に隠された微妙なものを嗅ぎ取るので、これら男女《ジェンダー》の苦労を一層強く感じることがあります。

● 異性とは、生物学的に「不可解」なもの

ユング派の分析家ポリー・ヤング・アイゼンドラスは、異性への不信の根っこには、男女の根本的な違いがあると言います。男性は女性になれず、女性は男性になり得ません。異性はいつも見知らぬ人であり、お互いに「不可解な性」です。

子どもの頃から、男女はそれぞれ違う会員制クラブ（異性は出入り禁止）に属していると教えられ、それぞれのクラブ内で、「あっちは一体何をしているの？」と噂が始まります。その噂は当然ながら、社会の性差別によって誇張されています。成長するにつれ、人は相手に対する独自のイメージを抱き、怖れ、憧れるようになるのです。アイゼンドラスは、こう言います。

彼らは天使かもしれないし、悪魔かもしれない。誘惑的かもしれないし、禁欲的かもしれない。いずれにせよ、想像したイメージには巨大な影響力がある。私たちは大人になると、これらのイメージを異性に投影する。その理由は、自分を守るため、恋するため、相手を責めるためといろいろある。これらのイメージは、夜な夜な彷徨《さまよ》い出し、昼間に不意打ちを食らわす。それらは、周りの異性の誰かに呼び起こされているのだが、相手の正しい姿を知らせてくれるわけではない。

違いは、お互いが想像しているほどには大きくない、というのがポイントです。しかし、全てを深く受け止め、鮮やかに想像し、相手の気持ち（怒りや悲しみ）を強く感じ取るHSPには、「知らない」こと自体がさらに強烈に作用することを知りましょう。HSPは異性と二人きりになると、緊張や不信、高ぶりから「何が起こるのだろう」と、とても不安定になることがあるのです。

● 自分は「理想的な男性あるいは女性」とかけ離れているという感覚

自分を理想的な男性あるいは女性と思っていないために、異性に対して緊張することもあります。HSPに生まれつく男性は、女性と同じぐらいいる事実を忘れてはいけないのですが、男性というだけで敏感ではないとされます。最近「センシティブな男性」が関心を集めていますが、多くは冷やかしの種でしかありません。

女性なら、特に他人の求めや望みに対して敏感であることがよしとされます。本当は内向的だったり、おしゃべりや子育てよりも仕事が好きだったりするのに、女というだけで、友達と一緒に女子力に磨きをかけることに興味があって、生まれつき敏感なのだろうとされます。

それなのに、休みを必要とするほどには敏感であってはならないのです。「私は女。私は強い」と言わされるのです。つまり、この社会では、社交的でしなやかで非HSPのように丈夫な人が、望まれる女性です。だから結局、男性同様、理想の女性に敏感さは余計なのです。

自分は理想的な女・男ではないという感覚は、幼少期に始まります。

調査によると、多くの母親にとっては、「内気な娘（ほとんどは敏感さをそのように勘違いしている）」が、お気に入りの娘となっています。

しかし、このようなひいきには代償があります。過保護にされた女の子たちは、「私は他の子と違う。自分には何もできない」と感じるようになります。

一方で「内気な息子」は母にとっては最も気に入らない子なので、文字どおり愛を注げなくなります。こういう母親たちは、我が子を差別するつもりはないのに、文化的な偏見のために、敏感な息子を「理想の子」と思えなくなってしまっているのです。

母親から過保護に育てられた敏感な娘は、「私っていつもこうして守ってもらわないと……」と感じながら大きくなり、やがて「男性に守られないと生きていけない」と思い、「何もできなくてもいいわ」となってしまうのです。母親からの愛情が少ない敏感な息子は、「僕は誰からも愛されない」「敏感なところをどうにかして隠さなくちゃ」と思いながら成長します。

つまり、HSPの男女は、自分に自信を失い、自分の女性（男性）としての魅力を疑って成長してしまうことがあり、異性と一緒にいる時にも、ありのままの自分でいられなくなるのです。

● 最後の論点：HSPと非HSP、私たちはどれほど違うのか？

いくつかの調査結果を分析したところ、HSPと非HSPの間には男女とも、交際の成功率や満足度に一貫した違いは見られませんでした。

これから「特にHSPに起こり得ること」を話しますが、非HSPと比べてHSPに問題が多いわけではありません。ただHSPの抱える問題は、とても違ったものだと思うのです。

幸いにも、HSPにとってストレスフルなこの社会にも、少しはいい点があります。男女ともかつての古い性的役割から離れ、仕事でベストを尽くせばよいという風潮が強まってきたことです。これによって、その人にしかない個性を表現する自由が広く与えられるようになりました。

それでも、人は「男はああで、女はこうで」と一般論を作りたがるので、私は時々、半ば冗談ぽく、性《ジェンダー》を

・HSP女性（HSW）
・HSP男性（HSM）
・非HSP女性（非HSW）
・非HSP男性（非HSM）

の４つに分けたらいいと言います。HSSかどうかも入れれば８通り

になります。こうアレンジすれば、全然違います！ 4つの性《ジェンダー》を設けることで、あるべき姿も2倍になり、自由と柔軟さも2倍になるのです。

これから、HSP男性、HSP女性の葛藤について取り上げますが、男性も女性、女性も男性の章を読むことを強く勧めます。両者は、本当にそっくりだからです。

本章を締めくくる前に、性《ジェンダー》的偏見による傷の癒し方を話します。

いかに「性《ジェンダー》的偏見」が、HSP女性の交際に影響を与えるか

〈ケース1〉結婚に逃げたダイアンの話

私が調査の一環でダイアンにインタビューをした時、彼女は46歳で、敏感さがいかに自分の人生の選択に、特に育ちに影響を及ぼしてきたかをかなり自覚していました。

ダイアンの幼少期は、つらいことばかりでした。母親は鬱で子ども嫌い。父親は海軍の将校で不在がちで、たまに海から戻っても、実際にはどうなのか確かめようともせず、何もかも母親の味方でした。

そんなふうだったので、ダイアンは学校でいつも独りになれる場所を探し、いつも誰かに恋をしていました。そしていつも遠くから想っているだけなのも無理からぬことでした。

鬱の母親が自宅に人が上がるのを嫌がるので、とても友達を呼べないというのもありましたが、そもそも彼女はそばに人がいるのが苦手なので、高校生になっても誰かと遊んだことがありません。文化祭のダンスでも誰とも踊らず、地味にキャンデーの売り子をした後は、一人で帰宅していました。

ダイアンは、大学生になった最初の週に後の結婚相手となるロンと出会います。

クラスの他の男の子としゃべりはしましたが、ロンがいるので彼らとは遊びませんでした。当初からロンが正しい相手か疑ってはいましたが、「他に行くところはない。実家には戻れない」と卒業と同時にロンと結婚してしまいました。

式が終わると、二人はロンの故郷に引っ越します。
「なんだか新婚1週目にして、25年経った夫婦みたいでした」
ダイアンは続けます。
「ロンは平日はずっと仕事ばかりで、週末になると高校時代の友達と出かけてしまいました。寄り添ったことなど一度もないです。言葉の暴力を浴びせられていたと言ってもいいと思います。ロンは私のことが疎ましかったのだと思いますよ。私がしたのは、ただ彼のご機嫌とり」
しかし、ダイアンは敏感さゆえ、特に2人の子持ちになってからは、自分が他の男性から相手にされることなどあり得ないと思っていました。「私にはシングルマザーとしてやっていくのは無理」で、「自分の時間を確保できて、自由になれるから、結婚生活にしがみついていた」と認めています。

しかし、ダイアンは幸せになれないまま、24年目にしてとうとう離婚しました。その後、誰ともつきあわない期間が4、5年あって、今の恋人のスタンに出会いました。スタンはHSP男性です。自己啓発のワークショップで知り合って1年後、瞑想《メディテーション》のコースで再会したのを機に、定期的に会うようになりましたが、別々に生活しています。

● 性差別は女性の愛を傷つける

ダイアンの話は、世界とどう関わるか、モデルとなる母親像と父親の導きを得ずに育ったHSP女性に共通する落とし穴をよく示しています。
彼女は、よくある伝統的な女性の解決策―幸せでなくてもいい、ただ男性に守られ、助けられるための結婚—に流されます。そのせいで、24年も喜びのない月日を過ごし、間違いなくロンをも傷つけることになりました。

調査によると、女性は敏感かどうかに関わらず、人生の苦労が絶えません。男性よりも幼少期の影響を受けやすく、自己肯定感が低く、授業では発表が苦手、会社では自分の能力を過小評価しているので、同じ仕事をしても賃金が低く、老後は貧乏だったりします。

こうなる原因ははっきりしています。世代を経るうちに、少しずつ傷が癒されていくこともあるでしょう。しかし間違いなく性差別による傷を負ったダイアンの母親は、同じ傷を自分の娘にも譲り渡してしまったのです。

フェミニストたちは、こういった性差別を正さねばと闘い、「ダイアンのようにならないでください！」と女性たちを励まします。さほど敏感でなく多少なりともフェミニスト的な考えを持っている女性なら、大学を出た後、あるいは結婚生活的なことを数年した後、自立して試行錯誤しながら学んでいけるかもしれません。しかしHSP女性には、「はい、今日から自立してやっていきなさい」と言われても、それはとんでもなく不可能なことに思えるのです。フェミニズムが推し進める、自立、運動、抗議、集団活動は、リスクを前に立ち止まって考えるHSPには、家族の支えがない場合は特に、かなり危ないものに見えるでしょう。

おそらくHSP女性は、性差別の影響をより強く受けてきたと思います。なぜならHSP女性は、女性であることで向けられる全てのネガティブなメッセージを拾い上げ、深く受け止めるからです。

・性差別的な言葉
・女性の身体を商業的に使った広告
・学校や職場での待遇
・レイプされないよう、あるいは誘惑していると思われないように用

心することを学ぶ

このようなことからも影響を受けます。

これらに加えて、他の人と違う敏感さにも否定感を持つようになると、二重に「自分はダメ」と感じるようになります。そうすると、アプローチしてくる男性をいきなり愛したり、毛嫌いしたりすることになります。

はっきり言うなら、性差別はその人の愛する能力を損なうのです。

●「お父さんはどこ?」―父親の不在がもたらすもの

HSPは男性であれ女性であれ、自分が育ってきた過程で父親がどう関わったかに影響されます。よかれ悪しかれ、昔から父親は外へ出て社会に立ち向かい、世界と繋がる存在とされてきました。そのため、世を渡るスキルを我が子に教えるのは父親たちです。それができれば、万々歳です。

しかし、父親たちはこれらの術を娘にはあまり教えようとしません。

いつもいない、帰って来ても娘に関わろうとしないダイアンの父親がその典型です。

ダイアンの父親は、娘に世界との関わり方を教えなかっただけでなく、厳しいしつけによって、娘の生き様を、他人を喜ばせ、他人をなだめるものへ仕向けてしまいました。他人の顔色をうかがって喜ばせる。HSPにはいとも簡単なことです。ダイアンの母親も、「女は父やロンのような支配的な男を頼って生きるしかないのよ……」という見本のような人でした。

意識の高い父親でさえ、敏感な娘には危ないことはさせたくないと、対応を誤ります。おそらく、女性は部屋の奥にいるべき、子どもを産み育てるのが仕事、デリケートで敏感で、他人に助けてもらうべき存在という保守（家父長）的な考えがあって、世界に出て行くことにも、そこで女の武器を身につけてしまうことにも反対なのでしょう。父親には、敏感な娘は「生涯、男に頼るべくして生まれた（あるいは運命付けられた）存在」に見えるのかもしれません。

子どもの頃、私の父親の口癖は「お兄ちゃんみたいに算数の勉強なんかしなくていいよ。あんまり頭がいいと、男の人に嫌がられるからね」でした。でも、敏感でない妹は同じことを言われません。HSPの私の心には、この表のアドバイスとその裏にある敏感な女性についての否定的なメッセージが深く刻み込まれました。

女性にとって、社会の中で自立するかどうかの他にも、男性をどう見るか、男性からどう見られていると思うかにも、父親が大きく影響します。そばにいない、構ってくれない、何も教えてくれない父親なら、彼女は「私はお父さんにとって、可愛くない、つまらない存在なんだ」と無意識に思うようになるかもしれません。

何度も言いますが、敏感さを肯定できていないのなら、その影響はさらに大きいです。やがて全ての男性に対し「私は面白くない、魅力のない女なんだ」と思うようになります。拒否されると思って、男性の前でビクビクしたり、どぎまぎしたりします。交際をしても自分の魅力を疑っているので、「こんな私がいいなんて、きっと何か裏がある」とパートナーの気持ちまで勘ぐるようになるかもしれません。

また、父親から行き過ぎた性的関心を向けられることで、女性は（特にHSPは）、世に提供できる自分の価値はセクシャリティしかないと思うようになり、それ以外の選択をしなくなることもあります。

● 性的犠牲者

レイプ、近親相姦、セクシャル・ハラスメントと聞くと、もううんざりですが、女性の深層心理や男性観に対するこれらの影響は無視できません。HSP女性は、もともと潜在的な危険には（怖い思いをしたならなおさら）慎重で、世界に出ていくのにより強い不安を感じているかもしれません。暴力的な男性の影におびえ、全ての男性の中に潜在的な暴力性を感じ取り、「お前の身体は俺のものだ」とか「口ではノーと言っても本当はイエスだ」と女性をもてあそぶ身勝手な男性のイメージを重ねてしまうかもしれません。

実際に性的虐待に遭ったなら、それは魂を破壊されたことであり、十分な癒しを受けなければ、男性と信頼できる幸せな性的関係を結ぶことは、二度とできないと感じてしまうでしょう。

● 男性に近づくべきか、離れるべきか

HSP女性はやがて、男性もまた性差別の影響を受けていて、単に与えられた優位な役を演じているだけだと知ります。彼女たちは男性に勝ったり、うまく騙して富と権力を共有したり、雇われたり、付き人になることもできたでしょう。権力配分が不当だと、おそらく抗議もできたでしょう。男性なんか頼らないと、女性の優位性を説くことさえできたかもしれません。

しかしHSP女性は、それでも同じ人類として男性に同情するのです。彼らは何一つ悪くないからです。

近づくのか、距離を取るのか、どうするのがよいのでしょう？ HSP女性は、決めた自分のスタンスが間違っていることに気づいたとしても、他の女性が自分と反対のことをしていると、男性ばかりかその女性にまで嫌気が差します。

男性を前にした瞬間、自分はどうするのか、どうしたいのか分からず、ましていわんや、男性が何をするのかよく分からなくなり、ますます高ぶる（性的な意味ではありません）のです。冷静になるどころではありません。HSPですから緊張と高ぶりのために、男性そのものを避けたくなるかもしれません。

しかし、男性を避けてしまうと、彼らのことがますます分からなくな

り、自分の平穏を脅かす危険な存在に見えてきて、そばに来られただけで怖気づいてうろたえるようになります。こうして男女の溝は深まってゆくのです。これは、男性も同じです……。

「性的偏見」は HSP男性の交際にも影を落とす

HSP男性の研究は女性よりも困難です。

ひといちばい敏感な男性も女性と同じくらいいるのですが、セルフテストの項目からいくら性による偏りを除いても、成人女性のスコアのほうが高くなります。この社会に生きている限り、男性が無意識か否かに関わらず「こんな風に答えたら男らしくないよなぁ……」と思わずに回答できるテストを作成するのは無理です。

そのためここで話をしている対象は、主に自分の敏感さを怖がらず、誤魔化さず、受け容れている男性、あるいは無視できないほどに敏感な男性です。その結果、多くのHSP男性は「自分って男らしい」とは思っていないでしょう。

このことは、人との関係にはとてもよい可能性を秘めているのですが、異性に対して、あるいは自分自身にとっては、多くのトラブルの元凶でもあるのです。

僕って、ダメな男……

「あの人、男らしいね！」と認められる自分でありたい。そうでないと、大きな問題を抱えていることになってしまう。それがこの社会を生きる男性の大きな重荷になっています。そしてその課題のほとんどは「理想的な男の行動」の定義を最もガチガチに押しつけられる少年時代に起こります。

〈世間で言われる“真の男”とは〉

・男はタフでクールであれ（＝みんなが気にしないことを深く考えてはいけない）。

・男は本能のままに行け。振り返ることなく、無謀で衝動的でもいい。

・男は外に出ろ。誰かを必要としたり、脆《もろ》さを見せたりしてはならない（＝本当に親密になってはいけない）。

・男は猛烈に競争に勝ち続けよ。特にチームスポーツでは。

・男は絶対に泣くな。滅多に感情を見せるものではない。特に、怖れ、恥、後悔は。

これらに当てはまる人は敏感ではない人です。こういう論理だと、HSP男性は本当の男ではないということになります。

“Real Boys（本当の男の子）”の著者であり、ハーバード大学の心理学者ウィリアム・ポラックは、少年たちの20年間に渡る追跡調査を行いました。それによれば、出生時の男児は女児より豊かな感情表現をするといいます。しかし、小学生に上がる頃になると「ボーイ・コード（男の子の掟）」と呼ばれる鎧《よろい》を着せられ、その表現力のほとんどが失われているといいます。このコード（掟）では、男子は感情を表現してはいけないとされています。

このルールが縛るのは男の子だけではありません。「誰もが人間味を奪われ、とうとう自分のことも相手のこともお互い分からなくなる」のです。

サンフランシスコの心理療法士であるHSP男性、スペンサー・コフマンは、HSPのニュースレター“Comfort Zone（心地よい居場所）”に、男の子の掟《ボーイ・コード》にまつわる体験をこうつづっています。

男の子は、小さいうちから、「ジェンダー（性）のブートキャンプ

(新兵訓練)」に入れられます。そこでは、男の子はよき戦士か王となるよう教え込まれます。記憶にある最初の洗礼は、1年生の時のこと。僕はジャングルジムから落ちました。大したケガではないのですが、ショックで泣きました。その時、先生やみんなは誰一人なぐさめてはくれず、口をそろえて「男の子なんだから泣いちゃダメ」と指摘してくるのです。僕が学校で泣いたのは、後にも先にもこの時だけです。「小さな兵隊」になるよう訓練されていたわけです。

男の子の掟《ボーイ・コード》に苦しめられるのはHSP男性だけではありませんが、HSP男性にとって、それに沿って生きるのは、とても苦痛です。特に、無意識にそれを利用する女性との関係で、苦労します。例えば、「友達として相談に乗ってほしい。だけど、私を女としては見ないでね」というような社会的偏見を無意識に向けてくるのです。

こうして、HSP女性が男性に臆病になるのと同じように、男性も女性に対して臆病になることを「ラブ・シャイネス」と言います。そして、これはさらに深刻な事態を招きます。

●ラブ・シャイネス(恋愛に対して奥手)について

「ラブ・シャイネス」は、社会学者ブライアン・ギルマーティンが生み出した言葉です。

彼は、恋愛、性的関係、結婚を強く希望していながら臆病で踏み出せない、ささいなことかもしれないけれども恋に悩みを抱えるヘテロセクシャル(異性愛)の男性たちを研究しました。

HSPが奥手だとするなら、主に敏感さによって、「相手に振られる」と思うからです。多くのHSP男性は、そういう意味では最初から「振られる」と思っているわけではないのですが、しかし恋愛に「かなり」臆病な男性のほとんどはHSPです。私はラブ・シャイネスは、多くのHSP男性が不安に思っていることの極端な表れだと考えています。

ラブ・シャイネスは、女性に愛されたくて必死なのに臆病な男性と同様、男性に構ってほしいのに同時に男性を怖がるHSP女性にも当てはまります。男性にとっても、女性にとっても、ラブ・シャイネスは性差別が招いた直接の結果であり、「いい男」「いい女」と認められないことを怖れるHSPには特に有毒です。

しかしこの社会では、恋愛は、男性から最初にアクションを起こすものだと思われていますから、ラブ・シャイネスは、男性には特に痛手かもしれません。最近は女性からのアプローチもありとされていますが、それに応えるかを決める責任は、「男なんだから」と男性に持たされます。女性なら気を持たせるフリをして、高嶺の花を装ったりもできますが、男性にはそのような先送りは許されません。

HSP男性は、気になる女性がいて、相手にも好意を持たれているなら、「石橋を叩いて渡りたい」気質を無視して、男らしく「川を飛び越え」て見せないといけません。彼の「現状確認をしたい」という、強い内面の求めはどうしたらいいのでしょう？ 彼女を待たせていると、その人を逃すことになるのです。

ギルマーティンは、19歳から50歳までの300人の奥手な男性にインタビューをし、女性経験のない男性の中で35歳以上とそれ以下の人を比較しました。さらに200人の奥手ではない男子学生にもインタビューしました。結果、恋愛に臆病な男性は、そうでない人に比べ、ずっと不幸な幼少期を送っていること、それも若い人よりも年齢の高い人たちに顕著でした。

また、恋愛に臆病な彼らのほとんどが、数々の身体的な敏感さ（HSPにはよくあることです）を報告しています。アレルギーがある、膝蓋腱《しつがいけん》反射の亢進、ウールのチクチク、虫刺され、暑さ寒さに強く反応する、冬の日の短さ、太陽光のまぶしいのが嫌だったり、痛みに敏感、突然の音、黒板にチョークで書く音が嫌だったり、などです。彼らの強いラブ・シャイネスは、不幸な幼少期と敏感さが組み合わさって生じているのです。

● お父さんはどこ? —父親の不在がもたらすもの〈男の子編〉

父親がいない、構ってくれないことで、敏感な男の子は、非HSPの男の子よりもはるかにつらい思いをします。

父親が息子に教えるのは、世界への向き合い方だけではなく、この社会で男性として、感情をどうコントロールしていくかということですが、よき男性のモデルを持たない男の子には、このサポートが抜け落ちてしまうことがあります。

若い男性にとっては、先輩として自分を守ってくれるような父親との関わり、あるいは、年配男性との関わりが必要です。それがないと、いろいろなマイナスの影響を受けるという調査結果がいくつも報告されています。例えていえば、このことは、若い男性にとっては、先輩たちが自分で戦いたくないからと年下を戦場に送り出し、帰ってきても褒めも労いもしないことで、裏切られたように感ずるようなものです。

HSP男性は、男の子の掟（ボーイ・コード）を守れない自分は、先輩男性からもまともに相手をしてもらえないと思ってしまうかもしれません。あるいは、誰もが憧れる男性クラブの会員には、自分は仲間入りできないと思うかもしれません。

● 母親への同情がコンプレックスを生む

女性が男性に傷つけられていたり、自分の母親が父親に暴力を振るわれていたりしているのを見ると、HSP男性は、親への信頼感を失い、特に母親に大きな同情を抱きます。そうなるとHSP男性は、これを全ての女性に一般化し、彼女たちが自分と同じように、強い男にいじめられる存在に見えてくるかもしれません。

しかしこの共感は、自分の性《ジェンダー》から自分を「疎外」しかねません。

この経験をした人は、性《ジェンダー》の戦争において、ついには男性と女性、どちらの味方でもない、反逆者になったような感情を抱くでしょう。

この感情は、「親友（同志）でいてくれてありがとう……」という母親からの微《かす》かなサインを感じ取るとなおさら強化されることがあります。しかし、もう一度言いますが、それでは「真の男」ではないのです。臆病な息子は、母親に一番疎まれるという調査結果がありました。

母親に対してこの種の強い結びつきを持った息子は、この社会では、おそらく自分のことを「ママっ子」、つまり女性的で、か弱い劣った存在と思うようになるでしょう。

無意識に見下げてきた「弱く劣った」女性性と、自分や女性を攻撃してくる自分の男性性の両方を憎むようになるはずです。

彼は、誰の味方もなく、独りぼっちです。一体誰を頼って、深い感情を打ち明ければいいのでしょう？

男性ですか？ 女性ですか？ どちらでもないのでしょうか？

●「か弱い」「女っぽい」ことの不安

HSPの男友達とランチに行った時のこと。メニュー表を持って来た店員が、「奥様方、お飲み物はお決まりですか？」と言ったのです。彼は少々華奢なところはありますが、服装や仕草は私から見ると全くもって男性です。私は彼に対して気まずい気持ちでいっぱいで、腹も立ってきました。これを他のHSP男性の友達に話すと、彼もこのように怒っていました。

ほら、男の子の掟《ボーイ・コード》は、男の掟《マン・コード》になるんだ。油断しているとすぐ斬りかかってくる。その人、どうして女だと思われたんだろう？ HSP男性は、鋼鉄のロボットじゃない、あくまで人間なんだ。でも、人間的だと、この社会では、「女性的」と言われてしまう。「女っぽくて（人間味があって)」何が悪い？ 別にいいじゃないか。でも現実は、この社会では「女っぽい」と言われるのは恥なんだ。男性は皆（HSPであってもなくても)、窓際に追いやられたくなければ、ロボット・ゲームをしないといけないし、ロボットの役を平気でこなさなければいけない。さもなければ、目立たない隅っこに追いやられるしかないからね。

だけど、僕たちHSP男性が、家父長的ではない新しい世界を担う最先端の存在だと、心の中で自覚できたらいいな。

私の友人の男性が華奢（これはHSPの特徴ではありません）だから女性に間違えられた先ほどの件とは別に、HSP男性が女性的に見られるのは、「多くの女性のように、身体的に攻撃される可能性に対し、敏感に警戒反応を示すから」だと思います。警戒心が、HSPの敏感さによって、痛みにまで増幅しているのです。

ギルマーティンは、「『痛がり』というのは、男性が同性集団の中でうまくやっていくうえで、極めてネガティブな要因になり得る。そのような不安のある男の子は、いじめられっ子になる可能性がある」と言います。

つまり女の子のように、しかも敏感な女の子のように、いじめられやすくなってしまうのです。

HSP男性が女性的に見られるのは、痛みに敏感な他にも、

・他人をコントロールしたり密かに支配したりしない
・感情を表現する人に見える
・他の男性よりも悲しみや不安を強く感じているように見える

からかもしれません。

前にも話しましたが、私の研究によると、HSPは幼少期に問題があると鬱や不安症になりやすいのです。この結論は、主に「非HSP男性は幼少期の問題に意外に影響されないようだ」という事実によります。

幼少期の問題を受けやすいのは、女性と敏感な男性に限られるということです。つらい過去を持つ、全ての女性（非HSPも）とHSP男性は、自分の問題に「反応」しやすいのです。彼らは感情に翻弄されています。そして、それが女性的だと解釈されているのです。

非HSP男性は、生きるのはずっと楽だから幼少期の問題に折り合いをつけやすい、と考える人もあるかもしれません。しかし、心の痛みに本当に折り合いをつけている非HSPなんてほとんどいません。彼らは、単に自分の感情を抑えつけているだけなのです。「俺は平気さ、一人でも」という態度は、強い不安を覆い隠そうとする時に、女性よりは男性、HSPより非HSP男性が使う傾向があり、これを「自己愛的防御《ナルシスティックディフェンス》*2」と言います。

男女ともに、自己愛的防御《ナルシスティックディフェンス》の問題は、「怖い」「誰かに助けてほしい」という感情を封印すると同時に、そんな感情を持っていたことすら思い出さない、他の誰かの怖れや求めにも気づかないように蓋をしてしまうことです。

その結果、ナルシストというような、自分が相手にどんな影響を及ぼすか、考えずに他人《ひと》を利用できる人になってしまいます。そんな人とは誰も親しくなろうとは思いません。幼少期に傷を抱える男性は、硬直したナルシストになるか、あるいは、「真の男」じゃないように見られるか、残念ながらどちらかを選ぶしかありません。

多くのHSP男性は、自己愛を選ばないようです。私もナルシストになるより、そのほうがいいと思います。基本的な人間の感情に素直でいられる世界にいたほうがいいと思うからです。その感情が、たとえ怖れや悲しみであったとしても。

HSPの男女に刺さる棘《とげ》

性《ジェンダー》にまつわることで、HSPを悩ませる問題は他にもありますが、これらは男女で大変似通っているので、一緒に論じたいと思います。

● 選択を狭めてしまう

幼少期に両親の愛情を受けられず大人になっても自己肯定感の低いHSPは、警戒心が強く、過剰に怖がってチャンスを逃してしまう傾向があります。HSP女性なら、たまたま就いた仕事や、うっかり身を投じた宗教活動、ダイアンのように早過ぎる結婚に逃げてしまうことがよくあります。一度、そこに安全な基地ができ上がると、たとえ満足していなくても、そこにしがみついてしまうのです。学生時代には、すごく自立していたり、クリエイティブな人だったとしても、若くして結婚を決めがちです。

一方、HSP男性の場合は、HSPとしてこの世の中をどう生きていけばいいか、教えてもらえなかったこともあって、結婚や仕事の目標達成は遅咲きです。

● 自己肯定感の低さ

もしダイアンがもっと自分に自信を持っていたなら、ロンと結婚する必要はなかったかもしれませんし、彼の顔色をうかがうことはなかったでしょう。もし、ダイアンが「ロンはロン、私は私」と自立していて、そのうえで結婚する必要があったなら、ロンをもっと協力的ないい夫に変えられたかもしれません。ある調査によると、女性は男性に、よい関係でいるための術を伝える役目を担っていて、男性がその助言を受け容れるなら、二人は幸せになれるということです。

しかし、そういういう影響力を持つためには、その女性に女性としての自信と強さがなければなりませんが、ダイアンにはそれが欠けていました。

HSP男性の場合は、自信のなさは男の子の掟《ボーイ・コード》に自分を合わせ損ねたことから生じているようです。

・発想がユニークでちょっと変わっている

・涙もろい

・赤面しやすい

「強い男」なら気に留めないような、暑さ（熱さ）、寒さ（冷たさ）、目に水が入る、服がチクチクするのを気にするなどが「男の子の掟」にそぐわなかったのかもしれません。

動揺《クール》しないというのが、この社会のおかしな理想ですが、HSP の男女には難しいのです。緊張したり、競争させられたり、知り合ったばかりの恋人がいるなど、プレッシャーのかかる状況だと、すぐに刺激がオーバーし、クールに振る舞うどころか、実力を発揮できなくなります。

自己肯定感が低いところにこういうプレッシャーが加わると、

・神経性胃炎

・発疹

・恐怖症

・吃音《きつおん》

・臆病

など、不安によるいろいろな症状が出てくるかもしれません。こうして自信がなくなり、ますます「自分には魅力がない」と思い込んでしまうのです。

● 柔軟な境界線がない

HSPは男女とも、相手が何を感じているか、何を欲しがり、求めているか、によく気がつきます。この本能的な深い受け止めによって、相手を満足させられなかったらどうなるか、感じ取ってしまいます。「きっと相手は、悩み、自分に腹を立て、がっかりするだろうな」など。

そして、相手に対しもっと敏感になり、相手が嫌な気分でいると、自分までつらくなるのです。このつらさは非HSPの比ではありません。だからHSPは、自分のためにも、あらゆる人の求めに応じようとします。

HSP女性なら、この社会では母として、姉として、妻として、友達として、他人に尽くすようしつけられてきました。しかし今や、突然そのルールは変更されています。思いやりのある女性は「共依存だ」と言われてしまうようになったのです。そうしてHSP女性はますます、ありのままに振る舞えなくなってしまいました。

HSP男性なら、「男らしく、他人との境界線をしっかり引きなさい。他人の求め、特に感情には無頓着でいい」と言われます。同時に、「男らしく女性からの求めにちゃんと応えなければならない。特に守ってほしいという求めには」と期待されています。

これは無茶な矛盾です。どれほど自分が圧倒されていても、男は行動しないといけないのです。しかし、「一体どのように？」です。

HSP男性が自分らしくあろうとして誰かの感情に同調しようものなら、「共依存」だけでなく、「女っぽい」とまで非難されかねないのです。

同調した相手が女性ならば、「女性に支配されてしまった」と責められるでしょう。いつも「全て」の女性の求めに「完璧」に応えられないのなら、ダメ男だと自分を追い込むことになります。こうして高ぶりと葛藤が限界に達すると、完全にシャットダウンし、鈍感な人だと思われてしまうのです！

他人の感情、パートナーの求めに敏感であることは、共依存ではありません。共依存は、相手の求めに対し、反応を誤ると生じるものです。共依存という言葉の原義からすると、友達がアルコール中毒で助けを求めている、しかしそれはただ友達自身が自分に向き合おうとしていないだけ、とちゃんと分かっている人は、全く共依存ではありません。

それでも、共依存という言葉に何か引っかかりを感じるのなら、あなたの中の敏感さが「境界線をしっかりしなさい」と、強烈に要求をしているからです。

境界線とは、必要なものは中に入れ、そうでないものは弾き出すものです。境界線が弾く、「不要なもの」とは、双方ではなく、相手にだけ都合のよい求めです。

あなたは、しっかりした境界線を持つよう大人から教えられてきたと思いますが、相手はおそらくそうではなかったのでしょう。あなたは頑張り過ぎなのです。あなたの優しさが利用されているのです。あなたはいつも「はい、いいですよ」と受け容れておきながら、後で腹を立てています。

あるいは、その対極になることもあります。時折、もしかすると毎回、全てをシャットアウトする境界線を築いたりします。

最終的には、他人から、

「君は、弱い人間」

「主張がないのかね」

「相手に依存しているんじゃないか」

とか、反対に、

「あなたって鈍感」

「頑固ね」

「横柄な人……」

と言われたりして、自分はどんな人間なのか、どんな境界線が必要なのか、自分で決めることができなくなってしまいます。

つまり、真の男・女になろうとして、HSPの多くは自分の敏感さを他人を喜ばせることに浪費するか、反対に、敏感さを封印しなければ、自分は弱くなってしまうんだ、と思うしかなくなってしまうのです。

危険！「スーパーHSP」になろうとする人

「理想」の男・女ではないことを、「完璧な人(Superman, Superwoman)」になることで補おうとするHSPも少なくありません。

そういう人は、もちろん組織には好都合です。「完璧女子」から見ていきましょう。最近の「理想」は、頑張り屋さんの女性です。なんと便利な存在でしょう。しかし、長時間労働、立て続けの出張、競争を楽しみ戦士のごとくストレスをコントロールし、家事までこなす、そんな女性はまずいません。

非HSPで、かつHSS(刺激探求型)の女性なら、もしかすると完璧にこなすかもしれません。そういう意味では、時代は彼女たちが気質を存分に発揮できる絶好のタイミングを迎えていると言えるでしょう。彼女たちには、膝下丈のスカートやニットのセーターなど不要です。

しかし、今や、HSP女性までもがこれらの要求に応えようとしているのです。きっと彼女らは、そのために必要な教育を受けてきて、自信、教養、才能はあるのかもしれません。刺激探求の度合いも高ければ、アイデアに満ちていて、じっとしておれないのかもしれません。そんなHSPなら、組織の希望の星となって、出世の階段を駆け上がっていることでしょう。組織の求める敏感さと強さの両方を兼ね備えた、まさにスターです。

しかし、この「完璧な女性」という新しい型にはまろうとすると、自分らしさを侵害することになり、健康を害することにもなりかねません。

一方、HSP男性は、完璧な人になろうとする危険性が女性よりも高いです。もし出世コースにいる男性が、私用で休みたいとか、パートナーや家族と一緒の、誰にも邪魔されない時間が必要などと言おうものなら、女性よりも見下げられてしまうからです。

HSP男性は、他人の中で働ける姿を示すことで、自分の男らしさを証明し、敏感さという「秘密の欠点」をカムフラージュしようと突っ走りがちです。直観力と創造力で、きっと新しい事業を起こそうと考えるに違いありません。

自分のことだと思いましたか？ もう少し言い当ててみましょう。あなたの恋人との関係も。

「仕事以外のことをするエネルギーが残っていない。生きるのは大変。なぜ生きるのか分からない……」

こっそり、そう漏らしてはいませんか？

無理に時間を割いて、手にした恋人がいるのなら、その恋人もとてもつらい思いをしています。そのパートナーも同じ背伸びをする人なら、交際らしい交際はできないでしょう。

それでもHSPは、自分の疲労を認めれば、それは自分の弱さと力不足を認めることになると怖れます。そして体力が戻ると、またすぐに仕事に心身をすり減らし、恋人や家族、友達の尊敬を取り戻そうと頑張ります。

私が観察したところ、それが止むのは、皆40歳頃になって倒れてからです。ガチガチに硬直した理想にこだわると、死を招くことさえあるのです。

● いい親ほど、自分はダメだと感じてしまう

「敏感さ」について最初に心理学の文献を探した時は、3件しか見つけられず、そのうち2件は、赤ちゃんの世話をするのに一番向いている、といったことだけでした。この能力は親であるかどうかは関係なく、幼児の微かなサインを読み取って、思っていること、困っていることを理解する能力に関係があります。

HSPの男女が出産に深く感応するのを見てきましたが、彼らは子ど

もが生まれると、当然のことながら、よく気のつくいい親になります。

中には、その力に気づかない人もいるかもしれませんが、ほとんどのHSPは、他の親がしていることを、見よう見まねで器用に実行できます。

しかしHSPは、自分は子育てには向かないと強く感じていることがあります。

HSPの親なら分かると思います。イライラ、ぐったり、げっそり、逃げたくなったり、「子育て以外のことで才能を活かせるのに！」とか、密かに「この子を産まなかったならどんなに違う人生だったかな」と思ったりすることはよくあります。

子育てには責任がどっしりとのしかかり、いろいろな刺激がやってきます。敏感なので、妊娠も出産も、特に第一子の場合は、筆舌に尽くし難い最高の喜びと最悪の感情を体験します。これは父親も一緒です。生まれた後は大変さに拍車がかかります。ずっと赤ちゃんの世話に追われて、眠ることもままなりません。生きた心地もしないことでしょう。

子どもを産んだのは、正しい判断だったのかとさえ思うかもしれません。「自分はいい母親（父親）なのか」と、それを疑わない日はないでしょう。

敏感な父親は、妊娠、出産の段階で「置いてきぼり」になったと感じています。彼はそれを恥じ、悩む一方で、深く感動もしています。

さらに父親には別の重圧がかかります。いい養育者、素晴らしい児童心理学者になれるよう努めるだけでなく、我が子を守り、経済的に支えるという重い責任があり、いくら妻に収入があったとしてもそれは重くのしかかります。

一人でいる時間が大切、その子の母親と二人っきりで過ごしたい時もある。そんな彼の求めはどうなってしまうのでしょう。

伝統的な性《ジェンダー》の観念。その呪縛は、HSPの、人との関わり方の中にも生き続けています。今は親としての例を話しました。

理想の母親（父親）像になれる人は誰もいません。特にHSPならなおさらです。「自分は親失格かな」という否定感は、非HSPなら、初めて親になる夫婦にはよくあるように、夢の中にチラッと現れるだけかもしれません。

しかしHSPの抱える自己否定感は、意識に近い部分で、ズキンズキンと刺さってくるのです。「いい親でいたいという気持ちの裏には酷い親が隠れている」、そのような自分の心に気づいて、密かな罪悪感に苛まれるHSPの親を思うと、私はいたたまれない気持ちになります。

HSSはどの辺りに当てはまるのでしょうか?

これまで話してきたHSPの男女に共通する問題の解決策を紹介する前に、HSS（刺激探求）の度合いの高いHSPが受ける偏見について話します。

刺激探求は、この社会では理想的な特性です。HSS（刺激探求型）なら、理想的な男・女と言われて少しは自信を持てるでしょう。男性の場合は特に、冒険心を持てと言われていますからなおさらでしょう。ラブ・シャイネスを持つHSP男性でも、HSSなら最初の行動は起こせますし、さまざまな性体験ができます。落ち着く前にいろいろ経験しておきたいのは殿方の浪漫でしょう。

もちろん、よくないこともあります。HSS/HSPは、常時、外からのプレッシャーと、内面の気質のせめぎ合いに突き動かされ、完璧な人間（スーパーウーマン＆スーパーマン）になろうとします。身体が、病気という最後のSOSを出すまで、敏感な面はずっとほったらかしにされるのです。

重要な警告

HSS/HSPには、神経が高ぶることと、疲労する経験は不向きです。

HSSであるがゆえに、いくら「あとちょっと背伸びすれば届きそうだ」と感じても、男らしさとか女らしさとか、合わない理想に無理に合わせようなどという誘惑に乗ってはいけません。

いい男・女ぶらなきゃいけない呪縛から自由になる

暗い話をしてきました。では、どうすれば明るくできるか考えましょう。

性差別がHSPに及ぼす悪影響は、男女ともに同じなので、その癒し方も共通しています。「不機嫌な時、女はそれを語りたがり、男は引きこもって仕事をする」とか、「女は悩みをただ聞いてほしいだけなのに、男は解決してあげたがる」というような一般論が未だに通念としてあります。最近の世代はそうなのかもしれませんが、それもはっきりした根拠があるわけではありません。しかし、性差は世代が下がるにつれて平均して少なくなっていきます。

ここで話す性《ジェンダー》に関した問題についても、私たち一人ひとりが自分の気持ちを言葉にし、解決策を見つけなくてはなりません。私たちはどうしても一般論を作り、当てはめたがりますが、それは人生の一部にしかなりません。事実を知りたければ、一般論の間違いを正してみてもいいと思います。

例えば調査によると、昔から「女がすることだ」といわれてきた、

・優しく受容すること

・子育てをすること

・思っていることを口にすること
・二人の関係について会話したがること
　これらを男女で一緒に心がければ、幸せな関係が続けられると分かりました。

　私の多くの仲間が言うように、「女性らしい」とはシンプルに「普通の人間らしい」という意味なのです。そして幸い多くの男性は、旧来の固定観念とは反対に「人間らしい」のです。
　最近の新婚さんを対象にしたビデオ録画による調査によると、少なくとも彼らには、どのくらいのことを相手に望み、助け合うかに男女差が全くないことが分かりました。
　助け合いの種類も、
・共感してくれる、励ましてくれること
・提案してくれること
　などありますが、どちらにも男女の差がありませんでした。もはや今までの固定観念は通用しなくなっています。
　ましてや、こういう一般論にあまり当てはまっていないHSPは、未だに古い観念に縛られている人たちを解き放てるポジションにいます。
　HSPは、あるべき姿へと社会を変えていく先駆者です。
　ある調査によると、旧来の男女の役割に固執する人たちのほとんどが、夫婦生活は不幸のどん底で、専門家にも相談に行かないようです。固定観念の中でも問題が大きいのは、「男性が仕切らないといけない」という考えです。これに縛られている夫婦は、二人とも満足度が低く、離婚しやすいという実証があります。

　男性が女性から「変わってほしい」と言われても無視するのも、交際における「男性優位」の側面です。
　一人が要求し、もう一人がはねつける「要求・拒絶パターン」は、交際にどう影響するのでしょう？　「拒絶」は、パートナーが率直にあるいは親密に、変わる必要があると伝えようとしているのに、もう一人が会話を拒んだり、身体で遮ったり、感情的にはねつけることで起こります。女性も拒絶する側になることはあります。とはいえ、女性からの要求を男性が拒絶するような交際にはトラブルが多く、やがて破局します。

この「要求・拒絶パターン」を調べるため、UCLA[*3]のクリストファー・ヘヴィとクリストファー・レイン、アンドリュー・クリステンセンは、夫婦の会話を２通り収録しました。１つは妻が夫に変えてほしいと思うこと、もう１つは夫が妻に変えてほしいことです。

多くの会話で見られた典型的なテーマ（相手へのお願い）は、「もっと一緒にどこかに行こう」または「もっと私一人の時間が欲しい」でした。

研究者たちは、夫から妻に変わってほしいことを話す時には、「要求・拒絶パターン」は起こらないのに、妻が夫に変化を要求すると、男性は拒絶することに着目しました（しかし、私はこれは、HSP男性には当てはまらないと信じています。そうですよね？）。

この２つの実験から分かるのは、昔ながらの男性優位の関係では、決してうまくいかないということです。相手の感情を無視するのをつらく感じるHSP男性なら、余計にそうでしょう。長い目で見た時、旧来の性役割や固定観念にとらわれずに、二人の関係をよくしよう、親密にしようと努力しているカップルだけが幸せの切符を手にするのだと思います。

では、このような性差別と固定観念の呪縛をどう解けばよいのでしょう？　この短い章では話しきれませんが、いくつか提案します。

1. 自己肯定感を高める

「どうせ女だし、敏感だし」とか、「HSPだから男らしくなれない」と自分を卑下していた考え方を、リフレーミングしましょう。

リフレーミングは、第1章で簡単に話しましたが、自己肯定感については、“The Highly Sensitive Person（ザ・ハイリー・センシティブ・パーソン）”と、“The Highly Sensitive Person's Workbook（ザ・ハイリー・センシティブ・パーソンズ・ワークブック）”にも詳しく書いています。

2. 境界線をきちんと引く

よい境界線とは、相手からの要求全てに応じるものでもなければ、信用できないとかかっこ悪いからと、全てをシャットアウトすることもしない、しなやかなものです。よい境界線を作るのに必要なことは、単に男とか女とか、HSPとか非HSPとか、相手を識別することではなく、その時にあなたが対応できるかを判断することです。

3. 固定観念にとらわれず実際の男性・女性を知ること

異性の分からないところを少しでも減らす唯一の方法は、相手方のクラブにいる会員から、本当のところを聞かせてもらうことです。彼らの困難をきちんと聞くことで、不信感が理解に変わっていくのです。

相手を助けることだってできるかもしれません。例えばHSP男性なら、HSP女性に対し、「君もこうすれば大丈夫だよ」と自信を持たせてあげることができます。反対にHSP女性なら、HSP男性に対して、「涙を流したり、決めるのに時間がかかったり、慎重過ぎる男性はかっこ悪い」というような自身の偏見に気づいて、それに惑わされずに接することができます。

4. ラブ・シャイネスに働きかける

例えば、毎週誰かに会うなどです。内的な取り組み（インナー・ワーク）＊4ではなく、人間関係の実践なので、外に出て実際に行動しなくてはなりません。

しかし、これはぜひ、根気強く取り組んでほしいと思います。今まで見てきたように、HSPは男女とも、自分は振られるに違いないと思い込んでしまっているからです。

まず振られないようにと、無意識に自己防衛してこなかったか心に手を当てましょう。例えば「忙しくてそんな暇ない」「全然予定が合いませんね」と装って、完全に人とのつきあいを後回しにするなどです。

私は「無理に冒険などしないほうが、失敗しなくて済む」というHSPをたくさん見てきました。

次に、相手に会った時の会話を準備しておきましょう。さらに、それに対する相手の反応を想定し、よい場合、悪い場合、読めない場合、それぞれに何と返すかパターンを考えておきます。HSPは、このちょっとのリハーサルだけで自然に話せ、声がかすれたり手が震えたりしなくなります。

また振られること、間違いだったと分かって交際をやめる痛みについても心の準備をしておきましょう。

5. HSP男性はホモ？ という考えを捨てる

女性的であることと、ゲイであることは、この社会ではひどく混同されています。5から10パーセントの男性はホモセクシュアル（同性愛者）です。データはないのですが、私はそれと敏感であることは、相関性はないと確信しています。“Real Boys（本当の男の子）”の中の“different（違い）”についての章に、著者のポラックは、屈強な男性の多くが同性愛者で、荒っぽい遊びやスポーツより静かな活動を好む繊細な男性の多くがヘテロセクシュアル（異性愛者）だと言っています。

ゲイの知り合いが、同じことを言っていました。

ゲイのコミュニティには、マッチョな男性も敏感な男性と同じくらいいて、HSP男性がゲイと思うのはとんでもない誤解だそうです。男好きだと思われて何か否定的なことを言う人がいたら、「ゲイ？ むしろそうなって、男をうんと愛してみたいよ（笑）」とか、「変なことを言うね。逆にどうしてそんなこと考えているの？」と返しましょう。

6．完璧な男、完璧な女、完璧な親を目指さない

そこまで完璧になりたいのは一体なぜなのか、原因を突き止めましょう。

・「欠点」を補おうとしているのでしょうか？
・一度にたくさんの人を喜ばせたいのでしょうか？
・限界があることを認めたくないのですか？
・たくさんのチャンスにワクワクし、どれ一つ手放せないのでしょうか？

無理に頑張ろうとする原因を知れば、ストレスフルな生活に決別する方法を見つけやすくなります。

気持ちの持ち方が変わると、仕事も子育ても「質を高めていこう」とか、「大事なのは時間の長さじゃない」となって、新しい仕事に没頭したり、新しい進め方が必要になってきたりします。

新しいアプローチで、自分を大切にすることと、他人を気遣うことのバランスは確実にアップします。あなたがお手本（ロールモデル）になることで、今までのように仕事をしているよりも社会に貢献できるかもしれません。

効率よく内と外のバランスを取るためには、心静かな瞑想《メディテーション》の時間を設けることです（私の場合、息子が１歳の時、超越瞑想『トランセンデンタル・メディテーション』＊5を習いました）。特に毎晩大体20分、自分自身を深く見つめると全然違います。敏感な親子なら、夜の時間が、

刺激で神経がすり減ってヘトヘトな状態から、静かで幸せな時間へと変貌します。静かな瞑想と、実践《ワーク》とを合わせると、かなり効果的です。

時間を置くことで問題が解決することは、誰にでも結構あります。

何もしない時間を過ごした後は、生産的で何でもできそうな、人を愛せるようになっていることに驚くでしょう。

7. 同性でHSPのメンター（手本となり、助言・指導をしてくれる人）を見つける

ウィリアム・ポラックをはじめ、教育者らは、男子のメンタリング（教育指導）の重要性を強調してきました。父親の他にも趣味を共有し、世界とどう対峙するかを教えてくれる男性と過ごすことで、大きなものを得るのです。

例えばサッカーよりも読書が好きな敏感な少年には、作家や国語教師がメンターとなって、男性作家を目指す面白さを教えたり、スポーツに熱くなれない気持ちを語り合えたりするかもしれません。

メンタリングは、どんな人にとってもよい影響がありますが、特にHSPにとっては顕著です。自分の目指す道を進んでいる人や、最近悩みに応えてくれた人に、経験を聞かせてもらえないか頼んでみましょう。相手が同意してくれても、こちらからの要求ばかりにならないよう予行演習しておきましょう。最初は、まず一度会ってもらうことだけをお願いし、断られたら次の人を見つけましょう。

8. あなたを肯定しない人から身を守る

世界には、性別や気質への偏見の色濃い場所（一部の紛争地域かもしれません）があると私は考えるようになりました。

偏見のない場所も、（とてもささやかではありますが）ちゃんとあり、私の夫のように、女性を愛してくれる、それも、私のようなHSP女性を大好きと言ってくれる人がいます。

私は、肯定感を奪う場所からはできるだけ離れ、自分を守ることが絶対に必要だと心に決めました。

差別をあからさまに口にしてはいけない世の中ですので、最初はそこに差別があるとは見抜けないかもしれません。たくさんの男女と親しくならないと、彼らの本音を見分けられるようにはなりません。大抵の人は、その人なりに、「差別をしちゃいけない」と懸命の努力をしています。自らの偏見に打ち勝とうと努力している相手に、一体それ以上の何を求められるでしょう？ その人たちもあなた以上に、好き好んで差別のある社会に生まれてきたのではないのです。

9．4通りの性を一度思い出し、また忘れる

本章のはじめのほうで、性を男女の2通りではなく、HSPかどうかを加えた4通りにするイメージを持つよう提案しました。このことによってHSPの男女が自分らしくいられる機会が増します。第1章で話したように、全ての種が2タイプ（敏感か否か）を保有していることには意味があります。「自分は敏感かそうでないのか」は、少なくとも「自分は男か女か」と同じくらい大切な問題です。

ここで、好きなHSP、非HSPの有名人の姿を男女別に思い浮かべてみましょう。もちろん、他人には、その人が敏感であるかどうか、本当のところは分かりませんが。

私がHSPらしいと思う男性は、ジョージ・ワシントン＊6、エイブラハム・リンカーン＊7、ジミー・カーター＊8、ロバート・F・ケネディ＊9、映画監督のイングマール・ベルイマン、詩人のライナー・マリア・リルケ、ロビンソン・ジェファーズ＊10、スティーブン・スペンダー＊11、心理学者のカール・ユングなどです。

HSP女性は、神秘主義者のテレサ・デ・アビラ、アメリカ合衆国ファーストレディのエレノア・ルーズベルト、詩人のエミリー・ディキンソン、彫刻家のカミーユ・クローデル、作家のジェーン・オースティンや、

ブロンテ姉妹*12、考古学者のマリア・ギンブタス（女神を崇拝する文化に対し、果敢に科学で批判した人物）などです。

非HSPらしい男女も並べてみましょう。愛されている起業家やアスリート、探検家、建国や革命のリーダーは、多分非HSP男性でしょう。激しい闘争をする婦人参政権運動家や、女性解放論者たち、史上初の女医や看護師、科学者は非HSP女性でしょう。性の固定観念から完全に抜ける準備ができたら、この作業をしてみましょう。当時の社会の理想とする男性（女性）像がどうであったかに関わらず、この人たちは、本当の自己と気質に正直に生き抜いたのです。

10. 夢を使って傷ついた性を癒す

私はいつも、HSPには自分の見る夢の意味を知るように勧めています。HSPは鮮明な夢を見ますし、夢の力を借りて、深い内省に至ることができます。

夢については、“The Highly Sensitive Person's Workbook（ザ・ハイリー・センシティブ・パーソンズ・ワークブック）”に多くのアドバイスを書いてありますが、ここでも少し話します。性差別《ジェンダー》の傷を癒すための夢の使い方には、３つあります。

〈夢の使い方 1〉登場人物の性に注目する

登場人物の性は常に、同じ性を持った人との最近の関係や、その性があなたにとってどんな性質であるかを現しています。

◎ 同性の登場人物

その同性の人の性質は、あなた自身と近くて、自分のことと統合しやすい（認識しやすい）ものです。

例えば、ある女性の夢に現れるのが外向的な女友達ならば、その女性は、自分の外向性について夢を見ているのだと分かります。夢を見ているその女性にとって、「外向的な自分」へアクセスすることは、さほど難しくありません。

◎ 異性の登場人物

その異性の象徴するものは、自分が到底持てないもの、あるいは持てないと信じているものです。

例えば、ある女性の夢に現れるのが男友達で、その人が特別に自己主張が上手だったり、忍耐力や強さが際立っているのなら、彼女は自分もそれくらい強引になりたいと望んでいたり、今すぐその説得力を必要としていますが、女である限りそれは無理と思い込んでいることが現れているのです。

〈夢の使い方２〉夢の登場人物の性（ジェンダー）から、自分の調子の悪いところを特定する

例えば、あなたが友達と何かの問題について一緒に取り組もうとした日の夜、青く痩せた女性が溺れ死にそうになっている夢を見たとしましょう。

このような夢を見たらあなたが男性であれ女性であれ、その日の話し合いの最中に、あなたの女性的な部分（従来の社会の女性像でも、自分でそう思う女性像でも）が、圧倒されていたり、押し流されていたり、決壊して氾濫していたり、無意識の中へと没せられていたりしなかったか、振り返ればいいのです。

要するに、自分の中の男性的な部分や女性的な部分をもっと大切に扱うことが、現実の男性や女性との関わりを大切にすることになるのです。

〈夢の使い方３〉夢の別の終わり方を想像してみる

夢の別の終わり方を想像してみることで、相手との関係を変えられ

ます。

“The Highly Sensitive Person’s Workbook（ザ・ハイリー・センシティブ・パーソンズ・ワークブック）”と、ロバート・ジョンソンの“Inner Work（インナー・ワーク）”に詳しく書かれていますが、これをアクティブ・イマジネーション*13と言います。これは、夢に無理に結末をつけたり、単なる白昼夢などではなく、意図的に夢に立ち返ることによって、あなたの想像力の中でもっと多くのことが起きるようにする技術です。その想像力が、そもそも夢を生み出しているのですから。

この方法で、性《ジェンダー》の問題に関し、意義ある解決ができるようになります。

溺死しかけている女性の夢の場合、あなたも水に飛び込んで彼女を助けましょう。

さらにいくつかの行動を起こすよう、想像を膨らませることもできます。彼女が息を吹き返したのなら、どうして溺れることになったのかを尋ねるのです。あなたが関与していたのなら、彼女に謝って会話をしましょう。他の誰かが彼女を溺れさせていたのなら、まずはその人物があなたの一部を象徴していないか考えるべきです。

彼女が自殺したがっていたのなら、「どうして命を絶ちたかったのか？」と。彼女にはあなたに真剣に関心を向けてもらう必要があったのです。

自然災害で流されていたのなら、この先彼女をどのようにして守っていくのか、自然災害は、現実の生活の何を象徴しているか考えたほうがいいでしょう。

アクティブ・イマジネーションで肝心なことは、浮かんでくるイメージを無理にねじ曲げたり、こじつけたりしないことです。アクティブ・イマジネーションは、夢と同じで、深層心理からの大切なメッセージとして尊重されるべきです。最初のうちは、イメージがいかにつらいものであろうとも、その意図は常に、あなたがもっと知らねばならないことなのです。イメージの意図は、いつも正直で、あなたの絶対的な味方なのです。

最後に

人類史上、ごくわずかな人たちを除いて、男女がお互いに平等なパートナーでいられたことは、一度もないように思います。新たに今、男女が平等になろうとしている現代、私たちはその困難さに改めて直面しているのかもしれません。最近の調査によると、大人になった今、男女への偏見を、無慈悲だとかそんなもの持ちたくないといかに思っていても、初対面の相手への反応は、無意識に幼少期に染みついた偏見に基づいているといわれます。

これは、おそらく外部の全ての者を警戒して、身内を守ろうとする太古の人間のプログラムの名残でしょう。しかし、今や、その偏見は、世界中至るところでトラブルを起こしています。

この調査では、人種差別や性差別をする人と、そうでない人の唯一の本質的な違いは、幼少期に刷り込まれた無意識の偏見に抗おうと「意識して」努力するかどうかであることが分かりました。

しかし、差別がないというのは、全てが同じという意味ではありません。むしろ、力は個々人の関心や能力に応じて、平等に割り当てられているという意味です。

HSPは、自分たちの無意識のプロセス（差別もそうです）にもよく気がつき、気質と同様に男性性、女性性に対しても理解し、受け容れることができるので、「違っているままで平等」な社会を、相手の男女と手を取り合って築く、先駆者になれるのです。

またHSPは、あらゆる行動パターンがもたらす結果についてもよく分かるので、両性の力の不均衡は、決して二人の間に信頼と親密さをもたらしてはくれない、と知っています。

次の第３章では、親密になることを警戒するHSPの生来の傾向について、探りたいと思います。「男性がとても怖い」とか、「もう二度と女性を信じない」といった性にまつわる躊躇も、本章と次の第３章の話でもっと理解できると思います。

私たちの過去の人生を決定づけるような親密な経験には、常に、単なる「親」「きょうだい」ではなく、「母、父、姉妹、兄弟」というような、性（ジェンダー）としての相手が関係しています。HSPの男女は、自分と相手の気質と性によって対応を変え、もっといえば、相手の求める理想の気質、理想の男女像に合わせてしまいます。問題は、そういった、あまりにも凝り固まった理想による傷を認識し、癒せるかどうかです。

人間は何千年もの間、「他者」を無知の深淵の向こうへと追いやって、自分の嫌なもの全てを自分から切り離し、相手に投影させてきたので、こちらは全て正しい、あちらは全て悪い、と感じるようになりました。

特に男女の間では、それは見事なくらいです。女性は「男は乱暴で鈍感な暴君」と、あたかも女性は決してそうではないかのような言いっぷりです。男性は「女は不合理で、わがままで、男を支配してくる」と、男性は一度もそんなことはしていないかのような口調です。

男女は、ただあまりにも長いことお互いを怖れ、悪者に仕立て、追放してきたのです。自分たちが怖れ、蔑み、追放してきた自分自身のもう片方に気づく時は、今です。そして、この真実に最初に気づくことができるのは、HSPに違いないのです。

訳注

＊1 ジェンダー（gender）：生物学的な性を表すsexに対して、genderは、社会・文化的に形成された性の概念を含むとされる。いわゆる「男らしさ」「女らしさ」といわれるものもその一つ。従ってそれは、社会背景や文化によって変化する。

＊2 自己愛的防御（narcissistic defense）：自分の理想的な部分だけを守り、そうでない部分は否認する防衛機制。

＊3 UCLA（University of California, Los Angeles）：カリフォルニア大学ロサンゼルス校。アメリカ合衆国カリフォルニア州ロサンゼルスにある総合州立大学。

＊4 インナーワーク（inner work）：内面的な作業。自分の心や潜在意識を掘り下げて、それを自覚したり、見方を変えたりする作業。

＊5 超越瞑想（Transcendental Meditation）：インド人のマハリシ・マヘーシュ・ヨーギーによって1950年代に知られるようになった、ヒンドゥー教に由来するマントラ瞑想法。

＊6 ジョージ・ワシントン（George Washington：1732年－1799年）：アメリカ合衆国の初代大統領。

＊7 エイブラハム・リンカーン（Abraham Lincoln ：1809年－1865年）：アメリカ合衆国第16代大統領。南北戦争で北軍を勝利に導き、奴隷解放を宣言した。

＊8 ジミー・カーター（James Earl "Jimmy" Carter, Jr.：1924年－）：アメリカ合衆国第39代大統領。2002年ノーベル平和賞を受賞。

＊9 ロバート・F・ケネディ（Robert Francis "Bobby" Kennedy：1925年－1968年）：第35代アメリカ合衆国大統領ジョン・F・ケネディの実弟で、兄の任命により同政権の司法長官（1961年－1964年）を務めた。1968年に暗殺。

＊10 ロビンソン・ジェファーズ（Robinson Jeffers：1887年－1962年）：アメリカの詩人。

＊11 スティーブン・スペンダー（Stephen Spender：1909年－1995年）：イギリスの詩人・批評家。

＊12 ブロンテ姉妹（Brontë sisters）：イギリスのヴィクトリア時代を代表する小説家姉妹。シャーロット、エミリー、アンの3人を指す。シャーロットは『ジェーン・エア』、エミリーは『嵐が丘』、アンは『ワイルドフェル屋敷の人々』を発表し、イギリス文壇に多大な影響を与えた。

＊13 アクティブ・イマジネーション（active imagination）：ユングが導入した心理療法で、イメージを介して無意識とやりとりし、調和を図る技法。例えば夢に現れた女性像のイメージと対話を試みるなど。

第3章

HSPと親密さへの怖れ

―幸せなHSPが、幸せな関係を作れる―

私たちはHSPなので、生まれつき、行動する前にとても慎重にリスクを考えます。

誰かと親密になると、そこには、失ったり、裏切られたり、見捨てられたり、相手に利用されたり、支配されたりというリスクが、必ず生じます。昨今は、誰とでも親密になれることは、理屈ではいいことだと皆思いますが、実際にはHSPにはそこに足を踏み入れるのを躊躇《ためら》う理由が十分にあるのです。

その理由は、意識されているものもあれば、あまり意識されていないものもあります。

本章では、無意識の理由を、意識できるところまで明るみに出したいと思います。その不安が誇張されていたものだとはっきりすれば、その不安を直視し、軽くすることができるようになるでしょう。

まずは、あなたが親密になろうとする時にどう反応するか、親密さの自己評価テストを受けてみてください。

親密さの自己評価テスト

恋愛でも友達でも、身近な全ての関係で、
どんな傾向があったかを振り返って、
以下の質問に当てはまるのなら「はい」で答えてください。

1 恥ずかしい過去を話し合うのは不快だ

2 相手に知られたら嫌われる、というものを持っている

3 何かを打ち明けたら相手が怒るのではないかと心配だ

4 失う心配をするくらいなら、誰も愛さないほうがマシだ

5 結局、相手は何かしらの形で自分を裏切っていく

6 相手の前で、ありのままの自分でいるのは怖い

7 相手と親密になると感情反応が強くなり、
ポジティブな感情でも止んでほしくなることがある

8 相手の気に障ることをしてしまいそうで不安だ

9 相手に支配されるような気がして、
親密になるのを避けてきた

10 長期の関係（結婚など）を決心するのを怖がる自分がいる

11 相手が感情面で寄りかかってきたら、不安になる

12 小さなことにカリカリする自分は、
誰かと本当に親しくなれるのだろうか

次のページへ ⟶

13 大切な人に、想いを伝えるのは難しい

14 近づきたい人に近づくチャンスを避けてきた

15 前の親密な関係では、自分の感情を隠していた

スコア

「はい」は、あなたが親密さを怖れるさまざまな理由を表しています。
「はい」が多ければ、それだけ怖れも多いのです。
「はい」が1つでもあるなら、それをよく考えなければなりません。
本章で、1つずつ考えていきましょう。

①と②に「はい」と答えた人は、
この章で述べる最初の怖れに特に注意してください。
それは、ありのままの自分をさらけ出すこと、
それを拒否されることへの怖れです。

③は、その次に話す、怒りによる攻撃への怖れです。
④と⑤は、見捨てられ不安、
⑥と⑦は、コントロールを失うことへの怖れです。
⑧は、自身の破壊衝動への怖れ、
⑨は、相手に飲み込まれることへの怖れ、
⑩と⑪は、コミットメント（落ち着くこと）への怖れ、
⑫は、すぐにイライラしてしまうことへの不安です。

⑬〜⑮は、どれか1つでも当てはまれば、
本章全体を気にして読んでほしいと思います。

さて、いくつ当てはまりましたか？

「何個までなら大丈夫」という数字はありません。どれかの質問に「はい」となるのなら、そこに親密さについての何かしらの問題があるということです。かといって、これらに当てはまるからいけないとか、悪いということではありません。「はい」の項目は、あなたにとってのテーマが浮き彫りになっているだけです。3つ以上が「はい」なら、言うまでもなくあなたは親密な関係にかなりの警戒心を持っています。

しかし、それはあなただけではありません。マックスの話を聞いてください。

〈マックスの例：—それ以上近づかれるのは、イヤだ—〉

マックスは、心理療法のために6年の間、毎週、私のところに通っていました。彼は30代半ばのHSPで、映画と演劇の監督の仕事に打ち込み、それ以外の時間でウェブデザインの仕事を個人で請け負っていました。周囲の人は、彼は監督として極めて優秀なのに、作品に妥協できないから、デザインの仕事で生計を立てているのだと思っていました。

マックスの子ども時代は、それなりに幸せでした。5人きょうだいの真ん中で、忙しい母親にも可愛がってもらえる子でした。第2章で、「内気な息子」は母親に疎まれると書きましたが、マックスは例外で、5人の中で最も敏感でありながら母親の密かなお気に入りでした。手のかからない「一番いい子」でしたが、言葉を使わなくても分かり合える母子関係に、彼はとても満たされていました。父親との関係もよかったのですが、敏感な父親は不在がちでした。小学校では、いじめられたり浮いたりするのが悩みでしたが、中学の部活で演劇を始めてからは、人付き合いの問題はなくなり、大学時代も卒業後も親友に恵まれました。

恋愛では、4年間と3年間の2度の交際経験があります。マックスは、いずれも本気だったのですが、そこには問題がありました。
それは、この2人との間だけでなく、マックスがつきあおうとする女性全員との間にあったのです。

そんなマックスが、私の心理療法を受けるようになると、私たちの間にはすぐに決まり事ができました。
マックスは、自分の見た印象的な夢を丁寧にパソコンで打って持参し、15～30分ほどかけて私の前で読み上げるのです。その後、時間になるまでそれについて二人で議論します。彼はこの作業をとても大事にしていて、私が少しでも違うことをしようとすると、とても嫌がりました。
こうして5年もの歳月が経った頃（時間がかかりました）、マックスはつきあって3年の彼女と別れました。そこで、私たちがこうして過ごしている間に現実の生活で何があったのか、そして私たちの間でも何が起きていたのかに、目を向けることになりました。いろいろとあったおかげで、マックスは問題は、どうやら交際相手ではなく、自分にあると気づくようになりました。
それは、相手との親密さが、あるレベルを超えてしまうことへの怖れです。
マックスは、特に相手の求めに鋭く気づいて同調してしまうこと、それに振り回されることを怖れていました。彼は小さい頃、両親から求められてきたことを、2人の交際相手からも求められていると思い込んでいたのです。
私たちの関係はどうでしょう。夢は、彼にとって、心の深部を私と共有する手段である一方、私と、より直接的で自発的な関係になることを、避ける手段でもあったのです。もしそうなれば、彼は、私の「お気に入り（これは彼の空想です）」ではなくなってしまうかもしれないからです。あるいはそうなると、私の仕草から感じ取った、私の期待に応えなくてはならなくなるからです。それは、彼の幼少期の怖れに他なりません。

私たちは、マックスが私や他の女性たちに抱いた怖れについて話し合いました。そこから分かったのは、以下のことです。

あなたにとっての親密さとは?

まず「親密」の定義が必要かもしれません。私が考えるにそれは、ありのままの自分でいられること、相手に一番のプライベートと、この瞬間の本当の自己（思考、感情、肉体的自己）をさらけだせることだと思います。お返しに、相手も本当の自己を見せてくれるでしょう。

これにはお互いへの信頼が必要です。つまり親密さとは、本当の自分でいられること。そしてそれは、信頼感によって可能になります。それはそんなに簡単なことではありません。

「そういう意味での親密さは、求めるだけの価値あるものだろうか？」とマックスは自問しました。みんなが社交的で仲よしがいい、という現代社会に辟易している人には、当然の疑問でしょう。

確かに調査によれば、寄り添い愛し合う親密な恋愛をしている人たちは、健康で幸せで、人生に意義を見つけていて、自己肯定感が高く不安も少ないです。

一方、そのような関係でない人たちは、不幸せで、不健康で、孤独で、いろいろと問題を抱えています。だからといって、親密な関わりを持つといいこと尽くしで、そうでないと悪いことばかりなのでしょうか？

多くの人はそう思っていますが、ちっともそんなことはありません。逆からも言えます。不幸で、不健康な人は、親密な関係を作れず、幸せな人だけが幸せな親密な関係を作れるのでしょうか？

しかし、もともと幸せな人は、孤独でいることをも、楽しむことができます。つまり、たくさんの親密さを持たなくても、幸せはちゃんとあるのかもしれません。

私は、「親しい友達が少しいるだけで、一緒に住んだり将来を約束したりするような特定のパートナーがいなくても幸せだ」と語る多くのHSPを見てきました。マックスもその一人です。

少なくともHSPにとっては、誰かと恋愛をしたり、一緒になる親密さだけが幸せへの道ではない、ということについて話しましょう。それでも多くのHSPは、一緒に暮らすかどうかとは別にして、どんな時も支え合い、どんなに暗い感情を共有してでも愛し合える相手を求めています（ただし、「どんなことをしても」という意味ではありません。どんな大人同士の関係でも、受け容れられない行為、感情というものはあります）。

それほど、愛し合える人を求めるのには、それだけの理由があります。

私たちは、人の温もりの中に産まれ、何年間もその親密で依存的な関係の中にいたのです。大人になっても、自分のことを深く気にかけてくれる人が一人でもいれば、安心を感じ、安らぐことができます。人との繋がりがなければ、過去、大きな苦痛を感じていたに違いありません。

人は皆、深く本能的なレベルで親密さを求めているのかもしれません。時にその願いが、怖れに負けてしまうことがあったとしても。

仮にあなたが、親密な関係を持ったほうが幸せだと思っているなら、あなた自身の抱える問題が、マックスのように、その妨げになっているのではないでしょうか。「幸せな人の多くは、他人《ひと》と繋がっている」という調査結果があるので、ここではあなたが誰かと親密になることで幸せになれる人、あるいは、そうなりたいと思っている人、という前提で話を進めます。

そのためには、人に会ったり、社交スキルを磨いたりという外的な作業《ワーク》だけでなく、内的な作業であるインナー・ワークを行いましょう。インナー・ワークとは、夢を分析したり、瞑想をしたり、有益な本を読んだり、他人と深い会話をしたりすることで、心理療法を受けるのもその一つかもしれません。

本章はそのスタートにピッタリなはずです。

もちろん、インナー・ワークが常に幸せ度をアップさせる方程式とは限りませんが、HSPにはベストだと思います。正しい関係を求めることは、きっと成功裏に終わりますが、インナー・ワークは生涯続く作業です。このインナー・ワークは、親密な関係を、始めるにも維持するにも、再び活性化するにも必要ですし、また一人でいることに満足するためにも必要です。

無意識と無意識への怖れ

インナー・ワークは、お分かりかもしれませんが、怖れの多くが棲む無意識を探索していくことです。皮肉なことに恐怖と思い込みは、敬意を払えば払うほど変えやすく、働きかけやすくなっていくのです。私が何度も、無意識、無意識と繰り返しているのはそのためです。

無意識には、普段は忘れているけれども、思い出そうとすれば思い出せる、考えと記憶の領域があります。言葉を獲得する以前の幼い経験もここにしまわれていて、それらは夢の中のシンボル（象徴）や、身体的な「記憶」や反応といった、無意識の言語を通して蘇ってくるのです。意識から排除されるほどの、トラウマ的な、あるいは恥ずかしい記憶も全てここにしまわれています。

そして、ユング派の説では無意識は、現代の外向きの生活に埋もれていても、人間である限り持ち続ける、古代の本能、象徴的な「元型*1」の知識も内包しているとされています。

鳥は巣を作り、コヨーテは遠吠えをする本能があるように、人間にも、蛇、母、死、美、大いなる精神《スピリット》といった、重要な太古の人類の経験に呼応する本能があります。

しかし現代の都市生活者は、無意識のこの領域との音信が途絶えてしまいがちです。この知識に調律を合わせると、私たちの生命は満たされ、全体性を感じることができるのです。

私の経験では、HSPは幼少の頃から、自分の無意識にも他人の無意識にも通じているように思います。無意識の世界への扉が、簡単に開くのです。

HSPはこの内面の世界に魅了され、無意識の世界は、私たちの意識や合理的な精神よりもはるかに大きな影響力を持っていると知っているのです。その世界を探求するにつれ、私たちは自然と、それを深く尊重するようになり、畏《おそ》れや恐怖心さえ抱くようになります。

では、先ほど挙げた親密さへの怖れについて、そっと足を踏み入れていきましょう。ここで考えるまでは全く意識していなかった怖れがあるかもしれません。

あなたがそばを通ると、寝ている象たちが目を覚まします。一体どの象が目を覚ますのか、ご覧ください。

HSPが親密さを怖れる8つの理由

これから紹介する最初の８つの怖れは、恋愛研究のパイオニアとして有名な社会心理学者、エレイン・ハットフィールドが名付けたものです。ハットフィールドの８つは誰にでも当てはまりますが、私は特にHSPに関係する点を論じたいと思います。その後、HSPであるがゆえの怖れを２つ挙げますが、それらの怖れが過剰な場合は、和らげる方法もお伝えします。

８つ全てに当てはまることが１つあります。HSPは非HSPと比べて、これらの怖れを持つだけの経験が過去にあればあるほど、今現在もその怖れを感じます。それは、HSPの「立ち止まり過去を振り返って確認する」一面であって、いい面と悪い面《パッケージ・ディール》はセットなのです。

〈怖れ１〉ありのままの自分を出して拒否されることへの怖れ

心を開き正直でいようとすると、かっこ悪いとか、愚かだとか、おぞましいとさえ思われるようなところを見せてしまう怖れがあります。

当然ながら、人には皆、暴かれることを怖れる部分がたくさんあります。欲望、ねたみ、無知、ちょっとした嘘、気まずいこと、破壊的な衝動、パニックになるほどの激しい不安、他人が眉をひそめるような性的志向……。

HSPは、特に、自分の核心部分である敏感さが人にばれるのを怖れます。私は、著名人から、欠点があると世間から思われるのを怖れて、HSPとして本に紹介するのを断られたことや、ニュースレターの購読者に、中身が透けないよう茶色の封筒で送ってほしいと言われたことがあります。また、自分の大きな欠点が顔や体型に現れているように思って、それを隠そう、なくそう、と際限なく頑張る人がいます。あるいは、相手と親密になるために大切なことなのに、「私の顔をじっと見ないで。目を覗き込まないで。完璧に着飾った状態でしか見ないで」という人もいます。HSPは自分を出せないのです。

「本当の自分を誰にも見せられない」という深い自己否定感を取り除くのは、あちこちに根が伸びた木を掘り起こすようなもので、難しいです。第２章の自己肯定感のところでも話しましたが、“The Highly Sensitive Person（ザ・ハイリー・センシティブ・パーソン）”と、“The Highly Sensitive Person's Workbook（ザ・ハイリー・センシティブ・パーソンズ・ワークブック）”は、特にこの点を扱っています。本書では人との関わり方を通して、できるだけそれを補足していきます。

人との関わりは、自分がさらけ出される怖れを現実的な程度にしてくれる、という意味で、怖れの克服には欠かせません。

それでも自分を出せないのなら、よく知っている人の欠点を考えてみましょう。あなたの欠点は、彼らとそれほど変わっていないし、いつも正しいとは言えなくても、少なくとも正常範囲ではあるはずです。あなただって他人の欠点を許せるのだから、相手だって、あなたの欠点を受け容れられると想像できると思います。相手も安心して、自分の「シャドー（影）」の部分を受け容れるかもしれません。自分が化物であることがバレてしまう……そんな思い込みを克服しようとしているなら、自己を解放することです。親密さは減るどころか増します。

それでもさらけ出すことへの怖れが非常に強いのなら、同じ悩みを共有する人の集まりや、グループセラピーの力を借りることを検討しましょう。そこでは、あなたがさらけ出すのを怖れていたことに対して周りの皆が実際どう反応するのかテストできるし、皆がどれだけの秘密を抱え込んできたか、聞くことができます。

夫婦関係など、長くつきあおうとする相手だと、ハードルの高い賭けかもしれません。確かに、あなたが明かしたことで、相手の信頼やイメージが変化し、その後の二人の関係が変わってしまったり、終わったりすることも、ないとは言えません。これは、自分の心に聞いてみるより他ありません。
「本当の自分を隠してまで、その人と一緒にいたいのか？」
その答えを出しておけば、きっと失うものはそれほどないでしょう。
相手が否定的な反応をするに違いないと思うなら、セラピストのような信頼できる第三者に立ち会ってもらって打ち明けることも検討してみましょう。それも面識のある人が好ましく、身近にそういうかかりつけ医のような人がいたらいいと思います（そういう人の選び方は、315ページを参考にしてください）。

〈怖れ２〉怒りによる攻撃への怖れ

怒りは強い刺激を伴います。HSPは、怒っている人を見るだけでも強い影響を受けますから、まして自分が怒る、または怒られる当事者になれば、心臓はバクバクして、頭もいっぱいになり、簡単に刺激の最適レベルを超えてしまいます。
怒りを向けられようものなら、相手の言葉をかなり深刻に捉えます。
HSPは非難を深く受け止めるのです。何の解決も示さず、怒りをただ爆発させるだけの人がいる家庭で育ったHSPは、怒りで攻撃されるのを非常に怖れるようになります。身近にいて、多くを知る家族からだと、より深い傷を受けてしまうのです。

その際、「道徳的な怒り」と、ただの攻撃、勝ちたいだけ、相手を撃沈させたいだけの怒りとを区別するといいでしょう。後者の怒りは、本来、親密な関係には決して存在しないものです。そして信頼関係を壊します。HSPならなおさらです。しかし、道徳的な怒りは、親密な関係には倫理的に必要だと言っていいほど、相手のことを思っての怒りです。

境界線を越えると、相手が大切にしているものを壊してしまうことを「分かりやすく」伝えるのも、道徳的な怒りです。例えばどちらかが、「今度から1時間以上遅れる時は、ちゃんと電話をして。心配だから」と言ったのに、またしても電話がなければ、そこで起きる怒りは正しく、境界線の大切さをもう一度はっきりさせる必要があります。

親密な関係では、本来、道徳的な怒りを完全に避けることはできないものです。だから、怒りを怖れるあまり、相手の反応を気にして自分の本当の気持ちを表現できていないとすれば、もっとそのことを考えてみる必要があります。

HSPなら、ほとんど怒りを避けて通ろうとするかもしれません。

あなたやパートナーがHSPなら、怒った口調で境界について聞かされなくても、シンプルなお願いで十分でしょう。

しかし、HSPが非HSPに境界線を伝える時は、あえて怒り口調で、自分にはキツめの言葉を使う必要があります。境界線をはっきりさせるためにです。非HSPは、自分がメッセージを受け取るのに必要な語気で、相手にも伝えようとします。HSPは、非HSPに「自分には怒りはNG」とはっきり伝えておかないと、メッセージを伝えるのに怒りを使われてしまいます。

怒りは怖い、怒りはないほうがいいと望むなら、カッとなる前にイライラを言葉で伝えることができれば、身近な関係から怒りをなくせるかもしれません。しかし、怒りを減らしたいと思って、どうすれば怒らないで済むか答えを求めるのは、人で混みあっていない人気レストランを探して、それがどこにあるのか尋ね回るようなものです。

HSPが怒りを恐れる背景には、自分が非HSPと同じレベルで、怒りを向けたり、受け取ったりしないといけない、という思い込みがあるからではないでしょうか。しかし必ずしもその必要はないのです。「こうしてほしい、それはやめてほしいということがあるなら、プリプリせずに教えて」と相手にお願いしてみたらどうでしょう？　キツい感情表現をされるなら、「自分にとっては具合が悪くなるだけなのでやめて」と伝えないといけません。それでも通じなければ、その人が静まるまで「ちょっと一人にさせて」と言いましょう。

それだけしても、行き過ぎた攻撃、わざと傷つける意図があるようなら、その人とは永遠に距離を置くことも必要でしょう。中にはキレ癖のある、怒りを制御できない、しようとしない人もいるのです。

一見、仲よくやっていけそうでも、執拗《しつよう》に怒りをぶつけてくる人なら、私なら別れます。その人に合わせて、ずっとオドオドするのは惨めですから。

しかし、関係の解消を決める前に、その人の怒りを見極めましょう。

あなたを傷つけるためだけの怒りなら、我慢すべきではありません。しかし、道徳的な怒り、防衛のための怒りもあります。あなたや誰かを堪え難い何かから守りたいと憤《いきどお》っているのかもしれません。言い替えれば、あなたが相手の怒りから自分を守るのには、その人の怒りを理解し、それを一つのSOSと捉えて背景にある問題を解決する、という手段もあるということです。

・境界線をまたいで、侵入してしまっていないか？
・分別ある友達の羞恥心をかき立てていないか？
・彼／彼女は今何を怖れているのか？

敏感な感覚を研ぎ澄まして、相手が腹を立てている原因を取り除けないか考えてみましょう。

〈怖れ３〉見捨てられ不安

もちろん、私たちは見捨てられることを怖れます。

パートナーがどこかへ行ってしまう、死んでしまうことを怖れないというのなら、それは全ての関わりを拒否しているということです。HSP

は、自己防衛のための拒否はあまりしません。大切な人の死は思うだけで恐ろしく、意識しているよりもずっと強く影響します。

交際の破局であっても、融合していた二人の命が切り裂かれるようでとてもつらく感じます。ですから、HSPは、ただそれだけの理由で、別れまいとすることがあります。どのような種類でも、終わりは、傷つくのです。

そして、自分を好きでいてくれるパートナーが、誰かに心移りするのではないかと、裏切りを密かに怖れています。そんな目に遭って、何年も、ひょっとしたら一生、誰も信じられなくなる人がいます。嫉妬や復讐の念に駆られ、何年も引きこもってしまう人もいます。

見捨てられ不安は、誰かに「依存し過ぎる」のを怖れるという現れ方もします。もちろん、人は、「自分の力で生きたい」と思うものですが、依存してしまう怖れは、それよりも、相手を失ったらどうなってしまうのだろうという怖れであるように思います。

自我がまだ十分育っていない幼少期に喪失感を味わったり、見捨てられたり、裏切られたりすると、深く根ざした不安が性格（パーソナリティ）の全体を覆うようになりますが、これについては本章の終わりのほうで話します。

HSPは、見捨てられ不安も強く持つ傾向があるので、真正面から向き合う必要があります。「失うくらいなら……」と、親しくならないようにすることもできますが、いつ相手を失うかは誰にも分かりませんし、日々の生活を考えれば、たとえリスクがあっても親密さを取るほうが絶対によいと思います。

しかし、１度でも裏切られると、「また裏切られるかもしれない」という思いを消すのは至難、というのも事実です。HSPは、超慎重になって相手を疑いますし、相手を選ぶ自分の目も信じられなくなるのです。

今から言うことは、受け容れ難いかもしれませんが、最終的には、これしかないと思います。

―あなたには、パートナーの「無意識の噴火」を予測することも食い止めることもできません。どんなに素晴らしい相手でも、突然裏切ることがあります。しかし、裏切るのは相手だけではありません。あなただって自身の無意識を完全にコントロールすることはできないのです―

これこそが人生の予測不可能なところであり、人間の深層心理なのです。

裏切られることへの怖れの最も悪い部分は、「自分は、愛される価値のない、裏切られて当然の存在だ。生きていく力も資格もない」と思ってしまうところです。自分を愛せなくなると、さらにこういった暗い考えが心を占めてしまい、悪循環になってしまいます。

「裏切られても大丈夫、自分はちゃんとやっていける」と、人を愛する勇気を持つには、パートナーと一緒になる前の自分を振り返っておくことです。

一人のあなたにもちゃんと価値があったのなら、たとえパートナーが予期せぬ人生の選択をしたとしても、あなたはあなたのままだし、価値を失うことなどないのです。

〈怖れ４〉コントロールを失うことへの怖れ

子どもの頃、くすぐられたり、宙に放り投げられたりしたことはありますか？ それは楽しいことかもしれませんが、あるポイントで刺激がオーバーします。敏感な子の場合、その「ポイント」に達するのが早いです。

全ての生き物は、刺激が多過ぎないよう、少な過ぎないよう、コントロールする必要があります。しかし、乳児には、起きていることを止める術がなく、「これが自分、これは自分でない」という強い感覚や、自分という明確な意識がないので、コントロールできない刺激を受けるのはかなりつらいことです。

乳児期に頻繁にこのような経験をすると、成人してからも、強く原始的な怖れが残ります。相手と親密に身体を寄せ合うと、刺激がオーバーして全てのコントロールを失うのではないかと、相手との身体的な接触を無意識に避けるようになるのです。

人は、少し大きくなると「これは自分、これは自分でない」という感覚が育まれ、それが境界線となります。そして、目を閉じたり、ノーと言ったり、背を向けたりすることで、物事を自分の外に弾き出せるようになります。HSPにはこの境界線が特に必要です。

しかし恋に落ちるということは、自分より大きな何かに握られ、空中に放り投げられるようなもので、境界線を少し壊されることでもあります。それが極度になると、イメージが自分の中で起きているのか、外なのか、例えば聴こえてくる声が、自分の思考なのか他人の声なのか分からなくなり、いわゆる「精神病的な破綻」をきたします。

しかし、多くの場合、人は身体の調子を崩すことで境界線が完全に失われるのを回避するので、本当に心が壊れることはあまりありません。

私と夫との研究では、親しい関係にある二人は、「どれが自分の気質で、どれがパートナーの気質か」、文字どおり混乱してしまうことが分かりました。自分と相手との境界が消えてしまうのです。

それでも人は、時にディオニソス神*2のように、薬、性的情熱、宗教的エクスタシー、社会的なタブーが一時的に許される祝祭などを通して、「越境」することを愉しみます。これらの間を創造的に行き来することで、「疎外」を克服しようとしているのです。

自分と他人の間の防壁を崩す一番優しい方法の一つは、他人と少しの間交わり、親密になることです。

HSPは、既に自身の無意識との境界線には慣れています。境界線を柔軟に調節して、意識と無意識の間を行き来することには長けているのです。後は相手の意識、無意識の境界線ともそうなれればよいのですから、怖れさえしなければ、すぐに親しくなれるはずです。

しかしHSPは、「自分ではない」相手に無意識に踏み込まれる体験をすると、よく不安になる、というのも事実です。

自分の無意識との関係を深め（この本の大きなテーマだと思います）、パートナーとの関係もよくしたいのなら、まず、自分の境界線を自在に「柔軟に」設定できることが大切です。「よい垣根はよい隣人を作る」という諺《ことわざ》のとおり、どちらの場合でも、よい「自我境界」を持つことです。

無意識は非常に強力な隣人なので、バリケードを固めるよりも、仲よくやっていくための「自我の強さ」が必要です。さらに両方の言い分を外から理解する、国連の平和維持軍のような強い「観察する自我」も求められます。

この暗喩《メタファー》ならどうでしょう。無意識と寄り添って生きるHSPは、大河の土手に生きる農夫のようなものです。あるいは、火山の斜面、海の岸辺でもいいかもしれません。そこで生活をするのなら、川が氾濫したり、火山が噴火したり、台風が沿岸を通過するのに備え、逃げる準備をしておかねばなりません。

しかし農夫は、泥や灰が、前よりもずっと大地を豊穣《ほうじょう》にしてくれること、安全な地に住んでいたら、このような恵みに与《あずか》ることもできないことを知っています。

海もまた、無意識の大いなるメタファーに使われます。そこで魚を獲る者は、多くの危険に直面しますが、飢えることはありえません。

先祖代々、住み慣れた大地に生きることに、怖れる必要はないのです。

どんなに最悪な氾濫、噴火、嵐が起きても、人はまたそこに戻ってやり直せます。自我の芽は、たとえ一時、無意識に覆い尽くされてしまったとしても、すぐにまた地表に現れるのです。

相手と親密になるとコントロールを失ってしまうという不安については、よくも悪くもそれほど力のある人はいないので大丈夫です。

幼少期は、絶対的な存在である大人の意志に判断を委ねていたとしても、だんだんと私たちは学びます。地球征服を目論む宇宙人や女王様がいても、彼らは完璧に私たちを支配はできないのだと。

刺激過剰の最悪な状態でコントロールを奪われていたとしても、いくらかは自制が効きます。実際、パートナーとの親密なひとときが、怖れているようなシナリオになることはないでしょう。

パートナーに「もっと自制を保っていたい」と伝えて、例えば心地よい刺激の最中であっても、休憩すればいいのです。どんなに親密であっても、後ろから急に抱きつかれること、目を覗き込むこと、裸を見られること、長いキスや行為、深夜まで愛をささやき合うのは、自分には刺激が多過ぎると正直にはっきりと説明するのです。それでも「好きな気持ちは変わらない」と伝えるのです。相手の愛が強く激しいことは分かった。しかし、人それぞれに好みがあり、どんな人も、心地よい刺激のレベルを求めていいのです。

同じ気質の者同士であっても、お互いの適切な刺激のレベル（好み、求め）を探し、二人にとっての最適をかなえましょう。

〈怖れ５〉攻撃・破壊衝動への怖れ

特に初恋なら、二人の中の何かが、愛を通して、「全体性」を得ようとしているのだと思います。愛は、バラバラになっていた二人の全てのパーツにエネルギーを注ぎ、一つにまとめ上げ、全体を感じさせます。

しかし、「全体性を得る」ということは、抑圧され、分裂していたさまざまなものが統合されていくことでもあるのです。怒りや攻撃性も含まれます。

そのため、喧嘩をしている時や情熱的な瞬間、空想をしている時、愛しい相手に対して、自分の攻撃性、破壊性、サディスティックな衝動を初めて感じて、パニックになるかもしれません（これらも愛全体の中の自然な一部なのですが）。

すると、抑圧された衝動の全エネルギーが相手を傷つけてしまわないかと感じて、無意識に親密になるのを避けます。こういう時は、有毒な水、放射能廃棄物、原爆の夢さえ見るかもしれません。もし自分が、その衝動を表に出したら、周囲の皆を爆破し、汚染してしまうのではないかという過剰な怖れを象徴しているのでしょう。

ずっと一緒にいる相手に対しこういった衝動を怖れるのは仕方がないかもしれません。

パートナーとある問題について話し合う必要があって、それを口にしたら間違いなく相手が傷つくと分かっていながら、それを喜ぶ心が湧いてきませんか？ 攻撃し、傷つけたい。HSPはこのような深い、半ば無意識の本能的欲望に気がつくかもしれません。そして、これらの感情が湧いたこと自体を丸ごと悪いことだと思って、押し潰すのです。

純粋なストレスや苛立ちで残虐な気持ちが湧いた時は、その感情が圧倒的になる前に、ちゃんと怒っていいのです。怒れないのなら、それはなぜか突き止めましょう。

その怒りが防御の場合、どうでしょう。深く傷つけられた、侮辱されたと感じて、自分の核が壊される前に相手を破壊してしまいたいと思うなら、核心部の自我が弱いということです。インナー・ワーク、それもおそらく心理療法を通して、自我を強める必要があるようです。相手があまりに巧みに、あなたの最も脆い部分を突いてくる場合は、その人は衝動を感じているだけでなく、実際にあなたを傷つけようとしているので、親密な関係ではこれを我慢すべきではありません。

自分の中に攻撃的で破壊的な本能があるのを怖れるのかもしれませんが、それがあるからといって、そのままの行動をするということにはなりません。HSPは社会性が高く、本能のまま何の考えもなく表現することはまずないですから、逆にそういう本能を認めることで慎重さと衝動を統合でき、暴発を防ぐことができるのです。パートナーと一緒に本能を受け容れれば、統合がもたらす二人の一体感によって、逆に、より大きな愛、尊敬やエネルギー、親密さへと導かれるかもしれません。

怒りが全てを飲み込んでしまいそうな時には、逆にこのような感情を受け容れることで、幼少期から封印してきた怒りに気づけるようになります。特に敏感な子は、刺激がいっぱいになった時に、自分で自分を守って静められるようになるまでは、定期的に（自分で）かんしゃくを起こして、それを「解放」するようにしています。

しかし、周囲が自分の怒りを受け容れない、受け容れようとしてもくれないと感じると、一切のストレスを封印するようになり、どんな小さい怒りの衝動も、自分にも他人にも本当に危険なものと思うようになるのです。

いい人（いい子）にとっては、誰かと親密な時間を過ごすことは、過剰に相手の求めに気を張り、いつも優しく、思いやりがないといけないことでもあります。なんと疲れることでしょう。その代償として、よい人は、血に飢えたモンスターや、残虐な殺人鬼の夢をたくさん見るのかもしれません。

それらが夢に、それも自分の夢にだけ登場するのには、たとえ分からなくても理由があるのです。そのような夢には目的があり、例えば「いつもよい人」でいようと攻撃性を全て隠していると、無力で無垢な子（自分）が殺される夢となって、抑圧された攻撃性が、意識に姿を現してくるのかもしれません。

さてここで、自分の攻撃性を出したらどうなるのか、再検討してみましょう。パートナーは、あなたが幼少期にされたような反応はしないかもしれません。あるいは、もっと回復力があれば、あなたのそんな感情を普通《ノーマル》だと理解を示し、もっと好きになってくれたり、あなたの荒々しい、ダイナミックな一面をもっと見たがるかもしれません。

そして、あなた自身も、自分の破壊力を過大評価しているのかもしれません。結局は、長いことそれを意識から切り離し「分裂」させてきたので、今にも爆発しそうにならないと気づかないのです。

一度その攻撃性を探ってみれば、怒りは無限ではなかったことが分かるでしょう。あるいは、それは目的がないのでも、価値がないのでもなかったと気づくでしょう。

〈怖れ6〉相手に飲み込まれることへの怖れ

HSPは、相手の求めにも相手の無意識にも同調しやすいので、しっかりとした境界線を持たないと、誰かの求めや痛みに吸い寄せられたり同情心につけこまれたりして、自分を完全に見失うのではと不安になりがちです。

確かに、過去（特に幼少期）には、あなたが人を喜ばせたいのを嗅ぎつけた大人たちは、完全に自分の求めに応ずるように仕向けていたのかもしれません。実際、自分は自分という感覚、安心感、自己肯定感が低ければ、コントロールを失う不安と同じように、飲み込まれてしまう不安も大きいでしょう。おそらく愛の営みの時にも、「相手を喜ばせないといけない」というプレッシャーに押し潰されてしまいます。

しかし、あなたが（疑いながらも）求めている本当の愛は、そんなあなたの犠牲の上に成り立つものではないはずです。幸いにも、あなたの心は、自分らしさが押し潰されたままで長く耐えられるようにはできていません。

HSPは非HSPよりも自分の時間が必要なので、相手にとっては「普通にそばにいたいだけ」でも、相手に飲み込まれてしまいそうな不安を感じるのです。非HSPのパートナーが、ただ単にその人にとって普通《ノーマル》の範囲で、「一日ずっと一緒にいたい」「真夜中まで一緒に過ごしたい」と表現しても、HSPは、相手に飲み込まれそうな気がするのです。

この怖れは、もう少し穏やかな形では、「相手からの影響を受け過ぎることへの怖れ」として現れます。意識的であれ無意識であれ、HSPは特に好きな相手、自分のことをよく知る相手からの影響を受けやすいと感じています。例えば、非難されたり、正論で責められたりすると、完全に自分の意見がなくなってしまうと感じます。

それだけでなく、褒め言葉からも影響されます。もしパートナーが、あなたの専門や仕事ぶりを誇りに思ってくれているとすると、あなたは、もっと休みたいと思っても、相手の褒め言葉があるだけで、ゆっくりしておれない気分になるかもしれません。

「そんなに他人に影響を受けないように」と言うのは簡単ですが、社会から与えられる影響は、微妙で強《したた》かで、時には気づかないように進行していることがあります。多くの人は、その影響を過小評価しています。しかし、HSPは違います。

HSPは、人を愛することは、相手の「磁場」に立ち入ることだと心得ています。それによって自分が変わってしまうこともある。だから、そこに踏み込む前に躊躇するのは当然のことです。

愛について本を書くようなセラピスト、研究者らは皆、「他人と親密になるためには、まず他人と自分を切り離さなければならない」とアドバイスします。他人と切り離した自分がないと、ありのままになろうとしてもその自分がなくなります。

しかし自分と他人を完全に切り離したなら、一体どうして誰かと親密になれたり、愛せたりするのでしょう？ 相手の望みを分かち合うこともなく、相手の痛みを和らげたいとも思わないなら、それは愛と呼べるのでしょうか？ これは大きな問題です。

あなたの水槽を誰かの水槽と合体させるとします。2つの水槽が一緒になると、広くなり、魚も増えるのでよさそうです。しかし、パートナーの水槽には珍しい豪華な魚がたくさんいて、あなたのところには灰色の地味なグッピーが数匹しかいなかったらどうでしょう。水槽が混ざると、あなたの魚は無視されるか、食べられてしまうでしょう。

相手に飲み込まれてしまうという怖れは、自分の水槽は小さく、二人の間の壁を取り払うと、自分がどこかに行ってしまうと思っていることです。

あなたには、もっと多くの魚が必要なのです。自分にとっての多くの魚とは何か、既に答えをお持ちかもしれませんが、後で話します。

さて、パートナーの魚の実際の数や、サイズをチェックしてみてください。あなたが否定してきた、あるいは育ててこなかった魚は、本当は自分の水槽にいるのに、相手の水槽に「投影」して見てはいませんか？

もう一つ。パートナーは一体どれほど、あなたの少ない魚を飲み込み、食べたいと思っているのでしょうか？ 幼少期にあなたにさまざまな要求をしてきた強力《パワフル》な大人たちを振り返り、それをパートナーに投影していないか考えてみましょう。あなたを本当に想う人なら、そんなことを求めないはずです。今の相手はどうでしょう？

相手が近づきたがるのは、ただ、あなたの魚が泳ぐのを、一緒に眺めたいから、だけかもしれません。

パートナーや誰かがあなたが望む以上に「もっと一緒にいたい」と言ってくるのが問題なら、きちんと話し合ってみましょう。

自分にとって必要なことをその人に伝えられる、その人も受け容れてくれると分かった時、飲み込まれることへの怖れも消え去っているかもしれません。

それでも強く影響を受けるようなら、逆手に取りましょう。自分がしてほしいことを、相手に言っておくのです。

ただし、あなたがどういう時に、自分を変える必要があるのか、よりよく知っているのは、パートナーかもしれませんから、その人の意見に少しは耳を傾けるようにしましょう。

〈怖れ７〉コミットメント*3の怖れ（落ち着きたくない）

この人に決めてしまうのは不安だ——。この怖れはよく耳にしますが、そのさまざまな原因は、しばしばなおざりにされています。

過去、傷を負った人は、約束《コミットメント》を怖れるかもしれません。

自分を飲み込むような、過干渉な親を持った人もそうです。

ナルシストが約束を怖がるのは、誰かを必要としていると認めることになるからです。

HSSが約束を怖れるのは、自由を奪われるからで、退屈を怖れているのです。

HSPは、これら全てに当てはまるかもしれませんが、加えて「間違った選択をする」のを怖れています。

なんとHSPらしい繊細な不安でしょう。HSPは、愛する人に夢中になり、激しい喜びと痛みに身を焦がすことになると知っているのです。その人に誠実でありたい、できれば一生……と思っているのでしょう。HSPは、ほとんどの種で遺伝的少数派としてプログラムされた戦略で、行動に入る前にじっくりと考えます。

HSPは一人の相手に腰を落ち着ける前に、長い時間をかけてよく考えようとするのです。

HSPはまた、相手に対して責任を負うことにも不安になります。

・お互い相手を間違えてないだろうか？
・相手を裏切らないか？ 傷つけやしないか？
・この人に依存されたらどうしよう？
・もし責任を果たせなければ、ダメカップルと見られるのか？ 自分もそう感じるのか？

などと考えます。

この怖れを解決する方法は、ただ一つ、「自信を持って決められないこともある」と認めてしまうことです。どこかで前に進む決心をしなければ、何もしないこと自体が一つの結果になってしまいます。「ひどい間違いを犯した」と気づいた時どうするか、出口を心の中に用意しておきましょう。

本当に必要なことなら、たとえ望まないつらいことであっても、決めたことを終わりにすることができます。

責任を負うのが怖いことについては、境界線の話に戻りましょう。相手から離れること、そして一つになることのバランスを取りましょう。それが健全な依存、相互依存と言えます。お互いに相手の長所を楽しめればいいですが、それは相手の需要を満たすためではありません。可能なら、助け合えばいいでしょうが、それは、「義務」ではありません。

心からお互いを幸せにできれば、なんと楽しいことでしょう。

しかし、どんな状態でも、不機嫌からすぐ上機嫌に相手の気分を回復させるのは、あなたの義務ではないし、相手の権利でもありません。

大事なことは、相手を助けられる気がしない、気が向かない時は、その人があなたの手助けなしでも問題を解決するまで、辛抱して距離を置けるかどうかです。手を差し伸べなくても、パートナーが意外と大丈夫なことに驚くかもしれません。それだけでなく、むしろ相手は、あなたが本当はしたくないのに、義務感から行動を起こそうとしなかったことに、ホッとしているかもしれません。

〈怖れ８〉ささいなことで嫌ってしまうことへの怖れ

HSPは、あらゆる種類のささいなことに煩わされますが、心のどこかで、こんなことにイライラするのは自分だけと思っていて、そのイライラが愛する人や誰かに影響することを怖れてもいます。いっそのこと相手を愛さない、もしくは遠くから想うだけなら、その人の体臭や変な咳払い、生活音の喧《やかま》しさ（例えば鍵をガチャガチャさせる癖）、中年太りの贅肉、手が離せない時に変なことをしゃべってきて鬱陶しい……ことに煩わされなくていいに違いありません。あるHSPは、家族が食事中にたてる音が我慢ならないと言っていました。

またあるHSPは、自分が夢について語っているのに、彼女が髪をとかしたり、コーヒーを淹れ始めたりすると、「夢を穢《けが》されている気がする」のと同時に、「夢を真剣に考えている自分がバカらしくなる」と言っていました。

HSPはそういう自分の「ちょっと」した反応を、しばしば相手を「本当に愛せない」ことと取り違えてしまいます。そうして相手に近づくと葛藤が起きるので、「自分はこの人を愛せない」となってしまうのです。

イライラを相手に話せず、心から笑っていないことに動転し、嘘をついている気分になります。しかしそれを話し出せば、信じられないほど小さなことから、「そんなこと、もっと早く言ってよ」と逆に怒られそうなほど大きなことにまで話が及ぶ気がしてしまうし、実際、そうなってしまうのです。

おまけに、（特に非HSPの）相手が自分の体臭、神経質な癖、その他の差し障りなどを気にせず広い心で愛してくれているのなら、なおさら「自分の器は小さい……」と打ちひしがれます。

そうしてHSPは、健気にも我慢し続けるか、相手を拒絶するかのどちらかになってしまうのです。
しかしそれは親密な関係とは言えません。
するとHSPは「やっぱり自分が悪いんだ」「自分は誰も愛せないかも」と思いつめてしまいます。

どうすればよいでしょう？ その時は、「自分はひといちばい敏感なのだから、小さなことでイライラするのは当然！」と受け容れることです。
私の夫は、瞑想中に彼がガタガタとうるさい音を立てたり、話し声が大きかったり、たくさん質問したり、その他数えきれないことで、私が文句を言っても、「これは愛あればこその要求だから」と受け止めて、全て喜んで応じてきたと言います。相手にこう言ってもらえることが、HSPにはなんと大事なことでしょう。
パートナーが、あなたの敏感さを理解し受け容れてくれたなら、HSPはその人を心から愛せるようになり、「ちょっとしたこと」も自分には大きい、しんどい……と伝えられるようになります。

一つだけ忠告があります。いくら夫が変わってくれても、私が幸せになれない時もありました。それは、「私が私を愛せていない」時でした。私が自分を肯定できないと、私の一部でもある、夫も肯定できなかったのです。私は、自分の気質を受け容れて初めて、夫の気質も受け容れることができました。
ですから、そのイライラが、自分や自分の一部である相手が、愛するに値しない人間である、という自己否定感からきていないか、確かめてみることが必要です。この自己否定感の根っこを探ることはとても大変な作業ですが、これがまさに二人にとっての「癌」なのです。

繰り返します。
・パートナーの微妙な求めに気づき、どうすれば応えられるか知って

いること
・パートナーにガチャガチャと音を立てないでほしいとお願いしないといけないこと

は、HSPには二つで一つ《パッケージ・ディール》なのです。静かにしてくれるよう何度も話し合い、相手が忘れたら繰り返し伝え、生活音の原因にも工夫を凝らす必要があるかもしれません。しかし、何も怖れることはありません。

煩わされない生活を送りたいのはHSPにとって、至って普通の望みなのですから。

HSSと親密さへの怖れ

HSSは、一般的に、結婚をしたり長期の関係を結んだりしない傾向にあります。おそらく、いろいろなパートナーを求めているからでしょう。

しかし、HSP/HSSならどうでしょう。

・欲望のまま、多くのパートナーを求めたい（HSS）
・じっくり経験を深めたい（HSP）

２つの望みが混ざっているでしょう。

そのため人生の一定期間は、多くのパートナーがいて、次々と乗り換えているかもしれませんが、「この人だ」となったら、たちまち相手に急接近し、契り《コミット》を交わすことになるかもしれません。HSSの部分が、慎重なHSPの部分からの警告を乗り越えて、精力的に欲しいものを追いかけるのです。

一方で、第８章でも話しますが、HSP/HSSは、ある時は「一緒に盛り上がろう」だったのに、急に「一人がいい」と態度が変わり、その振り幅の大きさに対応できるパートナーを見つけるのは、難しいかもしれません。

親密さへの怖れの最深部を知る
～敏感さと愛着スタイル～

ここまで親密さへの怖れの減らし方を提案してきましたが、そうはいっても……というHSPもいるので、ギアチェンジします。そんな人は、深い痛みと、言いようのない憧れへの怖れが残っているのです。敏感さが、怖れを助長しているのですが、もうお分かりのように、それは幼少期にまで遡《さかのぼ》ります。

ひょっとすると、あなたは次に紹介するエリースと似ているかもしれません。エリースは、自分でも認め難いほどに他人に近づくことを怖れていました。

〈エリースの例：―飢えた自己―〉

エリースは頭がよく、成功しているHSP女性でした。夫のチェットも知的で、成功したHSP男性でした。

結婚して12年。エリースの唯一の悩みは、虚無感でした。彼女が心理療法のために私を訪れたのは、HSPが専門の私なら、他のセラピストに見過ごされてきた何かを見つけてくれるかもしれない、と考えたからです。

エリースとチェットは、お互いを理解し思いやる、いい夫婦になれたかのようでした。にもかかわらず、エリースは、自分は本当に夫を愛しているのだろうかと訝《いぶか》るようになり、それが自分の虚無感と関係していると思うようになりました。彼女には、チェットも含め「他人」とは「自分以外の何か」でしかありませんでした。

私にしてみると、もっと厄介な問題は、エリースはセッションを重ねていっても緊張が解けなかったことです。彼女は「何の問題もないですよ」と診断する他のセラピストたちよりも、私と一緒にいる時のほうがずっと心地がいいと打ち明けてきました。私が「大丈夫」とエリースを送り出さないことは、彼女にとってはうれしくもあり、怖いことでもありました。しかし、その人がいかに大丈夫そうに見えても、虚無感と疎外感は深刻な症状です。

さらにエリースは、悪い夢を繰り返し見ていました。幼少期の問題もあったのです。

エリースの父親は、２人の子を養う責任に耐えきれず、若い母親を置いて去りました。エリースが１歳の時です。母親は、子どもの頃は多くの人に賞賛される天才バイオリニストでした。しかし、エリースが生まれる前年、その母親は批評家から酷評を受けて苦しみ、「神経症」から人前での演奏や、練習さえもできなくなり、出産しても、とても子育てどころではなかったのです。

エリースによると、この問題は、母親の肩を持つ父親側の親族が「見事に」対処してくれました。母親が何もしなくても、たくさんの親戚が「こんなにいい子」なエリースの面倒を喜んで見てくれたので、たとえ母親が病んでいても、エリースの人生は大丈夫、と思われてきました。

エリースの母親は、決して幸せでも健康でもない女性でした。大人になってからは、短かった子ども時代の栄光にすがろうとし、完全に現実逃避をする毎日でした。エリースは、生まれた時からずっと母親の邪魔をしないよう、そして母親の神経に障るエピソードを引き出さないよう、ビクビクしてきたに違いありません。

敏感な子は、特にこのように「適応」することがあります。しかし、エリースの何とか適応しなくちゃ……という頑張りは結局、「ママがバイオリンを弾けなくなったのは私のせい」「パパが出て行ったのも私が悪い」という確信へと繋がってしまいました。

エリースが12歳の時、母親の兄弟が介入してきて、彼女に「自活すること」を勧め、勉学を励んで大学や専門学校へ行くことを支援してくれました。彼女はこのことで伯父に感謝していましたが、この新たな自立と成功でさえ、「自分ではない他の誰か」を喜ばせるためのものでした。この時も、彼女にとって大切な伯父ではありましたが、密かに「伯父さんの望みどおりにできなければ、伯父さんは私のことを見捨てる」と思っていたのです。

エリースのワーキングモデル　—誰も頼れない—

乳児は生まれてすぐに、シンプルながらも有用な、自分と他者との「ワーキングモデル＊4」を発達させるようです。エリースの場合は、

・悪いのは全て自分
・他人は頼れない

というものでした。

乳児が自分や他人をここまで分析、推測するものかと驚くかもしれませんが、それを裏付ける証拠もあります。乳児は生きるためには、自分が頼る相手に適応しなくてはならないのです。

しかし、エリースにとって、「ママとパパは頼れない」というのは、あまりにも恐ろしかったのか、2つのモデルのうち「自分が悪い」というほうを強めていきました。原因が自分にあるほうが、少なくともコントロールできる感じがしたからでしょう。

他の患者たちも、似たようなワーキングモデルを、ほとんど意識的に決めてきたと言います。ある虐待された子は、大人を養育者として頼ることを早々にあきらめ、神に希望を託していました。その子は、「僕が悪い子だから、万能な神が僕に悪いことを引き起こしている」と決

めてしまいました。「悪い神がいる」とか「神なんかいない」と思うよりも、そのほうが何かしら自分で変えていける気がしたからです。

小さなエリースは、周りの大人に頼ることを完全にあきらめたのではなく、彼らの求めるいい子になりきることで、可愛がられようとしたのです。

この悲しくも見かけは便利な思い込みを基盤にして、エリースは、自分の本当の願い、気質、関心とは何の関係もない、外の世界に完璧に適応した、「偽りの自己」という一見とても成熟したパーソナリティを発達させてしまったのです。幼少期がそうであったように、大人になってからも、チェットと一緒にいる時は完璧な妻で、私といる時は完璧な患者、でした。

しかし、エリースの中の何かが、「アーロンを喜ばせようとしても喜ばれないし、セラピーを正しく受けることにもならないよ」と彼女に警告を発しました。彼女は、虚しさがどんどん表に出て無視できなくなっていると感じていましたが、それでもそれを「大人が感じるべきでない」と思っていました。

彼女の虚しさの奥には、まだまだ恐ろしいものが潜んでいました。

それは、

・絶望的で言葉にならないほど原始的な「抱かれたい」「繋がっていたい」という求め
・見捨てられることへの緊迫した恐怖
・母親と、自分を見捨てた父親への怒り

でした。

変化はどう起きたか

こういった感情が全て、エリースの悪夢として現れたことは、彼女の荒んだ内的ワーキングモデルを変え、彼女の心が癒される準備ができたというサインでした。

まず、彼女に「HSPである」という認識を持ってもらうことから始めました。敏感さは、彼女が他人を喜ばせるために作り上げたものでない、本当の自分を初めて知った側面でした。敏感な自己というアイデンティティが彼女に土台を与えます。

例えば、チェットとの性生活も、チェットの望むようにしていて、彼女は喜びを感じていませんでした。セックスについてHSPが何を望むかを考えるうちに、少なくとも自分が望まないことを正確に、最初は私に、やがてチェットにも話せるようになりました。「嫌なことの反対がいいことだ」というように、エリースは、自分のありのままの性的志向を、敏感な自己を通して見つけ出すことができたのです。

ある日、エリースは「死ぬことが私の唯一の楽しみなんです。チェットや子どもがいなければ、いつだって死ぬのに」と言ってきました。

私は「死んだら、彼らがどんなにつらい思いをするか想像したのですね」とコメントすると、彼女は、ぼーっとした目で私を見ました。いいえ、エリースは、想像ができていなかったのです。それから、エリースは「そんなこと言うのは恥ずかしいことだと思う」と言いました。しかし彼女は、夫や子どもが死んでも、自分が悲しむかどうかも分からなかったのです。彼女は分かりませんでした。それを言うこともできませんでした。

そして、エリースは初めて涙を流し、「アーロンさんが死んだらつらいかもしれない」と打ち明けたのです。彼女自身もそのことに驚いていました。「アーロンさんを失うことを考えると怖いけど、他の人のことはちっとも気にならない」と言うのです。

彼女が初めて他人（ひと）との本当の繋がりを持ち始めたので、私たちはワークを開始しました。ワークとはエリースが、基本的、本能的な求めを犠牲にせず、徐々に私に対し怖れず心を開き、親密になることです。私たちの関係は、エリースが、自分の感情を発見するためのものでした。そしてついに、チェットと子どもたちに対する素直な感情を見つける時がやってきました。

エリースのワーキングモデルは、

・私は他人《ひと》から愛される

・私も他人《ひと》を愛せる

と変わっていきました。

愛着スタイルのセルフテスト

以下の４つを読み「恋愛関係」での自分の態度に一番当てはまると思う項目をマルで囲みましょう。考えるのは、今現在や過去の特定の関係ではなく、全般的にどうかです。複数当てはまっても、マルは１つだけにし他は心に留めて進みましょう。

1. 相手との心の距離を縮めるのは簡単だ。他人を頼っても、他人に頼られても、心地いい。一人になっても、拒否されてもさほど気にしない。

2. できれば他人と心を寄せ合いたいけれど、私が望むほど、相手は私に近づきたいと思っていない気がする。親密な関係を持たないのは嫌だけど、私が愛するほどには、相手は私を愛してないと心配になる。

3. あまり親密な関係なんてないほうがいい。自立して自給自足でいることのほうが大切だ。頼るのも頼られるのもいい気はしない。

4. 他人と心の距離を縮めるなんてとても無理。できればそうしたいが、相手を信じたり頼ったりするのは難しい気がする。離れていったり、裏切ったり、ひどいことをされたりして、傷つけられるのではないかと心配。

● 愛着理論が再発見した、分かりやすくも難しいデータ

人間関係を理解する重要な糸口は、「現在の人間関係は、意識的であるにせよ無意識であるにせよ、過去の反復だ」と認識したフロイト＊5とその弟子たちのさまざまな研究によって発見されました。しかし、この「反復」が、愛着理論（アタッチメント・セオリー）と呼ばれる学問の形になったのはつい最近です。

愛着は、明白な事実から始まります。生まれたての乳児は、何もできないので、自然に、自分の世話をしてくれる誰かとの繋がりを持ち始めます。この結びつきは、命を意味します。乳児には、栄養と温もりだけでなく、

・安心できる
・抱っこしてもらえる
・困ったらいつでも助けてもらえる
・愛されている

と感じることが絶対に必要なのです。この愛情が欠けると、成人してからも、人を愛せないばかりか、精神や神経の発達まで妨げられます。これは立証されている事実です。人間の生命とはいわば社会的生命なのです。

しっかりと抱かれ、十分な安心感を得ると、乳児は、世界を探索し始めます。できれば、養育者は、その子が困った時、いつでも対応できる状態でそばにいることが大切です。外で何か怖いことがあっても戻って来られる「安全基地」であることが大事なのです。まとめると、いい養育者とはその子の、

a）安心感を育み
b）安全なら、探検の邪魔をせず
c）探検をしている時、そこからいなくなったり離れたりしない

そういう人を言います。

心の中に安全基地があるという感覚は、お母さんやお父さん、他の誰かがいて安心だ、という記憶で、成人しても持ち続け、他人を「安全基地」として頼れるようになります。昔、「大人たちはいつも笑顔でそばにいてくれた」ことを思い出せば、彼らは今もなお、そばにいて助けてくれるし、少しの間離れても、すぐに助けに戻ってきてくれると思えるのです。そして、誰も助けに来てくれなかったとしても、戻って行って安心できる場所が、ずっと心の中にあるわけです。

養育者がこの安心感を与えなかったら、子どもは代わりの「歪んだ」ワーキングモデルを持ってしまい、どこへ行ってもそれが一生ついてまわるようになります。

● 4つの愛着スタイル

先ほどの４つのパラグラフは、自分はどれかを感じてもらうために、「愛着スタイル」の指標を非常に大まかに書いたものです。通常、子どもは、親と一緒にいるところを観察して判定しますが、成人にはもっと長い質問をします。複数の項目に同じくらい当てはまる気がしたり、その時によって変わったりするかもしれません。それでも、４つの中で最初に選んだものをよく読めば、無意識が呼び起こされるに違いありません。親密さを怖れる理由をより深く辿るのなら、役立つでしょう。

1. 安定型（The secure style）

先の最初の項目（1. 相手との心の距離を縮めるのは簡単だ。他人を頼っても、他人に頼られても、心地いい。一人になっても、拒否されてもさほど気にしない。）で、およそ半数の人に当てはまります。「私は愛される人間」「身近な人は私を見捨てはしない」と安定を感じています。自分にも他人にも肯定感があります。

2. とらわれ型（The preoccupied style）

先の２番目の項目（2. できれば他人と心を寄せ合いたいけれど、私が望むほど、相手は私に近づきたいと思っていない気がする。親密な関係を持たないのは嫌だけど、私が愛するほどには、相手は私を愛してないと心配になる。）で、約10パーセントの人に当てはまります。親密な関係を強く望んでいますが、相手に受け容れてもらえないのではないかと怖れています。養育者の接し方が一貫していなかったことが原因といわれます。ある時は、完全に突き放され、またある時は、侵入的に過干渉されてきたのです。

養育者は、自分の都合が悪くて相手ができない時以外は、あなたを「愛情に飢えた子」にしておきたかったのです。あなたが自立する時期になってからもそうでした。言葉を代えれば、その人が、面倒を見てくれたのは、あなたのためではなく、自分の求めを満たすためだったのですから、本当は一度もそばにいなかったのです。

このように、一貫しない、そばにいない、本当の愛情を感じられないことで、あなたは「どうしたら生きていくためにずっと変わらず注目してもらえるか？」と不安を感じてきました。大人なら、相手が自分への関心を失うのではないかと心配し、あの手この手で構ってもらおう、その人の愛をキープしようと努力し続けるかもしれません。

つまり、とらわれ型は、相手のことが好きで、自分より素敵だと思っていても、自分の価値には、不安を抱いているのです。

3．拒絶・回避型（The dismissive avoidant style）

３番目の項目（3. あまり親密な関係なんてないほうがいい。自立して自給自足でいることのほうが大切だ。頼るのも頼られるのもいい気はしない。）で、約25パーセントの人に当てはまります。「親密さは避けたほうがいい……」と決めつけています。そしてそこから来る怖れや虚しさを何とかするために、「私は忙しい。あちこち飛び回り、大きな仕事をしているのだから、親しい関係なんか要らない」と考えて、心に固い鎧を着ているのです。

このようなあなたは、感情に乏しく、おそらく大変「論理的」な思考の持ち主ですが、根底にある隠しきれないとらわれに、本人も他人も気づいているかもしれません。「世話をしてもらうこと」「甘えること」への強いわだかまりがあるのです。

例えば、「甘え上手な人」や「自己憐憫の人」を嫌ったり、「絶対に誰の世話にもなりたくない」と主張したり、一方で、「この人は、自分の今後にとってどういうメリットがあるかな……？」という価値基準で人を見る傾向があります。

拒絶・回避型の愛着スタイルは男性に多いです。ボーイ・コードには、他人《ひと》を頼ったり、感情を表してはいけないとあるからです。

両親はおそらく「僕のことを見て、愛して」という情緒的な求めにも、もしかしたら、身体的な求めにも、応えてくれなかったのでしょう。何も話してくれない、何を話しても聞いてもらえなかったので、幼少期の記憶があまりなく、昔も、今も、他者に対する感情に乏しいのです。

臨床研究の結果、拒絶・回避型の子たちは、ご想像のとおり、解離＊6のサインを示します。動揺する状況に置かれた時、身体的には強い反応を示しているのに、口では「全然平気だよ」と言うのです。大人になるにつれ、これらの身体的反応も、低下してゆくように見えます。脳の一部が特定の感情を留めなくなるからです。

このタイプは、最終章で話すナルシストに似ています。ナルシストを響きの悪さだけでおしまいにしては救いがありません。彼らは自らの意思ではなく、強い心の痛みに対する防衛でそうなったのです。

拒絶・回避型の人たちは、少なくとも表面的には自信に溢れているようですが、他人を肯定していません。そして、深部では、自分をも否定しているのです。それは、次の恐怖・回避型とも似ています。

4．恐怖・回避型（The fearful avoidant style）

4番目（4. 他人と心の距離を縮めるなんてとても無理。できればそうしたいが、相手を信じたり頼ったりするのは難しい気がする。離れていったり、裏切ったり、ひどいことをされたりして、傷つけられるのではないかと心配。）で、15パーセントに当てはまります。

“The Highly Sensitive Person（ザ・ハイリー・センシティブ・パーソン）”には書きませんでしたが、今はその頃よりこのカテゴリが確立しています。あなたは、慢性的に臆病で、心配性で、落ち込んでいて、孤独です。非HSPであれば密かな、あるいは露骨な敵意さえあります。相手と一緒になりたくても拒否されるのが怖く、強い葛藤、動揺があり、人に近づくチャンスがあると、混乱する傾向があります（このタイプの別名は混乱型です）。養育者に、深刻なネグレクトを受けたか、心理的、身体的な虐待を受けたのでしょう。彼らは相手や自分をいつも怖れています（鬱、不安症）。

もう一度言うと、恐怖・回避型は、いつも葛藤に襲われていて、近づきたいのに怖がり、行動が混乱していて、解離を生じることもあり、ぼんやり虚空を見つめていることもあります。愛着全体が、終わりのない苦痛の源となっているのです。回避型でも、「自分は正しい。悪いのは相手」と考える拒絶型とは違い、恐怖型の子は、エリースのように、「悪いのは自分だ」思って安心しようとします。

大人になって、交際をしても、混乱した動きしかできず、素直な自分が不在で、ありのままになれず、エリースと同じで相手と本当に親密にはなれません。自分にも他人にも否定感があるのです。

●敏感さと愛着スタイルの関係

「安定型かどうか」と「HSPかどうか」には相関がなく、安定型の割合はHSPと非HSPで同じです。

世界を探索し危険と向き合う時、役立つワーキングモデルは、気質ではなく、養育者との経験で得るものです。しかし、HSPであることで、愛着スタイルから受ける影響は大きくなります。

養育者に対するHSC（とても敏感な子）の強い敏感さについては、18カ月の乳児が母親から離され一人不慣れな出来事にさらされ興奮させられる研究で、よく検証されています。予想どおり、敏感な子は皆、この状況で最初からじっとし心臓をドキドキさせ血液中のアドレナリンを上昇させ警戒しました。現状確認をするHSCの典型的反応です。

非HSCの子はこの状況でも迷わず突進します。母親との愛着が安定している敏感な子は、現状確認をするだけです。新しい状況が安全と分かれば、すぐに非HSPの子と同じように探索を始めます。

対照的に、愛着が不安定でかつ敏感な子は、最初は用心しているだけなのが、やがてコルチゾールレベルの増加で示される本当に怖い時の反応に進展します。コルチゾールは、脅威を感じた時に分泌され「戦うか逃げる」準備をさせるホルモンで、唾液、尿、血液ですぐに測れます。不安定な愛着を持つ子どもたちは、いつも、この実験さながら、新しい状況に直面し続けているので、この研究は、「不安定かつ敏感な子は、慢性的に恐怖を抱え、コルチゾール・レベルが高い」ことを示しています。恒常的にコルチゾールが高いと、いつも不安だらけで眠れず、免疫も低下し、新しい状況ではもっと躊躇するようになります。

特にHSPは、愛着スタイルが不安定なことが、人生の全てに影響していくのです。

1歳半の頃のことは思い出せないかもしれませんが、この実験のように、あなたの人格と生理機能は既に愛着の経験によって、象《かたど》られているのです。

●【超重要】愛着スタイルと大人になってからの人間関係

最近、愛着の研究がブームになっています。主な理由は、客観的に研究する方法が見つかったからです。乳幼児の親への愛着スタイルは、研究室や家庭で丁寧に観察されてきました。スタイルの違いはかなり早い段階ではっきりし、それは親から離れた時の、遊びへの自信、他の子への接し方、（おもちゃを）独り占めしないことや仲よくなれるか、などの振る舞いに強く作用します。

最も重要なことは、人が成人するまでの20年以上を追った研究から、通常、愛着スタイルは変化せず、大人になってからのあらゆる行動は子どもの頃から予測できるということです。

「安定型」は、他３つの「不安定型」と以下が違います。

◎安定型は、健康的な感覚の持ち主で、自信とバランス感覚に優れ、自分への期待値が現実的である。

◎ストレス下にあっても安定型は、仕事をきちんとこなし、感情的になることも、ネガティブになることもあまりない。

◎安定型は、あまりアルコールに依存したり、摂食障害になったりしない。

◎当然、多くの人からパートナーとして求められる。安定型の交際は、わざと距離を取ったり、意固地になったり、弱気になって落ち込むことは少なく幸せである。

◎安定型は、パートナーに不満を持ったり、自分たちの関係を疑ったり、嫉妬したり、束縛したりせず、見捨てられ不安も少ない。

◎安定型は、怒ることは少ないが、怒りを建設的に捉えていて、喧嘩していても肯定感があり、パートナーの意図に敵意を抱かず、ポジティブな結果を期待している。

◎安定型は、パートナーを信頼できる仲間と思っていて、その人の欠点も受け容れられる。

◎不安な時安定型は、パートナーに助けを求めることができ、反対に、パートナーが不安な時には手を差し伸べる。

◎安定型は、ポジティブで、感情全てを抑え込もうとはしない。ポジティブな感情に素直である（感情豊かな個性は、交際の満足度に強く関係します）。

◎安定型は、パートナーと離れても、調子を崩すことは少ない。

◎最後に、安定型は、愛のないセックスはあまりしない。

その人が安定型かどうかは、どうすれば分かるでしょう？ 子どもの頃、家や学校ではどうだったか尋ねてみましょう。

安定型なら、素直に答えてくれるでしょう。もちろんいくつかの問題はありますが、常識的に見て、それほど大きな問題とは感じないでしょう。安定型には、たくさんの幸せな記憶がありますが、それをことさらに話そうとはしません。

拒絶・回避型は、聞かれると、「全部忘れた」とか、「母親が何度も自殺未遂をしたけれど、ちっとも気にしなかったよ」と言ったり、「別に」とぶっきらぼうに答えたりし、それっきりです。感情が、ひからびてしまったのです。

とらわれ型は、ちょっと聞いただけで、子ども時代の話が本になるくらい語り出すでしょう。恐怖・回避型も語ってくれますが、ただ慎重に言葉を重ねて、信用してもらえないと語ってくれません。

ここで注意してほしいことがあります。安定型は、安定型同士、惹かれるのですが、不安定型もお互いに苦しくなるのに、不安定な相手と惹かれ合う傾向があります。拒絶・回避型の男性と、とらわれ型や恐怖・回避型の女性が一緒になり、お互いにどんどん不安定になっていくのを想像してください。どう考えても自分自身が安定型であるか、でなければこれから安定型に変わるのがいいですね。

安定型になる7つの方法

不安定型の子は、ほとんどそのまま不安定型の大人になる一方で、研究者たちが「獲得された安定型」と名付ける例外もたくさんいます。

実は、HSPは、不安定を安定に変えることに、ずば抜けた適性があるのです。

ですが、それには、時間と相当なワークと振り返りが必要です。残念ながらそのためにできる一番のアドバイスは、「不安定型は、ぜひ心理カウンセリングを受けてください」ということです。他にも道はあるかもしれませんが、ここでできるのは、その道標のリストをお伝えすることだけです。

最終的には、あなた自身が、その道標の一つひとつを、セラピーの中であってもなくても、辿って行かねばならないのです。ではこれから、その、辿るべき道標をお示ししましょう。

1. 自分を温かい目で見守る

不安定型は、長い年月をかけて作られてきたものなので、回復するにも時間がかかります。愛着スタイルは、「過去は繰り返す」という推測に基づいて作られた、最適な生存方法なので、変化を拒むのです。

特にHSPは、生まれつき、その推測に縛られやすいです。ですから、

「過去は流しなさい」というアドバイスは無視しましょう。
まず、頑張っている自分を、優しく親切に思いやることが大切です。自分を責めたり、罰したりいじめるのは、やめましょう。
しかし、これは、相当難しいです。嫌なことがあると、自分は嫌なことをされても仕方ない人間で、他人は嫌なことをしても当然と思ってしまうので、自分を責めては、また不安定な愛着を強化することになってしまうのです。しかし、あなたは、決して嫌なことをされて当然の人ではないのです。

2．安定した関係を増やす

あなたには、既に安定型の人間関係があります。周囲には、自分のためだけでなく、あなたの求めにも応じてくれる人が少なからずいて、その人たちといれば「自分はちゃんと見ていてもらえる」と自分に価値を感じることができるし、助けを求めれば、ちゃんと応えてくれます。
しかし、そのような関係をもっと増やす必要があります。できれば、恋愛のパートナー、同性の友達と安定型の身内が複数、必要です。複数必要なのは、不安定型から安定型に変わるのは、それほど大変だからです。 あなたはしばしば、その人たちを試して篩《ふるい》にかけているでしょう？
こういった理由から、あなたが受けるべき心理療法は、この目的のために考案されたものでなければなりませんし、高い技術と長い時間が必要です（大学の学費ほど費用がかかるかもしれません）。“The Highly Sensitive Person’s Workbook（ザ・ハイリー・センシティブ・パーソンズ・ワークブック）”には、いい先生の見つけ方を提案しています。

3．悲しむべきことをきちんと悲しむ

幼少期、どんなにひどいことがあったのか、絶対に戻らない過去でありもう忘れてしまったかもしれませんが、その時の傷が、不安定な

愛着を形成することで、新しい人生をどれほど邪魔してきたのか、きちんと悲しむ必要があります。こうして悲しむのは、「悲しみを乗り越えて成長する」ためではなく、反対に、悲しみとともに生きることで、それによって初めて、あなたは、全《まった》き人生を歩むことができるからです。

確かに分かってくれない人たちに悲しみを訴えても仕方ないことはありますが、しかし、悲しみもあなたのストーリーの一つなのです。興味深いことに、後から安定型になった人は、もともとの安定型には見られない、手術の傷跡のような、悲しみの残滓《ざんし》を抱えています。

4.「個性化[*7]」する

個性化とは、特に無意識の心を開いていくことで、本当の自分を見つけ出すことです。自分の内面の核《インナー・コア》を見つけることで、他に代えられない成熟した安定が生まれます。個性化は、多くの場合、夢を理解することで進められ、ユング派のセラピストや本、夢に関する勉強が必要となります。

この癒しのプロセスは、「有機的に」行われるなら、「正確に」広がり、必要なものが、必要な時に与えられます。それはあたかも、精神の高みにある、優しい知性に導かれるようで、それによって、内的な安定が得られます。たとえあなたの核心《コア》から届く最初のイメージが、怒りや絶望といった暗い感情であったとしても、癒されるためにはそれを感じる必要があるのですから、大丈夫です。

個性化というと、HSPは、どこか自己中心的で悪いような気がしてしまうこともありますが、全くそんなことはありません。個性化とは、「小さな自己」中心ではなく、人類の歴史や世界との関係の中で、あなたの人生の目的を明らかにすることです。

それは、あなたを大きく変え、ついにはあなたの関心を、「過去の小さなこと」から「世界の未来」へと完全にシフトさせてしまうかもしれません。そしてそれは、いつであっても、今からでも遅くないのです。

ポイントは、無意識には「変化すること」への特別な恐怖観念があるということです。個性化のプロセスが進むにつれて明らかになる知恵もそこにあるのです。

5．思い込みを修正する

親密さへの怖れをできるだけ現実的に、定期的に振り返りましょう。

それができるようになると、そういう怖れから離れて自分と対話ができるようになります。

幼児期に形成された「強い怖れ」は、簡単に抜けないこともあるでしょうが、「この恐怖は、私を守ろうとしているのは分かるけれど、エラー音だ。これに従う必要はない。鳴ってくれて有り難いけれど、無視させてもらうよ！」と考えれば、乗り越えることもできるのです。

6．愛着スタイルにあったアプローチをする

●恐怖・回避型

相手から「拒否される」と思わずに、なるべく人に会うように努めましょう。なかなか大変な仕事ですが。

●とらわれ型

少し相手と距離を置き、相手は、彼らがそうしたい時だけでなく、あなたが求めた時にも戻ってきてくれると信じることです。本当は、（たとえそういう気がしていたとしても）ずっと構ってもらう必要があるわけでも、そうしてほしいわけでもなかったと気づくようになります。

●拒絶・回避型

あなたの心は、まるで石のようになって、相手のことをあきらめてしまっていたと認めましょう。これからどのようなチャンスがあったとしても、まずはその心を溶かさなければなりません。「気にしないぞ」と

いう鎧を脱いだなら、最初、恐怖・回避型、とらわれ型のような感情を味わうでしょう。これまでよりも痛みを感じるのは、麻酔が切れつつあるようなもので、よいことなのです。

7. 純粋意識を経験する

瞑想をすれば、個性化と同じように、自分の核心《コア》、自分の内面を強く感じられます。瞑想は、努力は要らず、（平穏な幸福感以外に）何も考えず、受け取らず、感じずに、純粋な気づきと深い安らぎによって、時々であっても、純粋意識の状態に導かれるものでなければなりません。これは例えて言えば、「お母さんもお父さんも家にいる」と感じ、深く満足している状態です。しかし、これが実は、太母・グレート・マザー（ファザー）*8なのです。これ以上の安心がありますか？

大きな第一歩を踏み出しましょう

船を漕ぎ出すためには、本を読むだけでは不十分で、湖を見つけて、船を出さなければなりません。

親密さの恐れを克服するためには、最終的には、親しい関係の中に踏み込んで、正直で、素直で、傷つきやすい自分を受け容れなければいけないのです。親密さを怖れる人はよく「自分のことはよく人に話していますよ」とか「感じたことは何でも妻に話していますよ」と言います。しかし、そういう人たちの、「感じている」こととは、実際には「考えている」ことで、「本当に感じている」ことは、自分をさらけ出すことの怖れ、怒りの攻撃の怖れ、見捨てられ不安などであって、滅多に語られていません。特にHSPは、拒絶されたり、刺激に圧倒されたり、飲み込まれたり、という危険と比べたら、相手と親密になるチャンスを失うほうがまだマシと思ってしまうのです。

しかし、親密になるチャンスは、無限ではありません。チャレンジするしかないのです。

最初に紹介した、マックス（121ページ参照）というHSP男性に戻りましょう。

最近こんなことがあったそうです。マックスは、時間をかけてそのうち親しくなれればいいな、と思っている女友達と、一日、美術館巡りに行ったのですが、帰りに、彼女に「ダンスに行きたいな！」と誘われました。マックスは、丸一日その子と一緒だったことで既に刺激がいっぱいで、圧倒されていると感じてはいたのですが、「私に興味がないのか」とか「敏感過ぎる」と思われるのが怖くて、「ごめん、他に用事があって……」と断りました。

１週間後。マックスは、あの日はまっすぐ家に帰ったことを、うっかり口にしてしまいました。彼は「しまった！」と思い、彼女が自分の失言を聞き漏らしていますようにと願いました。とても嘘を許してもらえると思えなかったのです。マックスは、その晩ずっと、不安で落ち着かず、自己嫌悪に陥ったり逆に、こんな状態に自分を追い込んだ彼女を恨んだりしました。

一方、彼女のほうは、どんどん冷めていきました。おそらく、マックスの失言にも、彼の様子が変なことも気づいたのでしょう。そして最終的には、「マックスはもう私に興味がないんだわ、もういいや」と結論付けたのかもしれません。

しかしマックスは、「彼女が引いているのは、僕がいつもこんな性格なのがバレたからだ。本当のことも言えないし、一緒に夜を楽しむこともできないし」と思っていたのです。

私たちもマックスと同じことをしがちですが、彼がどうすべきだったかはお分かりでしょう。最初の日の夜、自分が疲れている、敏感であることを打ち明ければよかったのです。１週間後よりも、その時のほうが言いやすかったのは確かですが、できなかったのなら、後からでも、正直になれなかった理由《わけ》を伝えればよかったのです。

私は、マックスに「今からでも、その娘《こ》に電話をして、二人の間に起きたことを話し合ったほうがいいわ」と言いました。難しいことですが、その女性が、これからもマックスが追い求めるに値する人なら、「正直に話してくれてありがとう」と言うはずだと考えたからです。

しかし、マックスが電話で嘘を告白をした時、彼女は怒って、許してくれなかったようです。その女性はまだ、自分の「シャドー（影）」に向き合ったことがなく、マックスにも共感できなかったのでしょう。あるいは、これまで何度も、誰かに嘘をつかれたり、裏切られたりしてきたのかもしれません。

交際がスタートした時、関係を続けるために、何でも話せばいいとは限りませんが、正直になることで、その関係の真価を見極めることができます。

ある感情にオープンであることは、そうでないよりも楽です。少し挙げるなら、怖れ、悲しみ、愛情、怒り、楽観、好奇心、不正直、性的欲求、罪の意識、プライドなどですが、これらの感情を、どう受け止めればいいのか、知るようにしましょう。あなたの家族は、これらをどう扱ってきたか考えましょう。「表してはいけないこと」がありませんでしたか？ それを表したら、何が起きたでしょう？ 誰かと親密になるにつれ、どの感情がお互いに「気に障る」のか話し合い、しまっておいたほうがいい感情をお互いに配慮できるようにしておくことが大切です。

相手が親密さを怖れる人ならば

本章ではずっと、HSPは特に親密さを怖がると話してきましたが、多くのHSPは、本当は、他の人よりずっと親密さを求めているし、相手を親密さへ導くことさえできるのです。特に安定型（獲得された安定型でも、いい育てられ方をしてきた安定型でも）ならなおさらです。

では、友達やパートナーが、あなたより親密さを怖れているようなら、どうしますか？ 例えば、その相手にとって、本当は、あなたの存在やあなたとの関係が大切だと、はっきりしているにも関わらず、今、二人が親密な関係でないのなら？

はっきりしていることは、相手に「私のことを頼って」と熱弁を振りまいてもダメです。一番いいのは、結果を気にせず、あなたからもっと相手に近づいていき、本音と、弱さを見せることです。ですが、これは簡単なことではありません。

親密さを怖れる人は、とてもトゲトゲしていて、批判的です。サボテンが相手を傷つけなければ、自分を守れないのと同じです。それでも、もし可能なら、あなたからとにかく心を開き続けるのです。「相手は相手、自分は自分」と十分に自立していれば、どんな態度で返されたとしても、自分の中の安定を感じていることができます。この方法なら、あなたは自分の肯定感を失わなくて済むのです。

ピーター・クレイマーは“Should You Leave?（別れるのですか？）”の中で、パートナーを変えることに対して、「相手を変えようとするのは忘れなさい、まず、自分を変えなさい。劇的に、たゆまなく。自分から相手に橋を掛けるのです」とアドバイスしています。

自分から、できるだけ、正直に、できるだけ、親密に、できるだけ、頻繁に、です。

たとえそれが今の関係に役立たなくても、それはきっと次に向けてあなたを成長させてくれるでしょう。

最後に、親密さに対する自分の関心に目を向ける

HSPは、どうしても慎重になりがちですが、それと同じくらい親密になることに長けていることを知ってもらいたいです。あなたが、本書のテーマに関心を持っていることをうれしく思います。そして、相手や自分を怖れたり、ついつい拒否してしまったり、親密さをどうでもいいと思ってしまったり、たまにはそれを隠そうとしてしまっても、どうか自分を否定しないでいただきたいのです。

同時に、あなたは、自分の気持ちにも他人の気持ちにも気づいているので、もし試しにそのことを伝えてみれば、何も怖れるものはなかったと気づくでしょう。

あなたに惹かれる人の中には、きっと「この人が本当に好き！」と思える相手がいるでしょう。そんな人に、自分の敏感さを説明すれば、きっと喜んであなたの求めを尊重してくれるでしょう。そうでない人は、どうでもいいのです。

さて、この話題はここまでにして、次は、「恋に落ちる」ということについて、お話ししましょう。

訳注

＊1 元型（archetype）：カール・ユングが提唱した概念。集合的無意識の領域にあって、神話・伝説・夢などの中に、時代や地域を超えて繰り返し類似するイメージ・象徴などを表出する心的構造のこと。ユング派心理学の基本概念の一つ。

＊2 ディオニソス神（Dionysian）：ギリシア神話に登場する豊穣とブドウ酒と酩酊の神。

＊3 コミットメント（commitment）：ここでは、結婚など長期の関係に入る約束をすることを言う。

＊4 ワーキングモデル（working model）：養育者との関係から形作られる、自分と他者に対するイメージ。

＊5 フロイト（Freud：1856年－1939年）：ジークムント・フロイト。オーストリアの精神科医。神経症や無意識の研究を行い、精神分析学を創始した。

＊6 解離（dissociation）：無意識の防衛機制の一つ。自分にとって耐え難い思考、感情、意識、アイデンティティなどを、通常の自分の意識から切り離すこと。

＊7 個性化（individuation）：個人に内在する可能性を実現し、その自我を高次の全体性へと統合してゆくこと。

＊8 太母（グレート・マザー／Great Mother）：ユングが提唱した元型の一つ。集合的無意識の中に存在する母なるものを指し、すべてのものを産み育むプラスの面と、あらゆるものを呑みつくしてしまうマイナスの面がある。

第4章

恋に落ちるとは?

―神秘の世界の複雑な深部を知る―

恋に落ちること。私の研究では、HSPは非HSPよりも激しく恋に落ちます。これは第3章で話してきた、HSPは親密さを怖れる傾向が高いことと反対のようですが、多くのHSPは、矛盾して然るべき理由を抱えているのです。

HSPは激しく恋をし、そしてそれ以上に恋を怖れます。解き放たれようとしている深く複雑な感情に魅了されながらも、そういう深い愛が招くものは、未だかつて味わったことのない、予測不可能な状況であると分かっているからです。

本章ではそんな深い場所に踏み入り、謎に満ちた超自然的な美しい世界で迷子になると、何が起きるか、理解し安心できるように、その複雑な深部を眺めていきます。次に、そんな深い水の底からどうやって浮かび上がるのか、安全な陸地から話したいと思います。そうです、愛し方を話すのは、恋の神秘の謎を解き開いてからでなければなりません。HSPが大地に腰を落ち着けるのに、現実的な情報以上のものはありません。最初に実用的で地に足のついた愛の定義を示し、続いて背景にあるその真逆のストーリーを話しましょう。

愛とは?

「愛とは、特定の相手と親密な関係になり、それを継続したいという、一連の態度、感情、行動である」

これが、夫と私が学問的に定義した愛です。

しかし私としては、そこに人生最大の神秘があると思います。

私と夫が恋をしたのは、1967年、二人とも同じ24歳の時でした。60年代のバークレー（カリフォルニア大学のある都市)、それは情熱の時代でした。出会いは、「エンカウンター・グループ」という研究会です。

夫のアートは大学院生の指導助手で、このグループの世話役《ファシリテート》、私はただの学部生のメンバーでした。しかし、アートがグループを取りまとめるのは初めてで、私はその役を何度も経験済みでした。半年間、私は事あるごとに、彼のリーダーシップを批判しましたが、彼は何も言いませんでした。

この学期が終わった時、アートは私に「好きだ」と言ってきて、私たちはキスをし、恋に火が点いてしまいました。

この経験によって、私たちの運命は大きく変わりました。私たちに30年以上の夫婦関係をもたらしただけでなく、二人の人間が恋をすると何が起こるのか、その愛が、精神的、社会的、身体的、個人的、その他全ての物事と、どう関係していくのか、生涯に渡る共同研究となったのです。

最初の1年間、私たちは愛について書かれた文献があれば全て読んで、それをずっと語り合いました。その翌年、アートは、博士論文で恋をテーマにし、いくつかのクリエイティブな実験を行い、特定の社会状況における、興奮や神秘やパワーが、恋にどれほど影響するのか調べました。彼は、「愛は人格の化学反応だ」とか、「特定の人格同士がなぜ惹かれ合うのか」といった、大衆的なテーマよりも、社会心理学者としてのアプローチを取りました。

当時の心理学者たちは、恋の研究などいかなる角度からも行っておらず、そのような難題を扱うのは、厚かましく傲慢とさえ思われました。

しかし、彼の研究の中でも、特に「吊り橋効果」(この後話します)は、社会心理学史上、引用率が最多の研究成果となりました。

その後、私たちは学術書を執筆したり、学会誌に論文を投稿したりしてきました。私たちは、院生や同僚らと一緒に何度も実験を繰り返してきて、現在、アートは脳のどの部位が情熱的な愛に関与しているか、特定しようとしています。他の研究者もこの分野に参入してきて、1967年には未知であった愛や恋についての多くのことが、今は心理学者たちに知られるようになりました。

ただ、急激に落ちる恋については、正直なところ、少なくとも私には、まだよく分からない点が多くあります。

私たちの魂にとっては、愛が、日常の世界を超えて、希有で素晴らしく言葉にならない何かに接触するための手段（道）であることが重要だと思うからです。とはいえ、選りすぐりの研究成果を、特にHSPに関する面に焦点を当てて、話していきたいと思います。

あるHSPの激しい愛

あるHSPが恋をした話をしていいでしょうか？

それは、あまりにも簡単でした。HSPのセルフテストで、私は23点、アートは9点でした。そんな私たちの恋を、二人とも喜んでいたのですが、恋に落ちている間も、私は、涙もろく混乱し、眠れなくて心ここに在らずでした。

アートは、彼らしからぬことに、突然、私のことを一緒に子どもを育てたい女性だと思ったようで、彼自身がそのことにびっくりしていました。私は、それを聞かされ、圧倒され、急に自分のことが何も分からなくなりましたが、そうなってしまうことはこれまでもあり、そのことには驚きませんでした。私の味わう経験は明らかに異質だからです。

始まりがこうだったので、後の臨床では、HSPへの最初の質問で「とても激しい恋をしますか？」と尋ねるようになりました。HSPの回答はもちろん「イエス」です。このような激しさは、幼少期に問題があったり愛着スタイルが不安定だったりすると大きくなりますが、良質な幼少期を送ったHSPにも当てはまります。本章の前半では、この激しさを理解していきたいと思いますが、まずは次の例も聞いてください。

〈カメレオンが、ドラゴンに変身〉

ゲーリーにインタビューをした時、彼は54歳で転職を5、6回していて、交際経験もたくさんありました。彼もまた、病気の期間が長かったのと、両親がそばにいてくれなかったことから、第3章のエリースのように幼少期にトラブルのあるHSPでした。

彼は生きるために、自分の敏感さを、周りにどう適応すべきか的確に観察すること、他人を喜ばせることに使うようになりました。

病気が治ってからの数年間は、男らしさを証明するのに力を注ぎ、高校では花形運動選手や、1年生のクラス代表になりましたが、本人はそこに全く喜びを感じていませんでした。高校卒業後は、空軍に入隊し、あちこちに出向き、次は「コミュニケーション力を鍛えねば」と、営業職に就きました。

この間、ゲーリーは常に成功し人気者でしたが、他人のどんな求めにもどんな場面でも、いい顔をして応えているカメレオンのような気持ちでした。ゲーリーは、あえて多くを求められる状況を選択して、自分がちゃんと生きていることを証明しようとしてきたのに、「自分の人生だと実感したことは一度もない」と言っていました。

ゲーリーは、テニスのコーチ（彼の数々のキャリアのうちの一つ）をしている時に、レッスンを受けに来たミカに出会います。ミカは、サバサバしていて、大地のような心の温かい女性で、地中海性気候（夏はカラッとして冬もポカポカ）タイプです。

ゲーリーの世界はガラッと変わりました。完全に恋に落ちたのです。それも激しく。

ゲーリーは、ミカを見た時に「生き返った」と言います。それは彼にとって、他人を喜ばせるために作ったのではない、生まれて初めての、自分のありのままの反応でした。ミカと一緒にいると生きている感じがし、また、素の自分でいられる気がするのです。

ミカもまた、ゲーリーに惹かれていました。しかし、ミカは既婚者だったので、ゲーリーは再び自分の感情を抑えて封じ込めることになりました。

二人はしばらく会わずにいましたが、離れていることに耐えられなくなりました。とうとうミカが、ゲーリーと一緒になるために離婚し、二人の新生活が始まりました。

ところが、一緒になったことで、二人に危機が訪れます。

ゲーリーからすると、「ミカの人格は変わった。わがままで、彼女の求めにはとても応えきれない、と思った」そうです。二人は別れ、ミカは再婚し、子どもを持ちました。

私たちの目には、二人の関係が壊れたのは、ゲーリーの不安定な愛着スタイルと、親密さへの怖れのためであることが、はっきり分かります。

しかしここで問題なのは、ゲーリーによると、熱はまだ冷めていない、ということなのです。ミカは今もゲーリーの子を欲しがっていますし、ゲーリーは「そんな彼女の瞳を覗くと、自分が消えてしまう」と言います。ゲーリーは、どうすればミカと一緒に暮らせるのか、未だに分かっていませんが、「ミカが好き」なことだけは常に自覚しています。確かなのは、彼の核心は、もはやカメレオンではなく、灼熱のわがままなドラゴンであることです。

恋に落ちる4つの理由～HSPの場合～

次に、人が恋をする理由を見ていけば、HSPは、同じ状況でも、特に強い経験をするべくしてしていることが分かるでしょう。

〈恋に落ちる理由１〉　魂の伴侶《ソウル・メイト》を求めて

恋をするのはよさそうな人が現れた時。これが多くの人の考え方です。私と夫が調査の一環で、「恋した時のことを教えてください」と、いろんな人に質問したところ、まず聞くのは、当然、恋人になった相手への褒め言葉でした。「彼女が綺麗で……」「かっこよかったから」「彼女の人間性がすごくよくて」とか、「ちょっと変わったところや、人と違う特徴があるところに、妙に惚れ込んだから……」というのもありました。「愛されている、大切にされている、と感じた瞬間、その人を好きになった」と言う人もいましたが、これも親密な関係において、自分の気持ちに正直でいようとするなら、欠かせない視点でしょう。

「誰を選ぶか」のセオリー

「どうしてその人を愛するのか」についての理論はたくさんあります。

私たちが好きになる相手は、

・長い間忘れていた誰かを思い出させる人

・未解決になっているつらい問題に一緒に取り組める人

・導いてくれる、一緒にいることで学べる、ともにある方角へと成長できると感じる人

であって、一つ言えるのは、これらは「無意識に基づいている」ということです。

ある女性が、自分の本能に従って、森の中の家に住みたいと願っているけれども、虫や闇や熊、そして、雷を怖れているとします。そこに、

野外活動を愛し、雷の観察に実際に「外」へと出向く男性がやって来たらどうでしょう。彼女の恋は必然でしょう。

あるいは、酒をちょっと飲み過ぎてしまう男性が、アルコール依存症の女性を好きになり、相手に対する自分の反応を通して、自身の飲酒問題と向き合うということもあります。

恋愛の生物学に関心のある人たちは、脳の中に、この選択を支配している特別なシステムがあると考えます。ヘレン・フィッシャーによると、そのシステムによって、「個人は（おそらく遺伝子的にメリットのある）好みのパートナーと一緒になるように仕向けられている」のです。このシステムは、動物の、特定の相手へと向かうエネルギーを増加させます。人間においては、想いが生涯続き、たとえ連れ添わなくても想い続けたり、結ばれたいとときめいたり、愛する相手を絶えず想ったりします。

人が特定の人を選ぶ理由に、多くの種が攻撃や異性への合図に使う、無臭の分子であるフェロモンを挙げる生物学者もいます。しかし、フェロモンでは、「人はなぜ電子メールや手紙でその人を好きになれるのか」「分子で固く結ばれた二人の想いが、どうしてすぐに冷めるのか」を説明できません。

調査結果から、多くの人はそれぞれに「こういうのがいいパートナー」という、極めてはっきりしたイメージを持っている印象を受けます。

彼らは、

・人生の然るべきタイミングで
・然るべき状況（場面）で
・相手が自分を好きでいてくれると思える

という条件を全て満たす人に出会えた時、恋をしたがるのです。

深く考える傾向のあるHSPは、おそらく、自分の理想のタイプについて、明確な考えを持っています。また生まれつき細やかなことに気がつき、人の外面と内面の性質の多くに気がついてしまうので、理想の人が見つかると、「この人だ」と思って、激しい落ち方をするのです。

気質は恋の導火線

人は皆、ある特定の性格や気質に惹かれますが、HSPという気質は、間違いなく、恋のきっかけになりやすいと言えるでしょう。それは少なくとも以下の２つの理由によります。

１つは、HSPであることで、潜在的に、同じHSPに特別に惹かれるということです。あなたは、まるで自分が双子の片割れに会ったかのように大いにホッとできるでしょう。瞬く間に好きになります。人は、自分と似た相手に惹かれるという研究結果はたくさんありますが、その中には、最も基本的な近似性であるDNAの似た者同士が、より惹かれ合うという発見もあります。

しかし、２つ目に、HSPは、逆に、相手が非HSPだからこそ強烈に惹かれるということもあります。HSPの目には、非HSPは素晴らしく「正常《ノーマル》（自分とは違う多数派）」に見え、非凡な能力をたくさん備えているように映るのかもしれません。どんな刺激を前にしても平然としていられるパワーは、自分にはないからこそ、魔法のようで、自分もそうなりたい、少なくともその力が自分の人生に必要だと憧れるのかもしれません。

自分に欠けているものを相手で補うことで、完全になれるような気がするのです。HSPは、そのような非HSPに愛されれば、舞い上がってしまうかもしれません。

非HSPも同じように、HSPのあなたにうっとりし、両者は強烈に惹かれ合うのです。お互いに、そのような素敵な人が自分を愛してくれることがうれしくてなりません。

急激な熱い恋は、前の恋愛が終わった後に起こることがありますが、その熱い恋もまた、同じ経過を辿る羽目になることがあります。前のパートナーの気質が何であれ、うまくいかなかったのなら、次にあなたが好意を寄せる相手は反対のタイプだと予告しておきましょう。なぜなら、人はいつも自分とは違うものと一体になることで、全体性を獲得するからです。よくある言い方をするなら、隣の芝生はいつも青く見えるということです。HSPが、前の交際相手がHSPであった時、この傾向は間違いなく強くなります。自分とは違う誰かと一緒になることで全体性を得るだけでなく、今度は、社会が正常だ、理想だという人と一緒になって自分を変えてもらいたいと願う。非HSPがHSPに憧れる時には持たない感覚があるからです。

もし、前の交際相手が非HSPなら、今度はHSP同士の奥深さを満喫したいと願い、非HSPがHSPに憧れるのと同程度ではありますが、相手が自分を変えてくれることも望みます。これらのことから、HSPは、「正しい相手」を選ぶ時のこだわりが強いのでしょう。

〈恋に落ちる理由2〉　相手の美しさをずっと考える

美とは、もちろん身体や心、魂、精神《スピリット》の美しさを言います。

ある対象をじっくりと想う時間が長ければ長いほど、その対象への想いが強まるという研究結果があります。これは、不快感を持つ人のことは考えないほうがいいとも言えますが、好感を持つ人のことは、考えれば考えるほど、本当にその人を好きになってしまうということです。

当然ながら、想い人の欠点や短所を一度でも知ると、恋心は変容するか、消滅さえするかもしれません。

しかし、恋に落ちていく瞬間は、出会ったばかりの相手のことで頭がいっぱいなので、「ただの好意」が、「あぁ、なんて素晴らしい人」と称賛になり、「愛してる」になるものなのです。

さて、HSPはどうか、もうお分かりでしょう。HSPは、他の人よりも情報を深く受け止めることで、ささいなことに気づき、それを長く熟考するスペシャリストなので、当然好きになりつつあるその人の魅力に惹き込まれ、非HSPよりもずっと強い恋情を抱き始めるのです。

ここで加えておきたいことがあります。そのようなHSPが、不安定型ならばどうなるでしょう？ あるいは不安定型でなくても、「彼・彼女が、愛してくれなかったら……」とか「もし、別れることになったら……」と不安がる心があれば、どうなるでしょう？

不安は、相手に対する特に激しい感情を育てます。喜びもまた然りなので、HSPは喜びも不安も、ありとあらゆる感情を強く感じます。こうしてたくさんの感情を一気に強く受け止め、より激しい恋へと落ちていくのです。

〈恋に落ちる理由3〉
状況によって感情が呼び起こされて恋に落ちる

二人の出会う「場面」が重要だと言うと、「よさそうな人に出会った時、恋をする」と思っている多くの人に驚かれるかもしれません。

しかし、前にも話したとおり、人は然るべき場面なら、そこそこの相手でも、実にあっさりと恋をしてしまうようです。そうでなければ、なぜ人は月光の夜や、風のそよぐ海辺のような、ロマンティックな場面を大切にするのでしょう？

私の夫は、あの有名な「吊り橋効果」を最初に観察した人です。

この実験では、男性たちが、「峡谷のはるか上空で揺れる吊り橋の上」「小川にかかる安定した足元の橋の上」で、それぞれ同じ魅力的な女性に会います。男性は、揺れる吊り橋で出会ったほうが、その女性に断然惹かれると分かりました。その後、違う場面を使っての実験がいろいろとなされ、同じ効果が証明されていきました。おそらくドキドキを混同するからでしょうが、なぜか刺激的な場面は、目の前のどんな人をも魅力的に見せるのです。

「ドキドキ」＋「HSP」＝恋

吊り橋に続く研究から、映画を観たり自転車に乗ったりといった、ほぼ全ての種類の興奮が、この効果を生むことが分かりました。興奮が恋の引き金というのなら、HSPはどんな新しい場面でも、すぐにワクワクドキドキするので、１カ月の間にいくつもそういう機会があり、そこでふさわしい相手と一緒になりさえすれば、恋ができるのです。わざわざエレベーターに閉じ込められたり、無人島で遭難したりしなくても、初めての陶芸教室での出会いで十分です。

セラピストに恋する人から何を学ぶか

人物に関係なく場面によって恋に落ちることを実証するものの一つに心理療法があります。患者がよく治療者に恋をすると言い出したのはフロイトで、これは「理想化転移」と呼ばれます。患者は、治療者を選択する時はそのつもりなどなくても、治療者を変えたとしてもまた、強い恋情を抱いてしまうのです。

私はHSPと仕事で接していて、彼らの「転移」は大変強いものになりがちだと思うようになりました。「転移」という単語が示すとおり、そこには、

・かつての愛
・誰かに転移させないといけないもの

が蘇っているのです。

心理療法では、他では得られない、「深い注目」「受容」「親密さ」「心の最も神聖な部分を探索する機会」が与えられます。もちろん、誰であってもこの状況を提供してくれる相手は魅力的で、精神療法医のエセル・パーソンは、それを“Dreams of Love and Fateful Encounters（愛の夢と運命的出会い）”で、「愛とは誕生を待っている無限の可能性のようだ」と表現しています。

パーソンはまた、最初の強い感情は、治療であれ違う場面であれ、「離

れたところ」で、なおかつ「拒否されない」なら、長く続くと指摘します。前にも話しましたが、余計な「現実」に邪魔されず、相手のいいところだけを考えている間は、恋の花は咲いていられるのです。吊り橋実験では、初期の恋心が、環境によって生まれること、心理療法の場では、特定の環境で、その恋が持続することが証明されました。パーソンによると、

・拒否されないという安心感
・相手も自分と同じ気持ちでいるという希望（または幻想）

の２つが保証され、もう一方で、

・恋の想像力が十分働くくらいの適度な距離

があれば、恋が長続きするのです。

「刺激的な状況」＋「HSPの想像力」＝恋

HSPの高い想像力は、恋をする時にも、大きな役割を果たします。

状況が刺激的であればあるほど、想像力がかき立てられます。月明かりではっきりと見えなかったり、波の音にかき消されそうな状況だったりすると、想像がどんどん膨らみます。例えば、森の中の峡谷に掛かる橋で女性が風に揺れていたら、「彼女はなぜそこに？」「ケーブルが切れたら……？」と想像することがたくさん出てきます。

アートは、吊り橋の実験の他にも、

・女性によって、男性の額に酸（実際は水）を垂らされ拷問される場面
・女性に何か平凡な役を演じてもらう場面

を比較するロール・プレイの実験をしました。また、男性が身体競技で、少しだけ抵抗する女性、大いに抵抗する女性をそれぞれ打ち負かすといった実験も行いました。

吊り橋、拷問の場面、強い女性を負かすことは、全て刺激的で「元型的な」場面を創造する荒っぽい試みです。実際にあったかどうかに

関わらず、それらは平凡な状況よりも、大きな魅惑を引き出しました。

HSPは外の世界へ出て、坂道を下ったり、二匹の犬がじゃれているのを見たり、本を買ったりするだけで、想像力を発揮し、その表層の背後にある、もっと深く、もっと元型的なレベルのものに気づくのです。その状況を、最深のレベルで受け止めているともいえます。家よりも外にいたほうが、興奮が多いという言い方でもいいでしょう。

ポイントは、特殊な状況が恋のきっかけになることは、誰でもありますが、HSPはもっとそうだということです。

その特別さが、

・身体的な刺激
・この上ない浪漫《ロマン》
・深く受容されること
・感情が刺激されること
・深い、元型的なこと

のいずれであっても、HSPはこれらを感じて恋をしやすいのです。

〈恋に落ちる理由4〉無意識からの力強い働き

ここまで、特定の恋人を選ぶ時に無意識が果たす役割を話してきましたが、無意識は、それ自体が持つ目的から、人を恋へと突き落とすことがあります。

私は、HSPは無意識に突き動かされやすいと思っています。第3章で話したとおり、HSPは無意識への扉が開いていて、

・記憶の領域
・シンボル（象徴）
・概念（考え）
・「個人の無意識」と「集合的無意識*1」の両方
・「怖れが抑圧されたトラウマ*2」と「本能を排除する近代の生活によっ

て失われた知恵」の2つ

に、より波長を合わせることができます。

「恋への感受性」と、「無意識への感受性」の度合いがリンクしているように思えるのは、「恋に落ちる」のは、無意識から湧き上がるコントロール不能な力の仕業に他ならないからです。ひといちばい、無意識への扉が広い人もいます。先に出てきたゲーリーは、社会性のある普通の男性でしたが、ある日突然、恋人と一緒になるためには、社会の掟を無視し、どんなことでもしかねない人に豹変しました。

愛と無意識の繋がりは、古くからいわれていて、フロイト派は、人が恋するのは、「乳児に戻り、無限の幼児性欲を満たすため」と言います。

愛着の研究者は、乳児にさらに関心を向けたうえで、人間の性《さが》にもっと寛容で、「幼児期の安定していた、あるいは安定するはずだった愛着を（もう一度）手にしたいから」と言います。

ユング派は、この全てに賛成したうえで、「人は、愛を超越者*3、創造主、最愛の人へと繋がるチャンスと感じるから」と言うでしょう。

「エッセンシャル・スピリット」の理想郷に還る

「人は、愛する時に理想郷をイメージしている」といえば、どの考え方にも合うでしょう。繰り返しますが、HSPは特に想像力が豊かです。理想郷など存在しないと理性では知っていても、想像し、探すことで、人生はずっと豊かになります。

恋が素晴らしいのは、とても広がりがあり、常識的で合理的な意見に従わず、人間のコントロールを超えているところが、無意識と似ているからです。

愛は、都市の城郭の外に広がる森のように野生的で、そこは狼たちの遠吠えが響いているのです。

愛は私たちの中に、豊かで本能的なレベルの生命がいつも求めているものを取り戻してくれます。それは、ジョン・デスティアンが"Coming Together — Coming Apart（一緒になる、離れる）"で、「エッセンシャル・スピリット」と呼ぶ精神です。これは、皆が求めていながら、人が「プリヴェイリング・スピリット」という精神に迎合するにつれ、失われていく精神です。

「プリヴェイリング・スピリット」は、社会の教えであり、多数派にとって都合のよい社会の規範です。

恋愛なら、この精神は、

・生涯のパートナーを一時の感情で選んではならない

・結婚は妥協と受容と失望の産物である

・結婚というゴールのない恋愛は、衝動的な行動に走らせ、将来に禍根を残す

といってきます。

「プリヴェイリング・スピリット」は、人生の大部分で、「個人の考え」として取り込まれていきます。特にHSPはそうです。その考えは、立派だし必要な見方でもあります。

しかし、深く、潤いに満ちた、身体的本能的なレベルの「エッセンシャル・スピリット」もまた必要で、それは現実的で無味乾燥な「プリヴェイリング・スピリット」を育みもするのです。HSPは、「エッセンシャル・スピリット」を決して欠いてはならないことを直感しています。「エッセンシャル・スピリット」は、生命の地表に到達し、恋に落ちることを通して、私たち自身と社会を潤していくのです。

HSPは、この両方の精神に深く忠実であろうとするので、恋する時は間違いなく激しいものになります。「愛してはならない」「不合理で無責任な行動は慎みなさい」と抵抗する「プリヴェイリング・スピリット」の防波堤が高ければ高いほど、決壊した時の氾濫は大きくなります。

しかし、HSPは、いかにその代償が大きくとも、最後には愛を勝ち

取るのです。

ひといちばい敏感であることと、恋をすることは、エッセンシャル・スピリットが、命のすみずみまで行き渡るための水脈です。

２つの精神の結婚

エッセンシャル・スピリットの観点からは、愛は、HSPが特に憧れる「結婚《マリアージュ》」と関係するのです。この「結婚」とは、

・深いところの本能（またはエッセンシャル・スピリット）

・日常の感情、願望、価値観（いつもプリヴェイリング・スピリットに支配されている）

の２つが交わることです。

この２つ（深くにある本能と表面にある感情）を結婚させるとは、人間が、理性や文明とともに失ってきた、全体性を新たに創造するということです。特に、愛し合う者たちがHSPならば、既にこの２つの精神が結婚していて、誕生の時を迎えている、あるいはそれを望んでいるといえます。

そして、二人が本当に新しい生命を誕生させようとしているのなら、それに誰もが気づきます。恋人たちは、かつて重要だと思っていた物事への関心を失う一方で、かつて何もなかった場所に、新しい人生の意味を発見するのです。

人生の意味は、しばしば、プリヴェイリング・スピリットに支配された、孤独な自我を捨てたいという本能、願望から生ずることが多く、その意味は（HSPは特に）愛によって受胎し、誕生させられるのです。

その自我は、―もっと大きな何か―のために、自ら犠牲になることを望んでいます。恋人だけではなく、「二人が産んだ新しい子ども」「愛自体」「最愛の人」「普遍性」との関係のためにです。

2つの精神の結婚で産み落とされるもの

ユング派の精神分析家のジョン・ホールは、“Divine Madness（聖なる狂気)”の中で、スーフィー教＊4では、深い愛は「次世代」の感情、ファナ（fana）と呼ばれる新たな愛を生むと信じられている、と書いています。

ファナとは、聖なるものに熱烈に没頭するという意味です。キリスト教や、ユダヤ教の信奉者たちも、絶対者の愛を通して到達する同じ至福を書いていますが、トゥルバドール（恋愛や騎士道の歌を吟じた叙情詩人）やアラブ系のスーフィー教では、相手の聖なる部分へ入って自らを消滅させることで、同等のファナを得られると信じられています。

このようなことを言うと、読者の中にはちょっと引いてしまう人もあるかもしれませんが、しかし多くの読者は、引き続き私とともに愛について考えを深めてくれると思っています。

私は、HSPは、恋をしている時はいつもそういう経験をしているし、「理想郷は自分の中とその周囲に存在している」(非合理的でも愚かでもなく）と、最前線に立って皆に説いている人だと思っています。

もちろん、HSPは非HSPよりも容易にファナに惑わされ、盲目的な狂信者や、幻想の崇拝者になることもあります。しかし、そのファナが本物ならば、スーフィー教によると、愛の次の「次元」である「バカ（baqa)」へ進むとされていて、多くのHSPにとっては、こちらのほうがさらにリアルかもしれません。バカにあっては、自分の中の大いなる人格や世界の高みの力に出会えるとされています。

そこは、たった一人、他人は誰もいません。

この考え方によると、スピリチュアルな成果としての本当の愛とは、自分の最深の最も超越した自己を知ることへと導いてくれるものだと分かります（第9章で詳しく話します)。

遠い愛、片思い、かなわぬ恋

HSPはまた「実らない」恋愛に陥りがちです。激しい恋をするのと理由は同じです。「相手のいない人にしなさい」「ちゃんと愛してくれる人がいいよ」という意識の忠告を、無意識がいつも尊重するとは限りません。

さらにHSPは、微かな手がかりに気づくので、相手が、自分の好意をまだ自覚していない時から、無意識の好意のサインに気づいてしまうかもしれません。加えて、第３章で学んだとおり、HSPは意識では愛を求めていても、無意識では親密になることを怖れているので、特に恐怖・回避型や、拒絶・回避型の愛着スタイルの人には、「実らない愛」はうってつけなのです。

「この恋は報われない」と気づいたらどうしますか？

あなたは実らぬ恋のじゃじゃ馬を乗りこなして、人目を忍ぶ恋、傷つく恋、親密な関係を避けるための恋、そういった報われない恋ではなく、報われる恋に変えていかねばなりません。特に、手に入らない相手と「外的な」繋がりを持とうとする気持ちを、乗り越える強さが必要です。

ここで大切なことは、「内的なレベル」でその人と関わるという選択肢は、いつも存在するということです。第９章で詳しく話します。

また、現実の恋人から、「ずっと一緒にいたい」と言われ、注目され、大切にされる価値がある、と自分を肯定する必要もあります。

内なる恋人《インナー・ラバー》には、期待できることとできないことがあります。期待できないことは、肉体として存在しないので、身体的な繋がりを持てないことです。期待できることは、もしかするとファナとバカに達しやすい、ということです。

しかし、多くの人は、内なる恋人《インナー・ラバー》の他にも、血の通う生身の恋人と一緒になることで、もっとたくさんの知恵を得て、安心し、喜びを感ずることができます。

報われない愛を、報われるものに変える一番の近道は、おそらくカール・ユングの言葉から得られます。彼は、「無意識は、個人をその人の最善へと押し出すために、そのような悲惨な状況を生み出しているのだ（略）。意思と理性を放棄し、成長し発達する超人的なパワーを信じて、何もせずに待つことだ」と言います。つまり、「壁にぶつかった時は、向こう側を見据えるために、もがいたりよじ登ったりせず、ただ木のように根を下ろし、深い源から何かが姿を現すのを待つように」と言っているのです。

かなわぬ恋をしてしまった時は、自分の内面に入り、深部へと降り、あなたの深層心理があなたの恋情の目的を顕《あらわ》にするのを待つのです。

考えたら恋をしたくなったあなたへ

本章の最初に約束したように、哲学的な話から、実用的な詳しい話へと戻りましょう。恋をしたいならそのために何をすればいいのでしょう？ 新しい関係を、愛の方向へと深めるためにはどうすればいいのでしょう？ このような神秘を箇条書きにしてしまえるのでしょうか？

以上は、全て複雑で難しい問題なのですが、私が伝えられる範囲のものをまとめます（ラブ・シャイネスについては第２章を、愛に限らない「内気」については、“The Highly Sensitive Person［ザ・ハイリー・センシティブ・パーソン］”をご覧ください）。

ユートピアをたった１日で築く必要はありません。以下をほんの少し心がけるだけで、あなたの人生は愛に潤うようになります。愛情を望まない人は、ほとんどいないからです。

まずは、あなたが私の話を聞いて、誤った相手を愛そうとしないよう、私の思う「よさそう」な相手のヒントを挙げたいと思います。その次に、HSP、非HSPとの出会い方、そして、それぞれの交際のいいところ、気をつけるところをはっきりさせ、最後に、新しい関係をどう深めていくかを話して、本章を締めくくります。

●恋に落ちてはいけない相手をよく見抜いて

以下は、当てはまったからその人と関係を持たないほうがいいと決めつけるわけではありませんが、私の経験では、かなりの部分、当たっていると思います。

HSPは、誰にでも共感し、少しの親切にも感謝し、与えられたものにすぐ満足してしまうので、こんな「過剰に」敏感な人間を愛してくれる人なんていない、と思っています。ですから、「こんな人と一緒になってはいけない」という指針が必要なのです。

本当にあなたを必要としている人は、すぐそこの曲がり角で、あなたを待っているのです。

最重要ルール：その人が、母親にどう接するかを見る

その母親が、粗末な扱いを受けても仕方がない人かどうかは関係ありません。あなたが知ろうとしているその人の最初の親密な関係が、「温かくなかった」ということかもしれないのです。

→結論：安定型の愛着スタイルの人を見つけること
（「安定型」は第3章参照）

違う文化圏の相手は、長い目、厳しい目で考える

親友になるのは素晴らしいですが、生涯その人と二人きりでやっていく時、想像もしなかった不一致や衝突があるかもしれません。

その人の職歴を聞く

HSPには職歴が多いこともありますが、首になったり、被害者感情でやめたりという話ばかりなら、いい人間関係を築くのも難しいということです。恋愛のパートナーシップもまた、一緒に仕事をしていく関係なのですから。

自分の話ばかりで、共感してくれない人には注意する

自分のルックスをむやみに気にする人には注意する

何かの依存症を持っている人は避ける

数年間の回復期間を置いてからにしましょう。

暴力的な怒りを爆発（たとえ滅多になくても）させる人には近寄らない

今は少しであったとしても、おそらく後々増えていくでしょう。

● HSPとの出会い方

HSPの赴《おもむ》くところに自分も行く。
HSPのすることを自分もする

それによって彼らの考えていることも分かります。あなたもHSPなら容易いことでしょう。

刺激が多過ぎない程度に、ディープで面白い経験を求めて、どこへ行きますか？ セミナーや、瞑想や、美術や歴史関係のイベントに参加してみましょう。セミナーの休憩時間は、人との出会いにはほどよい長さです。イベントなら、一風変わったものだったり、出発時間を早めたり遅めたりすれば、人混みを避けられます。

大自然の中で時間を長めに取って、ハイキング、ジョギング、水泳、サイクリングや、カヤックをしたり、駐車場、休憩場所、スポーツ用品店で会った人に声をかけてみましょう。

HSPと話をしたいなら、くれぐれも一人で出かけましょう。

なぜこのようにリストアップしたのかというと、あなたが、「HSPに出会える場所なんてない。HSPはハッピーアワー（飲食店が酒類の割引を行う時間帯）のあるバーや独身者のクラブに行かないもの」と自分に言い聞かせるのをやめてもらいたいからです。

誰がHSPかを見抜く

これも、一度分かるようになると難しくはないはずです。HSPにはある種の雰囲気や特有の外見があります。言葉で説明しにくいのですが、習慣化している仕草や表情が筋肉の動きを決めていくので、性格（気質も含みます）は、身体や顔に現れます。

HSPは思慮深げだったり、繊細だったり、もしかしたら、少しデリケートで、ガードを固めていたり、物憂げに見えたりするものです。隅っこにいて、静かに周囲を観察し、何が起きているのかをじっくり考えていますが、刺激がいっぱいになると焦ってあたふたしていたり、ボーッとしたりしていることもあります。

もし集団の中にHSPがいれば、普段言葉数は少なく、何かを話す時は、衝撃的なほどに的を射たことか、驚くほどつまらないことです。そうなるのは、刺激がオーバーしているか、注目を避けているからです。

知り合いのHSPを紹介してもらう

友達に「HSPを紹介して！」とお願いしても、よく分かってもらえない時は、「僕（私）みたいな“敏感なタイプ”の人に会わせて」という言い方もできます。友達はあなたにお似合いのその誰かを「内向的な奴」「静かなタイプ」として認識していることもあります。いろいろなところに顔を出している社交的な友達に頼むのがいいでしょう。彼らは、HSPを「変わった面白い友達」としてコレクションしていますが、具体的に言われるまでは、そのHSPをあなたに紹介しようとは思ってもいないでしょう。

アプローチは丁寧に忍耐強く

集まりに参加し、目に止まったHSPが他の誰かと自己紹介や会話をしていたらこう考えましょう。その人は、もう一人の知らない相手（あなたがHSPであろうとなかろうと）に出会うよりも、帰りたがっているかもしれません。あなただって、知らない人と話をすると不安で、さらにもう一人……となるのは遠慮したいでしょう。アプローチする時は、できるだけ自分がされたいように、よく考え、穏やかな率直さで、相手にあなたのことを観察し考える余地を残すのです。

風景の繊細な美しさや、グループの中で実は何が起きているかなど、HSPはよく観察しているので、一緒に見ているものについてコメントするのもいいのではないでしょうか。

ホッとできて、かけこみ寺のような深い話ができないか考えましょう。その話題は、集まりの種類に合わせて、それとなくHSPらしいものがいいです。私なら、話しかけるのが美術館なら、「創造性と狂気は本当に繋がっているのかな？」とか、パーティーなら、「ここでは赤の他人が自己紹介をし合っているのに、数メートル離れた表通りでは、目を合わせようとしない。不思議ですよね」などがいいかな、と思います。

しかし、そうしていくら頑張っても相手が「心ここに在らず」ならどうでしょう。

その場が騒がしくて、二人ともそこを出たいようなら、静かな場所を探しましょう。外で会うのがいいでしょう。あるいはちょっと勇気がいるかもしれませんが、「いつもはこんなことしないんですけど、何となく、もっと静かな場所で話すだけでも楽しいだろうと思っちゃって。

携帯番号とか、交換しませんか？」と声をかけたりできませんか？

HSPを知るためには、しつこくない程度の粘りが大切です。曖昧だったり、はぐらかされたりしても、はっきりと拒否されないなら、もう一度トライしましょう。望みが薄い時にリスクを負うのは、HSPの性質に反するとは承知していますが、本気でそのHSPのことを知りたいなら、これを克服しないといけないでしょう。

相手のHSPは、あなたに決めるまでに、立ち止まってどんな人かを確認する時間が必要なのです。相手は、あなたと知り合いになる過程で何度も心が変わるかもしれませんが、全て相手任せにしてしまっては、その人は、あなたを全く知ることができないかもしれません。

● 非HSPとの出会い方

非HSPが行き、自分にも合う場所に行く

非HSPには、大体どこでも出会えます。HSPがいそうな場所にもいます。HSPっぽい場所で非HSPを探すのもいいかもしれません。あなたが楽しめるなら、例えば、クラシックのコンサート会場や登山愛好会がいいかもしれません。出会った非HSPと好きなことを共有できます。

非HSPとの会話は、できれば自分がドキドキしないような場面でするのがいいです。そのグループの中で居心地が悪いとか、誰かと知り合うのが嫌なら、そこではベストを尽くせないので、そのグループは抜けさせてもらいましょう。

ハイキングでは、前後を歩く人の様子をうかがいましょう。

授業や飲み会などで出会った非HSPなら、二人っきりの散歩や食事に誘いましょう。

あがったりドキドキしたりしたら、質問をして聞く側になる

初対面や、そうでなくても、あがってしまった時は、自分自身に向けていた意識を、非HSPの相手のほうへ切り替えましょう。あらかじめ、「どこで生まれたの？」とか「旅行はどこに行くのが好き？」など、簡単に「はい、いいえ」では答えられないような質問を用意しておいて聞くのです。非HSPはあなたほど不安がらず、自由にしゃべってくれるでしょう。話に集中していれば、自分の不安は遠ざかるでしょうし、おそらくあなたは聞き上手なので、「こんなに聞いてくれてありがとう」と思われるでしょう。

非HSPに（特に深いところを）知ってもらう

聞いてばかりで、自分のことを話せず終《じま》いにならないようにしましょう。あらかじめ、「自分の一番面白いところ」と「それをどう話せば興味を持ってもらえるか」を考えておきましょう。

私の経験では、HSPは第一印象よりも、後々のほうが印象がよくなります。あなたには、パッと話せる面白いネタはなくても、初対面の相手には話せないような深い思考があるのです。

非HSPの全員が、深い思想を分かってくれるわけではないですが、話してみれば、その話をその人にし続けたほうがいいかどうかは分かります。「聞くだけ」だと、非HSPには、「喜んでくれているから、告白したら、お返しにすぐに受け容れてもらえる」と思わせてしまうかもしれません。すると結局、あなたが聞き役の一方通行の関係になり、あなたは、非HSPのパートナーの軽い言動に振り回されるという、よくない状況になります。

二人の違いを覚悟する

遅かれ早かれ、必ず二人の違いが浮上してきます。次の章で話す取り組みについて、心の準備を今のうちにしておきましょう。まず、自分

を肯定し、あなたの丸ごと（敏感さ、あなたのジェンダー、出自《ルーツ》）を二人で尊重できるようにしましょう。それがそのまま、相手の気質、ジェンダー、出自《ルーツ》、他の全てを尊重することになるでしょう。

二人の違いを全て好きになろうとする必要はありません。イライラしても、その自分の感情を堂々と受け止め、尊重するようにしましょう。しかし、それは相手が変わるべきだ、という意味ではありません。

忘れてはならないのは、非HSPの相手は、あなたの直感や洞察の素早さにおびえるかもしれない、ということです。相手の能力に気づいたら「すごいね」と褒め、二人の違いと、それをどう補い合えるかを伝えるのです。

● 関係を深める

相手がHSPであれ非HSPであれ、つきあいたいと思ったら、まずその関係を深めたいと思うでしょう。そのための計画を立てましょう、というと、「操作的だ」「自分は純粋に相手のことが好きなのだからそんなワザとらしいことはしたくない」「計画的なロマンスでは愛にならない」と思うでしょうか？ あなたの熱意にもよりますが、自分でコントロールできる「シチュエーションとそこで何をするか」で、恋が大いに盛り上げられることを、社会心理学者の私がしっかりと保証します。

出会うこと自体と比べて、関係を深め、続けられるかどうかは、もっとあなたの、そして二人の意思にかかっています。

好きな「今」の気持ちを言葉にする

相手に自分の気持ちを伝えるのは、恋愛に取り掛かる時の一番大事なリスクです。強引にはしたくはないし、大袈裟に受け取られるのは絶対に嫌でしょう。しかし、気持ちが育つと、二人のうちのどちらかがその気持ちに気づきます。それを確かめたいならまず自分が認めることです。

永遠の愛を誓う必要などありません。ただ、今の自分の気持ち、将来どのような気持ちになりそうか、に正直になればいいのです。

クリエイティブ、あるいは、情緒的に重要な場面をともに過ごす

私が、「誰かとエレベーターに閉じ込められてごらんなさい」や、「吊り橋を渡ったら？」と言い出すのではないかと思っていますか？

はい、そのとおりです。「場所を選ぶ」というと、とても作為的に聞こえるかもしれませんが、誰とどこへ行くにせよ計画を立てるものです。これは、恋路の計画です。どうして創造的であっていけないことがあるでしょう。たとえ屋内であっても一緒に手作りの弁当を食べるなら、地元チェーンでのランチよりそれは、魅力的でしょう。動物園でお弁当を食べるのなら、ライオンの前はどうでしょう。

HSPの創造力、空想力、そして少しだけ他の人よりも深く考える力は、人間関係に役立つ才能なのです。

ワクワクする濃密な時間を一緒に過ごせば、関係はどんどん深まります。そのため、学生は期末試験の勉強を一緒にした人、選手たちは試合以外の時間に一緒に遊びに行った人、妊婦なら妊娠出産から一緒だった人と仲のよいママ友になれるのです。それは、絆で結ばれるからです。

反対に、一緒に映画に行って、登場人物たちが密な時間をともにし結束していくのを観ても、二人にはそれと同じ結束は生まれません。

ですから、気に入った相手なら、次回はもう少し「ピンチ」を作りましょう。その人に「歯医者さんの治療、一緒に来てくれない？」とお願いしたり、「実は今度、母が手術することになったんだ」というようなことを知らせてみたりするのです。共通の友達に、「あの子、飼っていた犬が死んじゃったみたいだよ」と言ってもらうのもありです。

もしくは反対に、相手が「ピンチ」な時、例えば「忙し過ぎてデートできない」のなら、何か手伝えないか聞いてみましょう。「自分がし

たいこと」以上のことはしなくてもいいですが、家に行き、洗濯をしたり、猫のトイレを掃除したりするのは、一緒に外食するよりも、かなり親密で生活に密着した行動です。

心理療法の「転移」を応用する

相手を大きく受け容れましょう。惚れている相手なら簡単なはずです。相手に頼ってもらい、子どもっぽい部分も受け容れて、うんと母性を注ぐのです。二人だけのプライベートな空間に篭《こも》ることも忘れてはいけません。神話の中の詩やラブ・ストーリーをお互いに読み聞かせるなど、本を読んで、元型的な領域に触れることです。二人の間の親密さを育てるのは、秘密の開示、信頼、素直さ、ですが、素直さがないと他はついてきません。

正直な気持ちを口にする

もう聞き飽きたかもしれませんが、あなたは、もっともっと自分の感情に正直になれるはずです。正直になればなるほど、二人の距離は縮まるでしょう。

もちろん、これには限度があります（それは親密さの度合いで変わります）。段階ごとに少しずつ自己開示していくのですが、多くのHSPは、どの段階で何がちょうどよいのか、よく理解しています。しかし、次の段階へ進む時、相手に好きだと言葉で伝えましょう。そうすることで、深いところで反応が起こるのです。

「好き」の他にも、相手の態度が素っ気なくて不安なことや、二人の将来が不安なことも、素直に口にしたらいいでしょう。相手にがっかりしたり、イライラしたりした時も、ちゃんとそれを言えれば、絆は強くなります。

カップルとしての二人の行く末、来し方（つきあい出してまだ数時間でも)、二人の間にできた習慣（いつも話していたことや、話そうとしなかったことも）を語り合ってみましょう。あなたがおつきあいの準備ができた時、相手もそのつもりでいるでしょう。

ネガティブ思考に飛びつかない

人は、親しい相手が嘘をついた時は、「特別な事情があったのね」「仕方ない状況だったのだろう」と思えるのですが、よく知らない相手に嘘をつかれると、「あの人は不正直だ」と性格のせいにすると、心理学では証明されています。

相手を知ろうとしている時には、どうでしょう？

友達なら、留守電に「折り返し電話して」とメッセージを残したのに何もない場合、「忙しいのかな」「電話が壊れているのかも」と、状況のせいにできます。ところが、知り合ってホヤホヤの相手から、デートの誘いに返事がなければ、「あの人は、自分なんか全然相手にしていないのだ」「失礼な人」「変な人」と性格のせいにしてしまいます。しかし考えてみると、忙しくて折り返しの電話ができない、電話機に不具合がある確率は、友達もその相手も同じです。そんな時は、もう一度、電話してみましょう。

自己肯定感の低い人は（多くのHSPも含みます)、この間違いを、自分や相手のせいにしようとします。他の人の失敗は、「アクシデントだ」「状況がまずかった」と思うのに、自分の過失は「自分に欠点があるからだ……」となってしまうのです。出会ったばかりの相手からの着信履歴を見つけても、折り返しの電話ができない時は、「自分が怖がりで、臆病な性格だからだ……」と決めつけるかもしれません。相手からの折り返しの電話がない時は、「あの人は私のことが好きじゃないから、忙しくて構ってくれないのだ」と思い込みます。

でもこちらからたった一度しかかけていないとするなら、それは状況のせいです。これから電話で話そうとする時には、相手が会ったらとてもフレンドリーで、ビクビクする必要は全然なかったという状況を想像しましょう。

自分であっても他人であっても

・「臆病だ」「失礼だ」あるいは「敏感だ」というレッテルでさえも、それで人を完全に説明することなどできない

・状況とはとても複雑で、さまざまなことや、予想もできないことが起こるから無限に面白い

と分かれば、何もかもを性格のせいにし過ぎることはなくなり、自分も他人ももっと愛せるようになります。

時を味方にする

一般的な印象と逆に、一目惚れで恋をしたという人は、たったの11パーセントしかいません。多くの人は、だんだん慣れていくうちに、その人を好きになったと言います。HSPの場合は特に、相手をどういう人か知るのに時間が必要です。相手がHSPなら、相手もそうです。一緒にいる時間も、その合間に、一人で考えて過ごす時間も必要です。

感情は必ず移ろいます。あなた自身も変わっていきます。辛抱している間に、愛の芽は育つ可能性も、枯れてしまう可能性もあります。

しかし、時はいつもあなたの味方で、お互いを知れば知るほど、どのようなことになっても、それが最善の結果になるのです。

今は恋愛をしたくない、という時

人生には、今は恋愛をしたくない、という時期もあります。

おそらく、誰かの代わりにつきあうことなどやめて、心の鎧を着て、あらゆる浮き沈みを超えた後に、一つの関係に落ち着きたいと思って

いるのでしょう。恋に落ちないためには、以下の行動をお勧めします。

好意を表さない

好意を返されるからです。

魅力的な異性と過ごす時には、
興奮したり、親密だったり、ドキドキする場面を避ける

相手が素敵に見えた時は自分の本音ではなく場面のせいだと考えましょう。

惚れやすい気質を自覚する

現在のパートナーがHSPなら、あなたのロマンティックな衝動は、非HSPへ向かうのは確実です。現在のパートナーが非HSPなら、自分と似たHSPへと向かいます。しかし、あなたは全部を手にはできません。自分の持つものを理解し受け容れ、魅力を感じたからといっていきなり行動しないようにしましょう。今のパートナーに欠けるものを持つ異性と、恋仲にならない程度に仲よくなるといいでしょう。

恋愛対象となる相手には近づかない

あなたの親密さは、一人のパートナーや、恋愛関係にならないとはっきりしている友情のためだけにとっておきましょう。

・プライベートな考えをシェアすること
・ハイレベルな本音を話したり聞いたりして信頼関係ができること
・優しくすること
・長い時間一緒にいること

は親密になるということです。特に気をつけるべきは、「セラピスト役」にならないことです。相手に（さっき話した主治医に恋する）「理想化転移」を起こさせてしまいます。

衝動と静かに向き合う

恋をしたい衝動は、常にあなたの深層心理からの大切なサインです。それは、あなたのイマジネーションであり、憧れです。これを無視する危険を冒すと、その衝動は、次は力を強めて戻ってくるのです。全てのアクションをいったん全て棚上げにし、「人生のこの時期に、この場面で、この想いが、この相手に湧くのか」自分の感情とじっくり向き合うようにしましょう。何かのバランスが崩れ、補おうとしているのかもしれません。

怖いことは何もありません。自分の心を理解すればするほど、それらに振り回されることはなくなります。

落ちた恋の行方

恋に落ちた時のことは、今では遠い昔のように感じませんか？ 恋はどうなっていくのか、その行方を辿ってみたいと思います。

なぜ愛は儚くすぐに消え去るのでしょう？

失った愛はどう取り戻せばいいのでしょう？

幻となった激しい月日にはどのような意味があったのでしょう？

「やがて必ず別れないといけない」生物学的な罠に嵌《は》まっていただけなのでしょうか？

続く第5章、第6章、第7章では、恋をスタートさせた「その後のこと」を、HSPと非HSP、そしてHSP同士の愛について、詳しく話したいと思います。

第7章では、パートナーがHSPか非HSPかに関わらず、HSPが心に留めておいたらよいことを話します。

訳注

*1 集合的無意識 (Collective Unconscious)：ユングは、個人の経験や記憶に遡ることのできる個人的無意識に対して、個人的な経験を越えて人類や民族に普遍的な、集合的無意識を提唱した。神話的なモチーフや形象から成り立つ。ユング心理学の鍵概念の一つ。

*2 トラウマ (trauma)：心的外傷。その人にとって、精神的に大きなショックを受け、その影響が長期にわたって残るような体験。

*3 超越者 (God)：原著ではGod。ここで言われるGodとは、特定の宗教で言う「神」ではなく、人間を超越した存在という意味で使われており、その場合には「超越者」と訳すこととした。

*4 スーフィー教 (the Sufis)：8世紀末頃にイスラム教の中に生まれた神秘主義。スーフィズム、イスラム神秘主義とも言う。

第5章

HSPと非HSPカップルの愛の行方

―気質の違いから愛を育む方法―

気質のミスマッチと、そこから起こるすれ違いは、親密な間柄の二人にとって最も深刻です。

私のデータによると、HSPの半数が非HSPをパートナーに持ちます。

そして面白いことに、HSPの約50パーセントが、実際は違うのに、一緒にいる相手を非HSPだと思っているのです。二人の敏感さの度合いが全く同じということはないので、全てのカップルに、

・一人がより敏感、もう一人はそれに比べ（少なくともわずかに）敏感でない

・一人はHSPの敏感さの「ある部分」が強く現れ、もう一人には「他の部分」が強く現れている

ということがあります。非HSPと思っていたパートナーが、実は敏感さの現れ方が、それほど強くないHSPだった、ということがあるということです。このことから、本章と次章は全員が読むことをお勧めします。

最初に、パトリックとコニーの例を紹介します。

〈パトリックとコニー〉

パトリック（夫・HSP）とコニー（妻・非HSP）は、結婚して30年目で、深く愛し合っています。二人のコミュニケーションスキルや忍耐力は素晴らしく、お互いを尊敬し合っています。一人の時間を持つようにもしています。二人は数々の危機や困難を力を合わせて乗り切ってきました。

それでも、二人の関係に問題は多く（喧嘩はあまりないのですが）、娘二人が思春期になってからは、特に悪化してきています。

それは、二人とも現在同じ高校で先生をしているので、すぐにお互いを比べ合ってしまうからです。パトリックにとっては、高校で教鞭を執《と》ることは、やり甲斐のあることですが相当大変なことです。彼は、教育委員会からも評価され、親や生徒に尊敬される生真面目な先生で、

相談事にはプロとしてすぐに対応をしているため、毎晩家には疲れて帰ります。

反対に、コニーは時々公務に出席せず、学校から叱られることもありますが、毎年、生徒による人気投票ではナンバーワンです。生徒は、コニーの熱いところを愛していて、彼女も教えることが大好きでした。

彼女は、全てのクラスで特別活動を追加しています。その企画の中には、夫が立案したものの、彼自身には大変過ぎてとても実行できないアイデアもあります。

週末は、パトリックは事務作業を家に持ち帰り、それと同じくらいかそれ以上の家事もこなします。しかし、それらの仕事をこなすためにも、彼はそそくさと工房に引きこもり絵を描いたり、庭でガーデニングや考え事に没頭したりします。

一方コニーは、娘たちと工作などをして週末を過ごします。またコニーは数年前、休暇中にぬいぐるみを作り、親戚に配ったり、寄贈したりしていました。すると、高級カタログギフト会社の重役が、彼女のキリンのぬいぐるみに目を留めて、あるだけ全てを買い占め、もっと欲しいと言ってきました。現在コニーは、現地で雇用した女性に作業のほとんどを任せていて、教師の他にサイドビジネスまで大成功させているのです。

二人はコニーの副収入で、もっと週末を寛いで過ごそうと決めました。パトリックは早期退職まで視野に入れています。この段階では、気質の違いのいいところも悪いところも、表に出ていません。

熟年夫婦に共通することですが、気質の違う二人が、それぞれありのままでいようとするなら、工夫すること、リスペクトすること、寛容であることがますます必要になるのです。

これから、HSPと非HSPのカップルの恵まれているところと克服せねばならないところを話しますので、このパトリックとコニーのことを頭に入れておいてください。

HSP―非HSPカップルのよいところ

二人が違っていることが、よいほうに働くところ

守備範囲が広い

自分と違うことにも柔軟になれるので、他のカップルよりもたくさんのことを達成し、守備範囲を広げて楽しめます。「ハイブリッド」になれるのです。チームになれば、HSPのあなたが細やかなことに気がつき、非HSPのパートナーがそれに基づいて動いてくれます。HSPは、刺激に圧倒されたり、疲れ切ったりしても、非HSPのパートナーが引き継いでくれる、守ってくれると分かっているので、限界まで頑張ることができます。例えば、パトリックが娘たちにしつけが必要だと気づくと、コニーがそれを実行に移していました。

二人にとって面白い、ワクワクする関係でいられる

自分と真逆の人と一緒にいると退屈しません。自分には歩めない人生を、相手を通して経験できるからです。似た者同士では味わえません。コニーは夫を通して芸術家の繊細な目線を、パトリックは妻を通してビジネスを満喫しています。

人格が磨かれ、器が大きくなる

相手との違いにどう向き合うかは、地上最大の問題です。お互いが一緒に暮らす方法を学ぶことで、決めつけたり、腹を立てたり、がっかりすることなく、違いを理解し受け容れるための知恵が身につきます。

お互いを変えられる

お互い教え合い、相手を自分の中に取り込んでいけるでしょう。調査によると、似たもの夫婦は、そのままのことが多いですが、似ていない夫婦は、生涯、お互いの性格を変え、相手に似ていき、自分の中に新しい側面を育てていけるのです。

自分の「シャドー」が分かる

「シャドー（影）」とは、ユング派の用語で、認めたくない自分の嫌な部分です（第7章で詳しく話します）。

二人がそっくりなら、共通のシャドーを無視してしまうかもしれません。非HSPの二人なら、一人が、週に何度も海外出張に飛び回り生活が乱れていても、もう一人も忙しく不規則な生活であるために、お互い問題にしないこともあるかもしれません。また、HSPの二人なら、一人が親戚やセールスマンの口車に乗ってしまっても、もう一人もインチキな団体に寄付してしまったことがあるなら文句を言えません。

しかし、あなたがHSP、パートナーが非HSPなら、持っているシャドーがかなり違うので、気づきやすいでしょう。

パトリックは、コニーの何でもかんでも引き受け、しまいには約束を果たせない悪い癖をすぐに指摘できました。パトリックがコニーと同じ非HSPだったら、シャドーに気づかなかったり、同じシャドーがあったりするかもしれません。そしてコニーは、パトリックが自分のやりたいことをしないで、いかに学校の方針に振り回されているかを指摘します。これは、コニーがパトリックと同じHSPだったら気づかないことかもしれません。

自分（HSP）が喜べること

動揺から守られる、苦手を手伝ってもらえる

HSPが、「こんなこと頼んでしまって悪いな」と負い目を感じるような難しいことも、パートナーの非HSPは結構平気で、お願いされたら心から喜んでやってくれることがあります。パートナーにとっては、あなたが遠慮せずに頼ってくれることで、安心するし、引き受けることで退屈しないで済むことも多いのです。

私たち夫婦の場合は、旅行に行く時、アートは嬉々として電車の時間を調べたり、切符を買ってきてくれたりしますが、私は静かに見守っているほうがいいのです。お互いに負い目を感じなくていいのです。

非HSPに愛され、尊敬されることで、深く癒される

HSPは、長いこと非HSPに対し、劣等感を抱えて生きてきました。ところが今、あなたを愛してくれる人、それも「そんな敏感なところが好き」と言ってくれる人に出会えたことは、どれほど喜ばしいことでしょう。

冒険を増やせる

HSPのパートナーよりも、たくさんの冒険ができます。非HSPのパートナーは、躊躇なく行動を起こすからです。

私の話を聞いてください。私は、日頃から馬を飼いたいと願っていましたが、無理だと思い込んでいました。しかしアートと出会って、しばらく田舎に住むようになった時、彼に「馬を飼ってみない？」と聞かれたのです。

私は「馬なんて飼ったことないし、どう世話するのか分からない。身体が大きいし、いろいろ大変なのよ。フェンスもないし、私たち、

自分たちのことだけで忙しいじゃないの、云々」と説明しました。しかし、アートは「育て方は図書館で本を借りて勉強するよ。誰かに頼んで、欲しい馬を選ぼう。あの人なら、ここに連れてくることまで手伝ってくれるさ。馬が来たら、僕がフェンスを作るから大丈夫」と言い、とうとう馬を飼うことになりました。

これほどビッグなこと以外にも、アートは私をなだめ、私が一人では観に行かないような映画やバレエやコンサートに連れ出してくれました。アートは、一緒にいて私より楽しそうなので、私は「彼のために」行くことにしましたが、私もそうやって連れ出してもらえてとてもうれしかったです。というのは、私は一人だとほとんどどこにも行かないからです（アートは一人ならもっといろいろなところに行きます）。

一人の時も、パートナーに似て大胆になれる

夫と出かけるようになって何年か経つと、私は時々一人でも映画やバレエを観に行くようになりました。今や、そういう時間がないと寂しいくらいです。非HSPが手本として隣にいてくれるおかげで、HSPはつまらない日常に埋もれず、自分で自分の殻を破れるようになるのです。

● パートナー（非HSP）に喜ばれること

HSPが細やかに気づいて、いいものを選び、悪いものを改善してくれるので、快適に暮らせる

最近、私たちは新しいアパートに引っ越しました。

私は初日、汚い窓が気になって仕方がありませんでした。アートは全然気づきませんでしたが、私がそのことを言うと、それを清掃する方法をちゃんと知っていました。夫はきれいになった新居で、はしゃいでいました。部屋の内装選びもそのような感じでした。私には刺激が多過ぎるので、アートのたくさんのアイデアに、「ノー」と言わねば

なりませんでしたが、彼は、整然と仕上がった空間に満足しています。

一緒に散歩をする時も然り、おしゃべりに夢中のアートに何か気づいたことを教えると、ものすごく喜んでくれます。

HSP好みの冒険を非HSPにしてもらえる

私たちの趣味は、フランスを歩いて旅することです。私たちの地図にはとても詳しい書き込みがあります。一番最近の旅行の目的地は、私が地図に見つけた小さな十字架の印が示す場所です。それは、チャペルや修道院を示しています。そして私の願いをかなえるため、二人で人里離れたその地点まで、何マイルも歩いて行きます。アートもそれを気に入ってくれます。

それと似たように、HSPのパトリックは、ある政治的な不正に非常に関心が高く、それについてよく話していました。非HSP妻のコニーも、パトリックのおかげでそれらに関心を持つようになり、パトリックよりも勇気のいる行動を取ることがありますが、それは彼が妻に話したからに他なりません。また、私が「一緒に瞑想《メディテーション》をしよう」と言い出したところ、アートは30年近くそれを楽しんでくれています。

HSPが、非HSPの気づかないトラブルを未然に警告し回避してくれる

コニーもアートも、自分のパートナーの敏感さが、先を見通し、警告を発してくれていると言います。HSPは、人間関係の雲行きが怪しくなると最初に気がつきます。HSPは、二人の関係が完全に壊れてしまう前に、何とかしないといけないことが分かっているのです。

パトリックや私は、二人の中で「そんな無理な計画はあきらめようよ」と主張する側の一人でした。アートやコニーは、もっと楽観的、無頓着、そして衝動的ですが、失敗すると、悲しみ落ち込むのは同じです。パトリックや私の心配は、当たることも外れることもあります。しかしアー

トやコニーには、痛いトラブルをちゃんと避けられるよう早めに警告したことを、よく感謝してもらえます。

HSPが健康的なライフスタイルを作ってくれる

非HSPは、睡眠、食事、運動、休憩、といった身体のサインを無視できるかもしれませんが、HSPはそうはいきません。カップルは、これらを一緒にするので、非HSPは自然と、自分に優しい生活を送るようになります。例えば、私は週に1回は休まないといけません。アートは一人だと休まないのですが、私が一緒にいて「休んだほうがいいんじゃない？」と言うと、同意してくれます。

HSP―非HSPカップルの問題点

HSPの交際の満足度を調査したところ、HSPは非HSPと一緒にいると、幸せ度が低い傾向がほんの少しあります。とはいえその傾向はごくわずかで、HSPカップルより幸せな、気質の違うカップルもたくさんあります。つまり、あなたは非HSPといい関係を作れる可能性が高いし、本書を手にしているならなおさらです。しかし、どのような課題があるのかを知り、現実的になってもらいたいと思います。

精神分析医のバートン・アップルフォードは、“Sensitivity―Agony or Ecstasy?（敏感さは苦悩か喜びか？）”に、敏感さに大きな差がある二人の結婚生活には、IQが違い過ぎる二人の結婚生活と似た困難があると言います。例えば、知能が高い人が経験したことを、低いパートナーが理解し共感しようとしても、なかなか難しいことがあると思います。非HSPとHSPのような気質の違うカップルも同様です。

しかし、全般的に知能の違うパートナーを持つのとは違い、あなたが一緒にいるのは、あなたとは違った種類の「知性」と資質を持っているパートナーなのです。HSPと非HSPカップルの課題に取り組む時、これを忘れてはなりません。

● 刺激の最適レベルが違う

全ての人間と動物には、刺激のレベルを最適に保ちたいという強い欲求があります。

気質が似ているカップルは、刺激の最適レベルに大きな違いがあったとしても、一時的です。一時的な状況なら、妥協点を見つけやすかったり、あるいは、一人がもう一人のニーズに合わせたりすることもできます。例えば、いつも家にいる一人が、過労気味のもう一人にできるだけ家で休んでもらうために、必要なら自分は外に出て行く、という具合です。

しかし、刺激の最適レベルが生まれつき違っていて、生涯続くとなると、一筋縄ではいきません。一人がいつも片方に合わせるのでは行き詰まってしまうので、お互い妥協が必要ですが、妥協したとしても、HSPには刺激が多く、非HSPには退屈な状態になり、二人とも不満になるだけです。本章の最後のほうで話しますが、解決するには純粋な創造力が求められます。

パトリックとコニーの場合、パトリックがコニーを喜ばせようとして、無理にスキューバダイビングに挑戦したエピソードがあります。

それは1日がかりで深海に潜る高額なツアーだったのですが、その日、コニーは風邪をひきました。パトリックはお金を無駄にしたくない、挑戦から逃げてはいけないと生真面目に一人で参加しましたが、案の定、ずっと怖くてまごまごしたまま、溶け込めずに1日が過ぎました。

それからというもの、パトリックは自分が楽しめないことは最初からきっぱりあきらめることにしました。彼らはそれでも、家族でスキューバダイビングもできる、異国情緒溢れるところに旅行します。コニーが娘たちとダイビングを楽しむ間、パトリックはビーチでのんびり過ごせるような計画を作ります。

HSP―非HSPカップルの問題は、自分が楽しめる刺激の度合いに応じて、「別々の生活」をすることにお互い慣れてしまうことです。これが過ぎると、別居にまで至ります。確かにパトリックは、コニーの副業を誇りに思い、副収入で生活も潤ったかもしれません。しかし、二人の生活はかけ離れてしまい、ただ「別々にいる」だけでなく、しばしばお互い「真逆の仕事をしている」ような気持ちになったのです。

HSPと非HSPの刺激の最適レベルの違いから生じる問題は、他に以下のようなものがあります。

非HSPはもっと一緒にいたい、HSPはもっと一人になりたい

親密さへの怖れが低く、二人の愛着スタイルが似ていても、HSPは、非HSPが思うほど相手と一緒にいたがりません。

一緒にいることはとても刺激が高く、特に大変な1日の終わりは、HSPはただただ一人でいたいのです。豪華な食事の並ぶ賑やかなレストランと、2次会のさらにうるさいナイトクラブでのダンスという、非HSP目線の「ロマンティックな夜」は、HSPの頭にはありません。身も心も相手とぴったり繋がる気満々だった非HSPが、部屋で一人座って壁を見つめていたいHSPと一緒に過ごすと、非HSPはおそらく拒否された気になり、がっかりするのです。

HSPの刺激過多に、二人とも振り回される

カップルが、HSPには自然な限界があることを理解していないと、二人でずっとHSPの神経を高ぶらせることになります。

その結果、二人とも、

・イライラ
・怒りの爆発

・ふさぎ込み
・頻繁に風邪をひいたり、ケガをしたりする
・注意力散漫のミス
・不眠になる
・心配事が増える

といったことに悩むことになりかねません。HSPのあなたは高ぶりを落ち着かせようと、食べ物やアルコール、薬にまで手を出すかもしれません。刺激過多が続くほど、これらの症状も慢性化します。

二人とも、HSPに限界があることを頭では理解していても、「この程度ならまだ大丈夫だろう」と思った時点で、実は限界を越えてしまっているのです。HSPは、精神的に疲れやすく、鬱病患者のような気持ちになります。パートナーは、「自分が守ってあげなきゃ」と思い、自分の感情は抑え、静かに見守る、医者やカウンセラーのような役割でいることがいつも必要になります。

互いに異なる世界を理解しきれず、手に負えなくなる

HSPが締め切りや仕事に対するダメ出しでストレスが高かったり、刺激の多い1日を送っていたりする時、非HSPのパートナーには、ただ心配することしかできません。HSPは別に何かしてほしいわけではないのです。それでも非HSPにしてみたら、何もしてあげられないことだけで疲れてしまいます。

反対に非HSPが多くのことをこなそうとして刺激の限界ギリギリまで頑張っている姿を見ると、HSPは影響を受けるだけになってしまいます。

コニーが家で教師の仕事やビジネスに奮闘しているのを見たパトリックは、まさにそういう状態でした。パトリックは、コニーに自由にやってほしいと思い、文句を言わないようにしていますが、妻の慌ただしい様子を見るだけで不快になってきます。妻が「もう、大変」と

漏らしただけで、「は!? よく言えるな。自分で招いたことじゃないか。手伝ってほしいなんて期待してないよな。大変なら、そんなことやめろよ!」と爆発しそうな心境になるのです。

HSPは仕事でいろいろなつきあいがあって大変

例えば、多くのHSPは、週に40時間も働くとパフォーマンスが落ちますが、そこに近所付き合いや、家庭で子どもの世話までするとなれば、なおさらだということを知っておきましょう。HSPは、非HSPには理解されないかもしれませんが、仕事に派生した他の悩みを抱えていたりします。

HSPは、仕事に意味がなければいけません。職場はHSP以外の80パーセントの人向きなので、自分の性格に合った労働環境を見つけるのは大変です。そのため、HSPは次々と仕事を変え、職種すら変え、その度につらい思いをし、パートナーも一緒に苦しむのです。

多くの場合、HSPは非HSPよりも稼ぎが少なく、男性ならそのことで特に無理しようとするでしょう。私が知っているHSP/非HSP夫婦の中には、HSP男性のほうが収入が少なかったり、ゼロだったりするカップルが少なくとも5組あります。夫婦の収入が十分であっても、いつもうまくいくとは限らず、二人とも自分たちのジェンダーの固定観念(男はこう、女はこう)と葛藤しているのです。

しかし、問題はHSP男性だけにとどまりません。今は女性も働くことが期待されていて、多くの夫婦が共働きの収入で生活しています。女性が働かなくてもいいのは子どもが小さい時だけで、多くのHSP女性も、男性と同じように、働かないことを後ろめたく感じています。働いているパートナーに対し自分は劣っていると思ったり、お金や時間を自分のために使うことが、いけないことのように思ったりしてしまうのです。専業主婦の妻を持つ夫は、男性の責任も軽い、裕福な共働き夫婦をうらやむかもしれません。

刺激の最適レベルが違うことで生じる問題への解決策

「親密さにはいろいろな形がある」ことを非HSPのパートナーには知ってもらう

繰り返し言いますが、人は互いに、相手の感じていることを信じなくてはなりません。HSPは、忙しい期間の後は、休みが必要不可欠です。これは生物学的なもので、愛情とは関係がありません。

HSPは、いつも完全に一人でいたいわけではありません。実際、パートナーと一緒のほうが癒されることもあります。ただそれは一緒に穏やかに過ごせる時だけです。刺激の多い1日を過ごした後に、パートナーと親密な時間を過ごすなら、その前に休む時間も必要です。それが現実なのです。

愛情を感じているのなら、それをしっかりパートナーに伝えましょう。パートナーが「せっかく二人でいるのに読書をするだけ？」と思ってしまうような場合でも、「あなたと一緒に静かに本を読めてうれしいな」と言葉にすれば、相手も、あなたの愛情を感じることができます。

可能なら、パートナーの思っている親密さ（つきあい方のスタイル）にも合わせましょう。相手が、ロックコンサートやオートレースを一緒に観て楽しむのを「交際している」と思うなら、それに付き添ってこっそり耳栓をしていればいいのです。

相手のために自分を犠牲にしなくても、一緒に付き添うだけで、愛を証明できます。そして、「愛しているからしてあげた」事実を相手が忘れていても、そんなに怒ってはいけません。ちょっとしたユーモアを交えて、伝えればいいのです。

おそらくHSPのあなたがロックコンサートに付き添っても、パートナーほど楽しめないでしょうし、非HSPのパートナーはあなたと一緒に本を読んでも、あなたほど喜んではいません。相手が楽しんでいるわけではないのに、頑張ってつきあってくれているのは、それだけ愛を伝えようとしているのだと、理解することが本当に大切です。

刺激の最適レベルが互いに違うことを受け容れて、人生を設計する

お互いの要求を受け容れるために、自分にも相手にも限界があることを認めましょう。

なぜでしょう？ それは、HSPであるあなたに合わせるためには、二人は何かをあきらめないといけないからです。刺激はいろいろなところからやってくるので、一つ手にするのなら、他を手放さないといけなくなります。

赤ちゃんができたら、子育てのために仕事を減らしたりやめたりすることになるでしょうが、それは収入を失うことを意味します。新しい仕事を始めるなら、数カ月間は、家事からも、二人で行っていたレジャーからも離れる必要があるでしょう。後でその穴埋めをするとしても、それはパートナーにとってはつらいことなのです。

一度、本当に限界を受け容れたならば、人生設計は比較的楽になります。あなたに合わせるため、二人が合意しておくべきことを少しだけ提案します。

1．優先事項を決め、いくつかの夢を切り捨てる

仕事で大きな成功を収めたいのなら、子どもは一人、あるいは持たない覚悟が要るかもしれません。

2．一人部屋、少なくとも一人だけの空間が要る

パートナーが、幸せだったり不幸だったりして、感情が高ぶっている時には、そこから避難するため、落ち着いた内装の一人部屋、少なくとも一人だけの空間が必要です。

3. できれば静かな場所で暮らす

あるいは、遮音設備のある部屋を少なくとも一室用意し、音を減らしましょう。

4. 定期的に大自然に身を置く

5. 不要な決定や選択を避ける

一度決めたことなら、迷わずにやりましょう。前もって分からないこともありますし、いつも正しい選択ができるとは限りません。決めたことが「間違いだった」と判明することもあると受け容れるのです。

6. パートナーに負担でなければ、あなたがちゃんと生活習慣、生活リズムを守れるよう、パートナーに協力してもらう

7. 金銭管理をする

HSPは借金があると、しばしば重荷になります。生活費に余裕を持たせ、経済状況の浮き沈みから受ける影響を最小にしましょう。

8. 時間に余裕を持つ

空港や結婚式場には早めに着くようにしましょう。HSPには急いだり遅刻したりすることは、本当につらいのです。

9. 連休はシンプルに意義深く過ごす

連休に、あなたが楽しめないくらい、過度に刺激的なイベントを詰め込まないようにしましょう。

10．たくさん寝て、運動をし、休み、スピリチュアルな経験をする機会を作り、バランスを整える

これらは人生の飾りではなく、全ての基礎となるものなので、最優先事項です。

11．非HSPの刺激の最適レベルも二人で保つようにする

この社会では、非HSPに必要な刺激は十分得られるので、喫緊《きっきん》の問題ではないのですが、非HSPの刺激が最適レベルを下回ってしまうのも見逃してはならないでしょう。ですから、非HSPにも、ラジオを流したり、書類を山積みにしたり（HSPには辛抱ならないのですが）、深夜や早朝に仕事をしたり、また思いっきり、だらだらできる自分だけの部屋が必要かもしれません。非HSPには、寝る前に家で同じように過ごすよりも、カフェに本を読みに行ったほうが刺激的でいいかもしれません。

一方で、刺激を求めない非HSP/非HSSなら、少し刺激があればよくて、必ずしも新しい経験を求めなくても大丈夫です。非HSP/HSSならば、新しい冒険をかなり求めるでしょう。

12．一緒に想像力を働かせよう

愛を活かし続け、お互い魅力的であるためには、幸せな時間を一緒に過ごさないといけないので、さまざまな工夫を凝らすことは必須です。どうすればいいでしょう？

例えば、アートは都会が大好きで、私は決して大都会を楽しめないのですが、幸い美術館やグルメを１日か２日なら楽しめます。一方、私が好きなのは、森の中や海のそば、眺めのいい場所を散歩することで、アートも動き回っている限りは楽しめます。そのため、私たちの旅は、大体、数日間、私には異国過ぎず、アートにも退屈過ぎないヨーロッパの都市で、二人にとって意味のあることをして過ごします。アートは、

全部をシンプルにアレンジしてくれます。それから私たちは、田園風景を渡り歩くため、大きな地図を広げ計画を練ります。

13. 二人でともにする行動は全て、知らず知らず、互いの特性の違いに影響されていることを理解する

どう喧嘩をするか、何について喧嘩するか、どう愛を確認するか、これらは全て、二人の神経システムが全く異なっていることに影響されています。何かあった時は、自分たちの気質の違いで説明できないか試してみましょう。そう説明することで、カップルが衝突する時に一番よくない、

・責めること

・防衛的になること

をやめるのに大いに役立ちます。

14. 喧嘩では気質の取扱いに注意する

自分たちの違いに気づいたら、喧嘩する時に、それを自分の強みとして利用したくなることがあります。みんなそうです。二人の基本的な側面を、武器や攻撃の的《まと》にしてはなりません。

例えば、非HSPのパートナーが、HSPのあなたの刺激が過剰になるように騒ぎ立て、刺激を避けたいあなたを引き下がらせようとする戦法を取ることはフェアではありません。あなたも、妥協したくないことに対して、非HSPのパートナーが、「こうしてほしい」とイライラ、文句を訴えてきた時、「刺激が強過ぎて、そんなこと言ったら私は寝込んだり爆発したりするけれどいいの？」と脅すのもフェアではありません。

こういう戦法は知らないうちに身に染みついていることがありますから、喧嘩の時、自分のしていることが胡散臭い時は、その都度、少し自己チェックしてみましょう。

● HSPが細かいことに気づき過ぎるために生じる問題

微妙なことへの敏感さから生じる一連の問題をこれから話します。それらは、リンダとマークの話によく表れています。

〈リンダとマークの例：―浮気と別居―〉

リンダは幼少期、母親との関係はよかったのですが、6歳の時父は母の元を去り、母親の従姉妹と再婚してしまいました。それから家族は引っ越しを繰り返すようになり、リンダは転校先でも大人しく、なかなか友達ができず、浮いていると感じていました。8歳の頃には、リンダは、自分で自分を、「神経質」で他人と違っていると決め込み、それをある程度受け入れていました。

大学では、最初で、そして最後の恋人であるマークと出会います。リンダは、マークの優しさと情熱に癒され、人懐こい人柄に、あっという間に「上品なのに面白い人」として恋に落ちました。

リンダはHSP/HSSで「退屈」しやすいので、面白いことが重要でした。10代の後半は、「冒険する人」を友達に求めていましたが、実際に近づいてみると「もういいわ……」と、疲れ切ってしまうのでした。

マークはリンダと反対で、HSPでもHSSでもありませんでした。リンダは、夫のことを「マークはいつも面白いことを発想できて、飽きない人なんです。それなのに、私と比べたら、退屈なことにもちゃんと我慢できて、刺激も平気なんです」と言っていました。マークは、鈍感なほどに丈夫な神経システムを持っている上、いいマインドと教養の持ち主で、よき夫だったのです。

ところが、リンダが、マークの鈍感さを自分はリスペクトしていないことに気づいてしまってからは、反対にマークが自分の敏感さを尊重してくれるのも、「重たい」と感じるようになってしまいました。

リンダは初めは、彼の価値観や考え方に合わせて、決して反対意見を言わずマークとの衝突を避けていました。しかし1973年になって、彼女はマークが好まない瞑想《メディテーション》を始めました。マークのスピリチュアルなことへの無関心さが、リンダを自分探しへと駆り立てたのです。瞑想《メディテーション》が彼女にとって大事なものになると、マークが関心を示してくれないことに、正直、がっかりするようになりました。

とうとうリンダはマークを愛せなくなりました。二人に危機が訪れたのです。リンダはもっとスピリチュアルな男性を想うようになり、最初は遠くから、その次には浮気もしました。リンダとマークは、三度、別居しました。

リンダは、「マークがスピリチュアルでないと決めつけていました」と言います。しかし、マークへの愛が消え失せていくのを、彼女はどうすることもできませんでした。

それからリンダは、賢くて優しい、現在の瞑想の先生に出会いました。リンダは、愛で満たされるのを感じましたが、マークに対する愛ではありません。マークは、夫婦仲を侵されたと憤慨しました。それでも彼は、何をするのも一緒だった昔の二人に戻りたがっていました。

しかし、マークには、リンダと一緒にスピリチュアルの道を求めることはできなかったのです。

リンダの先生は、ただ瞑想を勧め、マークは自分の歩む人生の一部に過ぎないのですよ、と諭します。「与えられたものは、持つことになっているのですよ」と言って。

やがてマークは、ヒンズー教の教えを求めるようになり、その結果、リンダのスピリチュアルへの傾倒に対するマイナス感情は、徐々に和らいでゆきました。それからリンダは、その先生に激しい愛着を感じるのは、6歳の時に父親に置き去りにされたことが理由の一つだと分かり始めました。その先生への愛着は残り、強まることもありましたが、我を失うほどでも、没頭するほどでもなくなりました。

変化が必要でした。しかし、それは「彼女の心の中に」です。先生に自分を尊重するように励まされ、リンダはマークと一緒に夫婦セラピーを始めたいと言い出しました。そしてその結果、彼女は夫に「言い返す」ことができるようになりました。

リンダは、今もマークに怒りはしませんが、「傷ついた」「やめてほしい」、さらにはきっぱり「それはあなたの考え方。私の考えではない」と言うようになりました。マークに対する、怒りや失望は、徐々に小さくなっていきました。彼女は、依然として、自分にとって大切な部分を共有できないことを悲しんでいます。

しかし、その瞑想の先生のところに集まる人と過ごすことが、とても心地よいと気づきました。ほとんどの参加者がHSPだと思っていて、「そこの雰囲気に支えられる」と言います。

一番大切なことは、リンダが、実際には二人がいかに補い合っているか、今は分かってきたことです。「マークからたくさんのことを教わり、私はずいぶん成長しました」と言います。リンダは二人の似た面にも、もっと目が向くようになりました。

「私の弱点と同じようなところが彼にもあって、そのせいで私は彼を憎むのだわ。私たちは、いいところも似ています。私はマークのことを、選んだわけではないのかもしれないけれど、それでも、彼が夫でよかったと思っています」

● なぜ愛が軽蔑に変わってしまうのか?

リンダとマークは、細かなことの受け止め方の違いによって惹かれ合った、典型的なHSPと非HSPのカップルです。その違いがそれまでは、リンダには繊細でスピリチュアルな経験をもたらし、マークには実生活へのはっきりとした実践的なビジョンをもたらしていました。

この違いは、最初は、相手に対する大きな愛とリスペクトを生むのですが、後で、大きな失望と苛立ちの源へと変貌してしまいます。最悪の場合、この二人のように、お互いに蔑み合うことにもなるのです。

夫婦仲の研究者やカウンセラーたちは、違い（特に気質のように、ほとんど目に見えない人格の側面に関係した違い）が、しばしばこのように働いてしまうことを発見しています。例えば次のような場合です。

当初、AさんはB君の仕事の成功ぶりに惚れ（実際は、B君は全く野心がない）、B君は、Aさんの家庭的なところに惚れています（実際は、Aさんは家事が下手）。やがて、B君はAさんが、いつも仕事仕事であることに疲れてしまい、AさんはB君を退屈な人間に感じるようになります。

意識が向くのが「細やかなこと」なのか、「実用的なこと」なのかという違いがある場合は、資質が真逆で、天と地ほどの開きがあり、相手を軽蔑する可能性はかなり大きくなると思われます。

HSPが、細やかなことに鋭く意識が働いても、パートナーはそうではない場合に起きる、他の問題についても考えてみましょう。

現実が迫ると、HSPは批判的になり、非HSPは防御態勢に入る

あなたががっかりするのは、パートナーの「思慮の浅さ」かもしれません。

「自覚すらなく、悪びれもしない……」

一度そのように見えたら、とことんそう受け止めるようになるでしょう。パートナーの欠点をたった一つ見つけただけで、

・その欠点が一生の間に引き起こす、全ての悪い出来事
・その他の全ての欠点（少なくとも、あなたから見たパートナーの欠点）

について、じっくりと考えるでしょう。

あなたが直感したパートナーの欠点に、相手は「確かにそうだ」と

恥ずかしく感じるかもしれません。しかし、そう感じながらも、あなたの直感に対し、「本当は全然違うのに」「ひどく不公平だ」と思うのです。

ピーター・クラマーは、著書“Should You Leave?（別れるのですか？）”で、「敏感な人たちは、相手との距離がとても縮まると、相手に対する無数の情報を受け取り、圧倒される」と書いていますが、私もそのとおりだと思います。

短所のない人はいないのですが、HSPは、相手との距離が縮まると相手の癖がものすごく細かく見えてきて、悪いもののように感じられることがあります。

HSPは「全て」の問題を拾い上げるので、少しだけ問題のある普通の人なのか、本当に問題のある人なのかの区別ができなくなってしまうのです。加えてHSPは、相手が自分の欠点を発見するよりも、はるかに多くの相手の欠点に気づきます。

リンダのように、幼少期に両親に失望したことがあれば、パートナーの粗探しをして、がっかりする傾向はさらに強くなるでしょう。リンダは父親によって、マークに失望するように、ある意味無意識に仕向けられてしまったのです。

「この人は、僕の『欠点』を静かにプロファイルしている……」

パートナーがあなたにそんな印象を持つのは、そんなに稀なことではありません。

つまり、あなたが敏感で、相手の悪いところが見え過ぎるがために、パートナーの自己肯定感が脅かされてしまうのでしょう。お気をつけください。仕返しされることだってあります。固く身を守る術を持たなければ、そのように攻撃され続けて、平気な人はないからです。

HSPは反対に押し黙ってしまう

また、それとは全く逆に、HSPは、相手の欠点に気づいても、コメントしなくなることもあります。なぜでしょう？

HSPは何でも深く受け止める傾向があるので、相手から言い返されると深く傷つくのです。「怒ってる？」「何かした？」と尋ねられても「別に」と言って答えないのは、結局は自分が責められるのがつらいからです。

あなたの都合で、お互いを決して非難しないという暗黙の了解すらあるかもしれません。

しかしそれは決してよいことではありません。長い間には必ず、二人に不満が出てくるし、それを話さないと反感が募っていくからです。抑圧された怒りは、必然的に本当の親密さを蝕みます。幸い、やっと怒りを爆発させ、親密さが回復したとしても、そこまで時間がかかったことで余分な痛みを伴います。

あるいは、一方が（あるいは互いに）相手の欠点を過度に受け入れ、子ども扱いすることで、相手を非難することを上手に避ける方法もあるでしょう。しかしその場合、分別ある大人を、相手のことを考えられない子どものようにしてしまうかもしれません。それで爆発を遅らせることはできるかもしれませんが、爆発は、いつかは起こらねばならないのです。

みんな頭では分かっていることなのですが、HSPとの人間関係では、こういった問題が起こり得ます。いい幼少期を過ごしたHSPであっても、批判には敏感で、すぐに避けようとします。お互いに相手を非難せず、何年も我慢していると、ついにはダムは決壊し、別れるか、一からやり直すか、二つに一つです。そのどちらにするか、あなたは選べるところまできていると思います。

HSPは非HSPの心が読めても、その反対はない

これがあらゆるコミュニケーションの問題を引き起こします。一つは、HSPであっても、パートナーの心が全て分かるわけではないのに、非HSPは、「HSPなら全部理解してくれている」と期待してしまうことでしょう。

もう一つは、非HSPには気づけないことなのに、HSPの自分なら気づくので、「相手（非HSP）も気づいてくれる」と誤解してしまうことです。直感的に分かってもらえないと分かると、あなたはとてもがっかりするでしょう。または、分かりきったことに対し、相手に「何で？」という顔をされたら、口で言わないといけないことに疲れてしまうかもしれません。

みんなの会話で、HSPが黙った分、非HSPが穴埋めをする

２人以上の会話では、あなたは今の話題について深く考えようとして、口数が少なくなるかもしれません。しかし、その「間」を、相手が「軽い」おしゃべりで埋めようとするのです。

あるいは、非HSPは話題そのものを変えてしまいます。誰かが背中が痛いと言ったので、あなたが脊椎の痛みについての知識を総動員している間に、話題はダイエットに変わります。それであなたが栄養について考えていると、その間に話題はレストラン、旅行、外交、政治……へと、どんどん変わっていきます。あなたはほとんど何も話しませんし、聞く価値もないと思っています。あなたにしてみれば、非HSPが大した考えもなくしゃべっているように見えるからです。

他人からすると、あなたが黙っているのは、「臆病だから」「興味がないから」と解釈するかもしれません。彼らとしては、あなたの空けた穴を埋めているのであって、あなたがそれを気にするとは思っていません。あなたは、本当は話したいことがたくさんあって、置いてきぼりな気分だったり怒ったりしています。

動揺した時、HSPは感情を抑え、非HSPは開放する

あなたは動揺すると、おそらく感情を封じそれを振り返ろうとしますが、パートナーは気づいたことを何でも口にしたり、慌てることで緊張を和らげたりしようとします。例えば、旅行の準備をしている時、あなたは静かに集中したいかもしれません。パートナーは、おそらく「天気どうなるかな？」「チケットはどこだっけ？」という風に、どうでもいいことを、質問形式でペラペラとしゃべり続けるのです。

ピンチの時の行動もそうです。あなたは落ち着こうとして、黙ります。パートナーは「僕ら正しい判断ができないと大変だよ！」と大騒ぎします。あなたは生真面目に、質問や心配事に全て答えないといけないように思っていますが、本当はパートナーが期待しているものは、答えではありません。その人はあなたに語りかけ、一緒に並んで奮闘して、癒されたいだけなのです。それなのに、あなたはずっとしゃべられると刺激が増えて集中力が落ち、苛立ったりぶつかったりするのです。

HSPの「幻滅と決めつけ」、非HSPの「防御」で、二人は「分裂」していく

あなたは相手に幻滅すると、その人のことを決めつけて見るようになります。

そうされたパートナーは自分を守ろうとし、二人はどんどん「分裂」をするようになります。「分裂《スプリッティング》」＊1は幼少期に始まり、幼少期に多い防衛機制です。自分にも相手にもよいところと悪いところがあるのに、「分裂」することで、「相手はすごく素晴らしいのに、自分は全然ダメ」、あるいは「自分は正しい、相手がおかしい」というように、見たくない、もう片方を受け容れなくなるのです。

そう考えることで、いったん生きることが楽にはなるでしょう。

私たちは恋をしたての頃は、素敵なことしか見ずに、悪い資質は何でもどこか他所《よそ》へ「分裂」させます。逆に、幻滅したり、攻撃された

と感じたりすると、私たちは相手の中のいい気質も全て「分裂」させて、ひどいところばかり見るようになるかもしれません。

このような「分裂」は、もちろん自分自身の中で起きることもあります。「自分は何も間違っていない」あるいは「自分が全部悪かった」としか思えないために、どんな経験からの気づきも否定してしまい、活かすことができません。この認めたくない自分を見ないために、否定した自分を他の誰かに投影することで、認めたくない自分を「追い出そう」とすることがあります。

投影するのに一番手頃な存在。それは、自分とは違ったパートナーです。

理論的には、HSPは、否認や合理化といった防衛をあまりうまく使わないのと同様、分裂や投影といった防衛もそれほど使うことはありません。そのような無意識は、より気づきやすい形で現れてきます。例えば、解離、漠然とした不安、身体症状などです。

しかし、私たちは、自分自身や理想化した相手の中に欠点を見つけると、とても悩んでしまうことがあります。その欠点の後ろには、まだまだ多くのものが隠れているのではないかと思うからです。そのため私たちは、新しい現実に適応する一方で、最初は「分裂」します。

例えば、真面目なHSPの夫が、非HSPの妻から「最近素っ気ないのね。私、あなたに相手にされていない気がする」と言われたとします。夫はそう言われた瞬間、思い当たる節があるかもしれませんが、その次に、

・これでも妻と一緒に過ごすよう努力している……
・僕だって仕事でいっぱいいっぱいなんだよ……
・僕は、夫失格なのかな

という思いで頭がいっぱいになります。

自分のことをこのように見るのは、あまりにも耐え難いので、その男

性は自分で自分を守ろうとします。彼は、

・妻がわがままなのだ
・妻が支配してくる
・妻が求め過ぎだ

と「妻（相手）のせい」にするのです。

「あぁ、僕はどうしてこんな女性（ひと）と結婚したのだろう？」と思うのは、「相手が全部悪い」「自分は全部正しい」となっている時です。

これほど、安心できる世界はないでしょう。このように一通り考えた後、その男性は「実は二人とも悪くなかった」と思えるのかもしれません。「妻があぁ言ったのも仕方ない」と。妻が、自分を困らせるつもりなど全然なかったと分かるのです。

ただ、この男性は、もっと彼女と一緒の時間を作るようにして、人生のバランスをよくする必要があります。この「分裂」については、第７章で詳しく話します。

親密な関係にはほぼ常に、ある意味、極端に特化した「分裂」が興味深い形で影響しています。夫婦の一人が、地図を読む天才、もう一人が方向音痴というように、無害な時もあります。しかし有害な時もあります。一人がお金の管理が得意で、もう一人が才能なしとなると、後者は、経済的に自立する感覚を養うことができません。

HSP―非HSPカップルの二人には、もともとたくさんの違いがあり、この特化型の分裂を起こしやすいのです。

つまり、二人して敏感でないほうの人を「とても鈍感な人」と見るようになるのです。あなたたちもそうなっていないか、注意しましょう。

細かいことに気づき過ぎて生じる問題への解決策

粗探しを抑える

精神科医のピーター・クラマーは、交際を始めるHSPに、「素晴らしい正確さで知覚したものを無視するには並々ならぬ努力が必要だ」と念押ししています。大きさも数も誇張されてしまったパートナーの欠点のことです。

あなたは、相手の欠点を深く受け止めるので、自分の人生のあらゆる部分で、それが何かを引き起こすかのように思ってしまうのです。しかし、パートナーの欠点の数や、深刻さを上昇させているのは自分の敏感さかもしれないと分かれば、それを補正できます。

相手の長所にも目を開き、それも同じくらい深く受け止めるようにしましょう。パートナーは皆、「いいところも悪いところもセット《パッケージ・ディール》」だと思い出してください。欠点を見る時には、このことを思い出しましょう。「相手を選んだ時、その人の問題も一緒に引き受けた」のです。

周りを見渡してください。パートナーよりも居心地のいい相手なんていますか？ もし「あーあ、パートナーがHSPだったらよかったのに……」と思っているなら、必ず第6章（HSPの二人について）も読んでください。

知り得ない相手のことは理想化しやすいのです。エセル・パーソンが言うように、恋に落ちるには「恋に恋するだけの想像力」が働くに十分な、適度の距離が必要なのです。ですから、火には火（敵と同じ手段）で戦うべきです。つまり、HSPの想像力を発揮して、「違う相手（HSP）と生活したなら、実際はどうなのか」を想像してみましょう。あなたの大切な非HSPがいなくて寂しいことを想像しましょう。

自分をパートナーから少し切り離す

その人の短所は、あなたのものではありません。親密な関係では、自分と相手を混同してしまうくらい、相手を自分の中に取り込んでしまうことがあります。それは燃え盛る建物にいるパートナーを助けたい時や、パートナーに臓器を提供したい時にはいいでしょう。

しかし、自分が周りに迷惑をかけていないか、だけではなく、パートナーが周りの迷惑になっていないかと考える時は役立ちません。非HSPの自己肯定感が低くなると、HSPのあなたにも飛び火して、二人とも自己肯定感が低くなってしまいます。そして、「自分たちは世界一つまらない、あるいは世界一トラブルの多いカップルだ」と思うようになるのです。

みんなが退屈したり苛立ったりしている（ようにあなたには見える）のに、非HSPのパートナーが、「完全に無自覚で」空気を読まない話を続けているなら、こう考えてみましょう。

HSPのあなたは、そんなことはしないでしょうが、ただパートナーがそうしたからといって、何か問題があるでしょうか？ 本当に誰かに迷惑をかけているのでしょうか？ パートナーがそうすることで実は楽しんでいる人もいるのではないでしょうか？ パートナーを黙らせる必要があったとして、他の人はそうしたいと思っているでしょうか？ 友達のパートナーが同じようにしたとして、そのことで友達を判断しますか？ 友達のパートナーが話し過ぎていたとして、そのことで彼らを判断しますか？

おそらく「ノー」でしょう。

なくしていた自己を取り戻し、「分裂」を減らす

深層心理は、耐え難い事実から自我を守るために「分裂」を用いますが、本当のところはそのような解決を望まず、遅かれ早かれ分裂させていたものを意識へ呼び戻そうと圧力をかけてきます。あなたがリ

ンダのように、その人との関係がまだ続いていますように……。

物事がすごく「白か黒」に見えた時は、決めてしまうのではなく、腰を据え直す、いいチャンスです。そして、パートナーの「一番動揺させられる欠点」「一番よいところ」は、実は自分に当てはまっていないか、よく考える時間が絶対に必要なのです。

いいところと悪いところは一緒に考えて、「分裂」を減らす

パートナーの特徴を受け止める時には、ネガティブなことばかり思い浮かべずに、場面ごとのポジティブなこと、ネガティブなこと、その中間のことを考えるようにしましょう。第７章でもっと話します。

みんなの会話に入れてもらう

みんなで会話をする時は、間を埋めるよりも、もっと参加させてほしいのだとパートナーに伝えましょう。そうすればパートナーは、あなたに意見を求めたり、あなたの得意分野や関心のある話題を振ってくれたりするでしょう。HSPはいつも１対１の会話のほうが楽しめるので、４人なら２人ずつがいいとパートナーに伝えましょう。

静かにするよう頼みもするし、我慢もする

本当に必要な時は、静かにするようお願いし、我慢できる時は「止まないおしゃべり」に耐えましょう。黙っていること、話していること、どちらも必要性があり、両方、意味があります。しかし、それがしゃべりっぱなし、黙りっぱなしだとどうなるか、話し合いましょう。

パートナーは、あなたが本当に静かにしてほしい時にしゃべり続けると、結果的に、あなたは疲れて、イライラするし、自分は嫌がられているのに、しゃべり続けてバカらしいという気分になると思います。だからといって、パートナーが自分のために常に黙っていないといけなくなると、あなたはきっと、聞き慣れた元気な会話が恋しくなるはず

です。そして、他人が黙っていると、HSPは、その人が一体何を考えているのか心配になりますが、非HSPは、あまり心配にならないのです。

ボリュームを上げる

非HSPに届くレベルにまで、あなたのボリュームを上げられるようになりましょう。自分ならこう言われたいという、優しくソフトで婉曲的な言い回しは、必ずしも非HSPには届かないと知ることが大事です。

夫によく言われるのですが、私はボリュームが1から10まであるとしたら、最初は1か2のボリュームで頼み事をし、通じないといきなり10にするらしく、彼は怒られ非難されている気がするそうです。非HSPには、最初はHSPには強過ぎるかもしれない「5」がちょうどいいのです。

ボリュームとは、文字どおりの声の大きさではなく、どれほど直接的で、どれほど主張が込められているかです。

「私、風邪ひきそう……」ではなく、「エアコンの温度を上げてもらえる？」と伝えるのです。HSPは、相手の発するヒントを実によく酌《く》み取りますが、非HSPは結構見落とすものなのです。ところで、これは職場での非HSPとの人間関係でも大切なことです。

● HSPの自己肯定感の低さからくる問題

第1章で話した理由から、HSPは自分のことを、この社会の理想とは思っていません。

愛している相手がよかれと思って、それとなく「その敏感さを変えたほうがいいよ」と言ってきたらどうでしょう。HSPは、当然ながら「自分には何か悪いところがある」と思います。同時に、この異常な神経システムは生まれついたものなので、自分では変えられない、と思います。そのため、たとえあらゆることを成し遂げて、いくら上手に補ってきたとしても、自己肯定感の低さは、奥深くに根を下ろしてしまっているのでしょう。

自己肯定感の低さが、いかに本当の愛を阻んでいるか、すぐには分からないこともあります。根本的な欠陥があるという感覚は、自我にとってはあなたを、鬱や自己破壊行動にまで追い込みかねないほどに危険です。あなたの深層心理は、あなたの傷つきやすい自我を何よりも第一に保護しなければなりません。

誰を愛するのか、どれほど親密になるのか、関係を持ったり、拒絶したりしたことにどう反応するかは全て、「それがその人の自己肯定感を支えるのか、さらに低めるのか」によって決まります。パートナーや他の誰かに対するあなたの態度が、相手にどう影響するか、決して気にしてはいけません。それは二の次です。

さらに、あなたは自分の水槽の魚は小さく元気がないと感じているので、相手の水槽と合わせる勇気がないのです。第3章で話したとおりです。誰も、自分に十分な自信を与えてくれない、自分にないものを埋めてくれないから、あなたは、キラキラした魚がたくさんいる水槽の持ち主を選ぼうとするのかもしれません。

もし、相手の魚にも少し元気が足りないと判明したら、あなたは密かに喜ぶかもしれません。しかしそれも、あなたの自己肯定感の低さが、他人の水槽を眩《まばゆ》く映したり貧相に映したりしているだけかもしれません。

あるいは、あなたはほとんど空っぽの水槽の人を選び、自分のほうがいいと感じようとするか、「誰でもいいから」少なくても「安全な（自分の魚を食べない）」人を選ぼうとするかもしれませんが、いずれにせよ満たされません。

端的に言うと、自己肯定感が低いと間違ったパートナーを選ぶことになりかねないのです。自分で自分を肯定することができずに、「自分の気持ちを偽る」か「愛してると言った相手を裏切る」ことになるのです。HSPと非HSPのカップルでは、自己肯定感の低さによって、特別な問題が引き起こることがあります。

非HSPと一緒になることには他にも危険がある

既に話してきたとおり、HSPは少なくとも無意識に、「非HSPは、普通《ノーマル》で、優れていて恵まれているな」と、自分にない価値を讃える傾向があります。

この「白か黒」の見方をすることで、あなたは、

・最初に自分のいい資質を全て分裂させ、

・非HSPのパートナーに投影し

・自分の長所、相手の欠点が見えなくなり

・パートナーに権力《パワー》を渡し過ぎる

ようになるのです。

パワーが吸い取られ、あなたが過剰に服従してしまうと、どんなにいい人でも、あなたを支配し、批判し続け、それを当然と考えるようになってしまいます。はじめはパートナーも躊躇していても、あなたが無意識のうちに「かわいそうで愚かな私と踊らない？」と誘うと、パートナーも「全部分かっていますよ」という役を演じることに、魅せられていくのです。

その人がステップの踏み方を知らなくても、あなたはそれを分かってもらえるまでリードしてしまうのです。

非HSPをここまで理想化しておきながら、自己肯定感の低いHSPは、ひどい嫉妬も抱えていることがあります。嫉妬はいつも無意識の中で動くので、なおさら破壊的になります。シンデレラの継母や姉たちのように嫉妬深い人は、全てを兼ね備えているかのような周りの「善い人」を、自分のものにしたがります。

彼らは、「善い人」を奴隷として従えるか、それに失敗すると、善いものを持つ人もろとも善いものまで破壊しようとするでしょう。文字ど

おりに壊すことも、象徴的に破壊することも、あるいは、何度も想像の中で壊すこともあります。もしそのような嫉妬が自分の中にあると気づいても、あなた一人ではないので安心してください。

友達や親戚の言葉に左右される

二人の関係で不安なことがあると、他人に「どう思う？」とアドバイスを求めるかもしれません。他人は、あなたたちにコメントができるほどのことを知らないし、既にあなたが感じている、あなた自身やパートナーに対する否定感を、偏見と先入観で強めるようなことしか言えません。

夫のアートは、やんちゃな人です。乳児の頃は、ベビーベッドの柵がもうワンセット必要なくらいで、6カ月頃になると、もう母親がノイローゼになるほどでした。

母親の主治医は、育児から離れて休んだほうがいいと言い、母親の療養中は、彼の面倒を見るために近所の5家族が動員されるくらいでした。悪い子ではないのですが、とにかく元気がよかったのです。

ほとんどの人は、実際にアートに会うと1時間で疲れてしまい、彼のせわしなさや、強烈な探求心は、もともと神経症的なところがあったせいだと解釈していました。

夫の気質が分かっていなければ、私もまた、「彼らがアートを神経質だと解釈したのは正しく、アートのやることは全て、実存的な不安からくる防衛の表れだ」いう考えに陥ってしまったと思います。

他人に「よくあんな人と一緒に暮らせるね？」と尋ねられる時、私自身が自分を、そしてアートをちゃんと肯定できていないなら、私は何と答えたらいいか分からず、彼に申し訳のない気持ちになっていたと思います。

しかし、それは単なるアートの気質です。彼は私の気質と一緒に暮らし、私は彼の気質と一緒に暮らしています。アートは二人が違っていることから恩恵を受けているし、私もそうなのです。

彼は、周りを困らせるほどのエネルギーを私のために使ってくれます。しかし、他人が彼の気質に対して、偏見や誤解を伝えてくると、私はその恩をすぐに忘れそうになります。アートも反対に、他人から、「よくあんなに内面に浸かりきった、面倒でデリケートで、仲間たちに加わって楽しもうとしない人と一緒にいられるね」と言われてきました。これは、いいところを無視したHSPへの偏見です。

しかし、彼も、自分を肯定できていない時と、今後の人生もこの妻と共でいいのか疑っている時には、特に気をつけていないと他人の言葉を真受けにしてしまう、と認めています。

もっと広範囲な偏見から影響を受ける

第２章で、私たちには、

・非HSP男性は強いから理想

・非HSP女性も強いので、大体理想

・HSPは男女ともそうではない

という考えが染みついていると言いました。

これらの考えを真受けにすると困ったことになります。非HSPのパートナーを理想だと受け止めると、自分は劣っていると思ってしまい、お互いにとってよくないのです。そうすると相手も、自分がHSPをパートナーに選んだことを、後悔するようになるでしょう。

あなたからそのような否定感を伝染《うつ》されたパートナーは、正直な感情を隠して接するようになってしまうのです。

HSPの自己肯定感の低さからくる問題への解決策

「失敗」を振り返る

“The Highly Sensitive Person(ザ・ハイリー・センシティブ・パーソン)”と“The Highly Sensitive Person's Workbook（ザ・ハイリー・センシティブ・パーソンズ・ワークブック)”に書いてある方法で、失敗を振り返り、気質を理解することで自己否定感に働きかけましょう。

自分の気質について、自分の内にある偏見を意識しましょう。「敏感でダメだ」という感情を押しつけたのは、過去の誰だったかを検証し、内面に棲みついてしまった声をもう一度思い出して、反論しましょう。

両親に言われたこと、学校で言われたこと、メディアやこれまで読んできた自己啓発本を振り返りましょう。“The Highly Sensitive Person's Workbook（ザ・ハイリー・センシティブ・パーソンズ・ワークブック)”が役に立つことを保証します。

あなたがHSPとして、自分を肯定することは、そのまま全て、非HSPのパートナーを愛することでもあるのです。

嫉妬を、現実に換える

あなたにはいいところが「たくさん」あります。あなたにも長所があって、パートナーや他の人にも欠点があることも忘れないようにしましょう。彼らの人生は、あなたが思うほど優雅でも、いいものでもありません。一体何に嫉妬するのですか？

周りからの影響に気をつける

気質、臆病、内向性などについて書かれた本は、批判的に読みましょう。気質の偏見を見聞きした時、受け身の姿勢でいると、それが信念に影響してくるので、強気で跳ね返しましょう。

パートナーの気質への偏見を意識する

自分がHSPであることに満足してくると、非HSPのパートナーの欠点がもっと見えるかもしれません。しかし、あなたが自分を肯定するのに、そのような「分裂」は必要ありません。そのようにしていると、時間が経てば再び自分を責め始めます。今度は自分が「そのパートナーを選んだこと」を否定し出すのです。

二人はもともと別々の人間であり、お互いに違っていて、それでいいのです。

思い出してみてください。あなたのパートナーは一般的なHSPへの偏見をものともせず、あなたを愛したのです。パートナーはおそらくそんな偏見を気にしない方法を学び、あなたのいいところも悪いところも受け容れ、他の人が欠点だと指摘するところも素晴らしいことだと認めてくれたのです。

もしかすると、一人の人間を丸ごと受け容れるための、パートナーは素晴らしいお手本かもしれません。

その男性は本当に非HSPですか?
—HSP女性へ—

本章の最初にも言いましたが、多くのHSPは、実際とは違っても、一緒にいる相手を非HSPと思っています。それは特にHSP女性に当てはまるようです。昔から、「女性は男性の感情にかなり敏感なのに、男性は女性にそうでないから、女性が不安になる」といわれています。

しかし、非HSPと思っていた男性が本当はHSPで、幼いうちから強くボーイ・コードを吹き込まれ(第2章参照)、慎重に敏感さを隠していたとしたらどうでしょう。その人は、幼少期につらい思いをしたのではないでしょうか? 男性が身につけやすいのは、回避・拒絶型の愛着スタイルです。

そうなると、自分の感情を持つことや、それを表現することに関心がないように見えるのです。特に、他人に対して「(自分を) 助けてほしい」「(相手を) 大切にしたい」という感情を見せないようにしがちです。

そのような男性は、あなたがHSPで、深い感情に高い関心を持っていることにとてもおびえます。彼が怖れるのは、自分の傷つきやすさや「男らしくない」ところがバレてしまうような、危険な状況に追い込まれることです。

もし彼が涙を流したり、どうしてもとしがみついてきたりしたら、あなたは彼を置き去りにしますか？ それとも、「あなたはそんなことする人じゃない」と言って、彼から逃げますか？ 代わりに、防御している彼にあなたの敏感さを向け、彼の敏感さや傷つきやすさを、そっと解き開いてあげてはどうでしょうか？ 彼の心を完全には開放できないなら、彼が心理療法を受けることを受け容れる手伝いならできませんか？ この地球上のたくさんの問題に思いを巡らせると、HSP女性の救いが必要な男性がたくさんいる気がします。

そんな彼らを全員救うのは、あなたの義務ではありません。それに、あなたが正しい相手でなければ、その一人の男性《ひと》すら救えません。

しかし、彼が、

・あなたの、助けたいという努力を理解できる
・あなたの葛藤を、批判したり、反論したりせずに聞いてくれる

のなら、おそらくあなたは、その男性《ひと》の正しい相手なのです。

「受け容れられないもの」を変えていく、「変えられないこと」を受け容れる

変えられること、変えられないことの違いが分かる知恵を得ましょう。

そうです。あなたは成長したい、変わりたいと望んでいて、きっとパー

トナーもそうでしょう。あなたたちはお互いに変化を促し、助け合いたいと思っています。しかし、その時一番難しいのは、お互いを受け容れること、つまり、パートナーの持って生まれた限界に失望するのは避けられないこと、人は誰でもよいことも悪いこと《パッケージ・ディール》もセットであること、そして、「そのパートナーを選んだということは、その人の問題も引き受けること」だと、理解することです。

これはもはや、命には限りがあり、人生にはかなえられないことがあることを諦観する智恵のエッセンスと言ってもいいでしょう。そのことに気づいた分だけ、そして愛した分だけ、一日の中で何度も、あなたは自分の持っているものに感動できるのです。

ここまで、HSP/非HSPカップルの持つ、喜びと困難を考えてきましたが、HSP同士のカップルにも光を当てる時間となりました。

訳注

＊1 分裂（splitting）：原始的防衛機制の一つ。分裂は、対象をよい側面と悪い側面とに分け切り離すために生じる。その理由は、対象あるいは自己のよい側面が悪い側面によって破壊されるのではないかという不安のために、両者を分けて安心を得ようとするためである。

例えば昔ながらの勧善懲悪の物語では、善人は100％善人であり（all good）悪人は、100％悪（all bad）として描かれる。現実には全て善の人もなければ全て悪の人もないのに、そう描かれるのは、我々の心がそのほうが受け入れやすい、スッキリする、安心するからである。

従って「分裂」という防衛機制を持ったまま成長した人にとっては、相手は、全て善か全て悪かどちらかに分けられる。全て善の人にはどこまでも依存するが、ひとたびその相手に悪の部分を見つけると、オセロゲームのように全て悪として見るようになり、怒りを向けたり攻撃したりする。また自分の中の悪の部分も受け容れることができないため、自分の心に悪い気持ちを感ずると、それを自分とは切り離して相手に投影し、本当は自分が自分を責めているのに、それを相手が自分を攻撃しているように取ってしまう。

第 6 章

HSPカップルの愛の行方

―懐かしく愛しい自分の片割れと―

同じ気質の人と一緒になることについての章は、要らないと思われるかもしれません。身近な関係がうまくいくように、ここまでは、気質の似たところではなく、違いから生じる問題を強調してきました。

HSP/HSPカップルは、恵まれ過ぎて困るだけのように聞こえたかもしれません。しかし実際は、敏感さが二重に存在することで、彼らなりの問題があるのです。

前にも話しましたが、調査によると交際中のHSPの多くは、実際にはパートナーが完璧なHSPなのに、非HSPと思っていたり、非HSPと思われたHSPも、相手はとても敏感、自分はさほどでないと思っていることがあります。

この錯覚は、第5章で話したとおり「分裂」から起こっています。

つまり、二人とも敏感な時でも、一人が多少なりとも、もう一人より敏感なので、二人で「片方が敏感、もう片方が敏感でない」と決めてしまうのです。

そして不幸なことに、「敏感でない」とされたパートナーは、十分いろいろなことを感じ取っているのに、「敏感とされた」人は、相手のニーズをすぐに分かってしまうため、その心に踏み入り、過度の世話を焼いてしまうことになります。しかし、相手の心に入っていくには、より敏感なほうのHSPは、相手が実際はどれほど敏感なのか、よく分かっていなければなりません。

だから、自分たちはHSP/HSPカップルではないと思っても、相手は思った以上にHSPかもしれないし、その可能性を考えてみるだけでもいいと思います。あるいは、今HSPと一緒でなかったとしても、将来HSPと一緒になるかもしれません。親戚や友達付き合いもあると思いますので、ぜひ続けて読んでみてください。

HSPカップルのよいところ

これまで、よいところをたくさん話してきました。HSPがHSPと一緒になると、非HSPと一緒になるよりも、交際に満足できる確率は、少し高くなります。これは特にHSP男性に当てはまります。HSP/HSPカップルは、お互い歩み寄ろうとするのです。

そもそも、どちらかというと内向的で、奥手で、土曜の晩は一人で家にいたほうが幸せというHSPが多い中、HSP同士が巡り逢えたこと自体が、ラッキーなことではないでしょうか。実例として、3組のHSP/HSPカップルがどう出会い、どう恋に落ちたかを紹介しましょう。いずれも、HSPの巡り合わせには運命的なものを感じさせるストーリーです。

● 心が共通する相手との出会い

〈ストーリー1〉

ケイトとアレックスは、二人とも20代の時にネットで知り合いましたが、結ばれるのには時間がかかりました。お互いの自己紹介文を読み、写真を交換してメールのやりとりを続け、直接会ったのは、ずっと後からです。初対面では、ケイトはアレックスの甲高い声が好きになれなかったのですが、アレックスはケイトの雰囲気に、ぞっこん惚れ込んでしまいました。

しかし、ケイトは、男性に想われることに慣れていませんでした。これまでの5、6人の相手は全員非HSPで、男性たちもケイト自身も、交際が行き詰まると彼女のせいにしてきました。ケイトは無意識に、「普通の男性は私のことなんて愛してくれない」（非HSPしか知らないのですが）と思っていたので、そんな自分を「僕には完璧な女性《ひと》だ」

と言ってくれるアレックスを、変な男性《ひと》と思っていました。

実際ケイトは、アレックスのことを「全部、変」と思っていました。ケイトは最初、アレックスにかつての彼氏の時のような情熱を抱いていませんでしたが、年を経て次第に、お互いに相手を、居心地のいい存在と実感するようになりました。

ケイトの家族は、これまでの彼氏は気に入ってくれたのですが、今回はお互いの家族が相手のよさを理解してくれず、二人は家族の意見を無視することになりました。

しかし、ケイトは今になって、アレックスを選んでよかったと思っています。高校の頃から、自分を大音量の音楽やナイトクラブが苦手なHSPと自覚していたからです。もはやHSP以外の男性《ひと》など、眼中にありません。

〈ストーリー2〉

テレサとジュアンは、30代で大学で出会いました。

テレサは、熱くロマンティックな恋愛を何度か経験しましたが、いずれもひどい終わり方をし、失恋の度に警戒心を強めるようになりました。今振り返ると、恋に恋をし、火遊びに溺れていたと自覚しています。

授業でジュアンに出会ったのは、もう誰ともつきあいたくないというつらい時でした。それでも彼女は、生涯のパートナーと子どもを心から望んでいました。

テレサは、心理学のコースを履修し、もう一度自分にぴったりな男性《ひと》を、科学的、論理的なアプローチで導き出せないかと考えていたのです。ジュアンとのデートを重ねるうちに、彼は、気の利いた会話ができるわけでも、外見がいいわけでも、ロマンティックなわけでもありませんでしたが、自分にはちょうどいいのではないかと思うようになりました。

ジュアンは、思慮深い男性《ひと》でした。二人でいると穏やかな時間が流れます。テレサは今、ジュアンが自分と似たHSPに違いないと思っています。

7年が経ち、テレサは、かつて恋に求めてきたトキメキがないと心配になることもありますが、「ジュアンは、いつもそばにいてくれて、お願いすれば変わってくれるし、いい父親で、情緒が安定しています。私たちの関係は毎年よくなっています」と言います。

〈ストーリー3〉

第2章でダイアンとスタンを紹介しました。そこではダイアンが、大学卒業後も自立できない敏感な自分の逃げ場所として、非HSPのロンと不幸な結婚をしたことを話しました。ダイアンは、ロンと離婚した後に、スタンと出会います。まず、セミナーで知り合い、その1年半後、ヨガコースで再会しました。

多くのHSP/HSPカップルがそうであるように、二人の進展はゆっくりでした。一人の時間をとても大事にし、同棲はせず、一緒に過ごすのは毎週日曜日と、月曜と火曜の夜だけで、水曜から土曜までは別々です。

実は、「一人の時間が必要」というのは、二人がなかなか結ばれない原因でもありました。

デートをするようになってすぐ、ダイアンは、スタンのついている嘘を見破りました。スタンは、休みの日を、彼女と過ごさないで済むよう、仕事だと偽っていたのです。

ダイアンはもちろん、ショックを受けました。スタンは、休日を一緒に過ごさないことを、長くつきあっていた非HSPの元彼女に猛烈に怒られていたので、バトルを避けるための嘘が習慣になっていたのです。

ダイアンは、元彼女とは違うんだと分かったスタンは、直ちに古い習慣を改めました。実際は、スタンには一人の時間が必要なことに、彼よりも先にダイアンが気づき、進んでスタンを一人にさせてくれました。そしてダイアンも、自分のために一人の時間を持つようにしました。

こういうストーリーを聞くと、似た相手と一緒なら、それほど構えたり、説明したり、奮闘しなくてもいいように思います。

もう一つ言えることは、彼らの愛はゆっくりと育っているということです。これは、HSPが激しく恋に落ちることと矛盾するようですが、彼らの恋愛は、少なくともどちらか一方は冷静でいて、急激でないことがはっきりしています。頭では（おそらく神経システムでも）、すぐにいい相手と分かったとしても、心の受容はゆっくりと時間をかけて育つのです。ケイトとアレックスのように、HSPへの社会的偏見がある場合はなおさらです。

私たちは、手っ取り早く、衝動的で、激しい愛が正しいラブストーリーなのだと思い込まされていますが、どのような理由からも、HSPにはそのようなストーリーは向かないのかもしれません。

一人のHSPを知ろうとする時には時間が必要です。そうすれば、考えていたよりもっとお互いのことが好きになるかもしれません。「人とは違う恋のシナリオ」を受け容れることが大切だと思います。では、そのような愛情は、どうしたら育っていくのでしょうか？

● 似ている二人が恵まれていること

お互いを理解できる

お互いを理解しているかどうかを知る究極のテストは、嘘をつかれた時、それを理解し、許せるかどうかです。

スタンが、休日を一緒に過ごさないことで嘘をついたことに、ダイアンはもちろん動揺しましたが、全て理解もしました。ダイアンはそれでもスタンを信じることができたのです。第3章で、人は相手の過ちを、困難な状況がそうさせたとは思えず、性格のせいと結論しがちだと話しました。

ダイアンは、自分もスタンと似ているので、スタンには一人の時間が要ることを十分理解し、嘘をついたのも、もともと性格が不真面目だからでなく、何か事情があったからだ、と思うことができました。そういう反射的な嘘は非HSPの相手（例えば、ダイアンにとってロンのような）からのプレッシャーに対して、HSPが、よく用いがちなものなのです。

ダイアンも、同じ立場なら、同じことをしたかもしれません。非HSPはおそらく、ここまで理解してくれない、いえ、そもそも理解できないのです。

一緒にいて心地いい

刺激の最適レベルが同じことが多く、身体的に心地いいです。二人の敏感さのレベルが全く同じというカップルはありませんが、一人が「これくらいのボリュームでちょうどいいや」と思っている時に、もう一人は、少しだけ下げることはあっても、一気に上げることはありません。

価値観と認識がたくさん一致します。どちらかが「今の見た!?」と聞くと、もう一人は「見た、見た！」と答えます。「頭おかしいんじゃないの？」とか、ましてや「敏感過ぎるよ」などと言われることはありません。なんとうれしいことでしょう。

おそらく、

・社会的正義や環境保護の大切さ
・内的な生活への取り組み
・生きる意味を考えること

についても、考えが合うのではないでしょうか。これらの関心を追求するために、喧嘩をする必要もなければ、孤独な気持ちになることもないのです。

コミュニケーションの努力を惜しまない

スタンとダイアンは、交際していくうえで問題となることについて、気づいたことを週に1度話し合うようにしていました。彼らは、週に1度このような話し合いの機会を設けて、気づいたことをあえて「赤信号《レッド・フラグ》」と名付けることで、HSPの二人が交際していくうえで注意すべき点を、ちゃんと捉えるようにしています。HSP同士なら、いい関係を保つには努力が必要なことや、十分なコミュニケーションを取るのはそんなに簡単ではないことが、お互いに説明しなくても分かります。

● 二人が似ていて、あなたにとっていいこと

パートナーが自己肯定感を高めてくれる

自己肯定感は、自動的には高まりません。多くのHSPは、お互いに愛し合うことで、自分をもっと愛せるようになるのです。

この社会では、自己肯定感を高めていくことは、生涯続く戦いでもあるのです。アレックスとケイトは、家族の無理解にも関わらず、自分の選んだ相手を愛しました。アレックスは、ケイトの家族にあまり気に入ってもらえず、自分に基本的な欠陥があるように感じたと思います。反対にケイトもそうでしょう。

しかし、たとえケイトの家族が非HSPの男性のほうがいいと思っていても、ケイト自身がどんな非HSP《おとこ》より、自分（アレックス）を好きでいてくれることを、アレックスは分かっていました。それによって、アレックスは、自分の存在価値を実感でき、二人とも、周囲のHSPへの偏見を真受けにする必要はないと分かったのです。

自分の感情を深く掘り下げることができる

癒しが必要な時は特にそうです。そして、常にその癒しとは、徹底的に理解されることです。パートナーが、同じ問題を抱えているかどうかに関わらず、その人はおそらく深く、そしてあなたが癒されるような方法で、あなたのことを聞いてくれるでしょう。

二人にはこれほどまでにいいことがたくさんあるというのに、何か問題でもあるのでしょうか。

HSPカップルの問題点

ここまで話してきたように、HSPは非HSPよりも、HSPと一緒のほうが少しだけ幸せなようです。それなのに、HSPは、パートナーの気質に関係なく、非HSP同士のカップルより、交際が不幸せになりがちです。

そのため、二人ともHSPなら、非HSPといるよりは幸せでも、非HSP同士のカップルと比較すると、ずっと不幸せ感が強いのです。

平均的にHSPの交際の満足度が低いのは、交際の満足度を測る質問に深く考えて答える傾向があるからかもしれません。周りの目には、非HSPカップルと同じか、それ以上に幸せそうに見えたとしても、HSPはおそらく、もっといろいろな面から考え、正反対の気持ちも受け止め、真剣に、慎重に回答しているのでしょう。

しかし、満足度の低さには、HSPの半数が「幼少期に問題があって、成人してからの愛着スタイルが不安定型だとインタビューで報告している」ことも関係しているかもしれません。HSPはこれらの影響を受けやすいのです。繰り返しますが、結婚の満足度の調査では、二人の

うちのどちらかが、

・不安定

・感情がネガティブ

・神経症（不安、鬱）

だと、交際の幸せ度は減ってしまうことは、明白です。

これらは、苦悩を抱える本人はもちろん、パートナー（苦悩があってもなくても）の交際の満足度にも影を落とします。

はっきりしているのは、HSPが一緒にいると、ネガティブな感情が交際を阻む可能性がより高いことです。そのため、交際における幸せ度が、HSP同士の場合は平均的に低い結果になるのではないかと思います。

● 刺激の最適レベルの低さが似ているがゆえの問題

ちょっとした困り事を解決してくれる人がいない

HSP同士、タクシードライバーの運転が乱暴な時、レストランが騒々しい時、「そう思うよね！」と意気投合できるのはいいです。しかし、下手な運転手に「停めて、下ろしてくれ」と注意したり、場合によっては「お金を払わない」と主張したり、ウエイターに席を替えてほしいと依頼したり、最悪の場合、店を出るような交渉は、一体どちらがするのでしょう。

HSPが必要な時に勇気を出せないと言っているのではありません。

しかしちょっとしたことでも、HSPは高ぶってしまうので、二人ともパスしたいのでしょう。これが非HSPなら、HSPのために喜んで引き受けてくれるでしょう。

こういう小さなことでも、解決しないと二人ともつらくなり、お互い相手に対して「もっとかっこよく、何とかしてくれないかな……」と願うようになります。女性は、特にこのような気持ちになるかもしれません。

二人とも「雑用」をしたがらない

二人とも、知らない人からの電話対応や、他人に道を尋ねるのが好きではないでしょう。誰かと対立するのももちろん嫌です。荒々しく多忙な1日も、人生における大きなチャレンジも好みません。おそらく相手に用事を頼まれることも、買い物も嫌がるかもしれません。

他はどうでしょう？ 想像してみてください。

非HSPなら実際にやってくれるし、彼らにとっては大したことではなく、むしろやり甲斐があったり、面白がったりもしてくれます。HSPとの交際では、非HSPとの時より、自分でこういうことに取り組まなければなりません。折に触れ、「もっと敏感でない相手がいいな」と望んでしまうことは、想像に難くないでしょう。

二人とも長時間は働けず、家に元気な子がいると休めない

HSP同士のライフスタイルは、非HSPのいるカップルとは違いますし、違っていなければなりません。ところがHSPのこの限界が、非HSPと比較して、がっかりするきっかけにもなるのです。

衝突と向き合わない

「意味のある喧嘩」を楽しむ人は実際にいますが、おそらくHSPの二人には無理でしょう。

あなたは、衝突は避けられないこと、批判も必要な時があること、議論すれば淀んだ空気を一掃できることを、頭では分かっているかもしれません。しかし、あなたは、不満をあいまいなままにして、それど

ころか、「何も問題ない」と自分に言い聞かせさえするかもしれません。

興奮は他所《よそ》で得るようになる

一緒にいることで、相手は外の風から身を守る安全な居場所になり、興奮は違うところで得るようになりがちです。外にはたくさんの刺激があり、家に帰ると休みたくなります。そのため、「一緒にいる時は休もうね」となってしまうのです。

二人が出会った時には興奮があったと思います。

お互いを、新しい視点や機会、喜びを与えてくれる存在と思っていました。その異性《ひと》と一緒にいると、人生が豊かになり、自己を広げることができたのです。親しくなるにつれ、お互いを知っていく興奮は確かに減るかもしれません。それでも、相手との関係は、今も、自己を大きく広げてくれる源であってほしいと思うのです。二人が一緒にインナー・ワークに取り組み、自分の希望や怖れ、洞察、夢を語り合うことで、自己を拡張できるかもしれません。

しかし、二人とも時には、全体性を感じるために途中で外に出ていく必要もあるのです。

あなたという世界の全体のために。あなたはそのことを知っています。HSPには、外へ出て心地よくいられることが、自己を拡張する最大の源であることがあります。

二人の関係も、自分を家庭や内面だけではなく、外へと連れ出してくれるものでないといけません。

刺激の最適レベルが似ていることで生じる問題の解決策

直感と創造力で解決する

ある仕事を二人ともしたがらないのなら、直感と想像力を使って整理しましょう。大切なのは、生活をシンプルにすることです。そういう本はたくさんありますが、おそらくHSPが書いているのでしょう。

あるいは、クリエイティブな方法で、頑張り過ぎずに収入をアップさせ、二人の苦手なことをこなしてくれる他人を雇えばいいのです。

高学歴の高校生や大学生は、高くない賃金でも、電話の応対や、雑用、請求書処理、他にも厄介な要件を引き受けてくれます。校長先生や大学のキャリアカウンセラーに、優秀でやる気のある学生さんを推薦してもらいましょう。ただ、学生は、物覚えは早くても、最初はいろいろ教えなければなりません。彼らは安い給料でも、就業経験が欲しいのです（ただし、彼らの人生に関わり過ぎてはいけません）。

子どもは少なく。あるいは、共働きをやめる

家から離れ、育児を休む時間が取れるよう手伝ってくれる人を探しましょう。HSP同士の夫婦は、二人とも子育ての責任から完全に離れる時間を取れるようにするのがベストです。

違いを最大限に活かす

役割は、それぞれの好みに応じて分担しましょう。大抵は、一人がもう一人よりも少しだけ楽にこなせるものです。とはいっても、HSPは、「しやすいこと」より、「しにくいこと」を選ぼうとします。自分はキツめでも、相手は平気かもしれないのに、「してもらう」のを後ろめたく感ずるからです。また、気分が変われば、楽にこなせることもあると心に留めておきましょう。それが念頭にあれば、「そのうち、どっちかがやる気になるさ！」と待つ気持ちにもなれます。

世俗的なことも、あなたには必要な仕事かもしれない

「世俗的」で刺激の強い、難しいことでも、時にはそれが「あなたに必要なこと」かもしれません。

電話や買い物といった雑用も、やらないといけないのは、生活のストレスを減らすためだけではありません。それも、自己を成長させるインナー・ワークの一部であって、HSPがもともと得意な、芸術的な自己表現や、専門分野のスキルを磨く、心理学的な振り返り、精神修養などと同様に、必要な「仕事」なのです。ですから、自分が率先してやったら、次はそれをパートナーにもしてもらいましょう。その人はぐずって先送りにするかもしれませんが、気兼ねは不要です。こういう修行は二人とも必要なのです。

喧嘩した時のことをあらかじめ話し合っておく

テレサとジュアンは、特に喧嘩を嫌がっていました。テレサは、ある晩、2人は1時間半（！）も言い争ったと、ショックを隠しきれない様子で言いました（7年も夫婦生活を送っていながら、たった1度しか喧嘩せず、しかもこんなに長いのは、HSPカップルだけです）。

その間、テレサは、努めて刺激が高まり過ぎないよう、過去の経験から反応し過ぎないように自分に言い聞かせながら、「セラピスト役に徹して」ジュアンに語らせ、自分を悪者にしないようにしたのです。とうとう彼らは別々の部屋へ別れました。

テレサは、深呼吸したり、祈ったり、言ったこと全てを振り返ったりしました。「元に戻るのには何カ月もかかった」そうです。テレサとジュアンは、もう二度とその件を話題にしなくなりました。

テレサは多くのHSPと同様、必要ではあるが命懸けの治療を受けるより、ちょっとした予防をするほうがずっと大切だと考えています。テレサとジュアンは何が問題か、もっとたくさん話し合わないといけません。また「いつどのように話をするか」についても、もっと語る必要

があります。

ダイアンとスタンは、二人とも過去に、何も話さない相手とつきあった経験から、喧嘩の予防法を学んでいました。二人とも、一週間の「赤信号《レッド・フラグ》」のチェック項目を熱心に語り合いました。

ダイアンとスタンのような話し合いの取り決めがないと、HSPは喧嘩を避け続け、やがて「必然的な爆発」に潰されてしまいます。これを学習するのは大変ですが、不満を座布団の下にサッと隠したり、失望や苛立ちをかっこつけて飲み込んでしまったりするのではなく、意識的にオープンに話すようにすれば、二人の喧嘩は増えるどころか、減っていくのです。

二人が怖れる喧嘩について、どう対処すればいいのか話し合ってみましょう。例えば、休止する（次章で話します）こと、お互いに一番嫌な戦い方を知って、それは使わないこと、大喧嘩の時は、信頼できる夫婦問題のセラピストに仲を取りもってもらうことなどを具体的に考えておきましょう。

あなたは、お互い疲れ切るような議論にならないように、うまく問題提起できるかもしれません。二人とも深く受け止める性質があるので、そのいいところを利用するのです。解決できない問題は、解決できないままでも、話し合うだけでもいいのです。

次章では、

・コミュニケーションをよくする実践的なアドバイス
・HSPの二人に当てはまる、親密な関係に生じる衝突の解決策

について詳しく話します。

パートナーとのワクワクのために、一番のエネルギーを残しておく

例えば、パートナーと一緒に一冊の本を音読したり、その日観た映画について語ったりすることです。つまり、毎晩、一日の冴えないニュースでお互いに退屈し（悪いニュースで刺激がいっぱい）、夜は別々のベッ

ドで別々の読書をしてはいけませんよ、ということです。

時間に少しメリハリを持たせて退屈な時間から脱出する方法を二人で考え、実践するのが、素敵な夜の過ごし方です（第７章で詳しく話します）。

● ささいなことに気づくところが似ているがための問題

ちょっとした細かなことや複雑な状況など気がかりなことがあると、決断するのにあり得ないほど時間がかかってしまいますが、HSPはそういうものなのです。

一方で、細かいことに敏感だといっても、HSPはあまりにたくさんのことで刺激がオーバーしてしまうと、当たり前のことまで見逃してしまうこともあります。

考え事に没頭していて、いつも鍵や傘を忘れるうっかり博士になってしまうのです。２人とも物事を徹底的に受け止めるので、いいことも悪いことも、倍増して見えてしまいます。

二人は何かを決めるのにも大変

あなたは、カップルで何かを決める時はいつも苦労していると思っているかもしれませんが、違います。ほとんどのカップルは、「どちらか一人が決めて」いるのです。HSPは、自分一人で決める責任や、相手一人に任せるリスクに耐えられないことがよくあります。多くのカップルは、衝動的に物事に飛び込んでいるのですが、HSP/HSP カップルが飛び込めるのは、せいぜい温水プールです。HSPカップルは、時に決断するのが怖くなることがありますが、それは、何か人生の重要な部分に関わってくるのではないかと、怖くなるからです。「中華じゃなくて、イタリアンにすればよかった。自分たちは食事する場所さえ碌《ろく》に選べない」と思い始めると、「カップル肯定感」を下げかねません。

HSP カップルなら、女性は「彼がもっと大胆にリードしてくれればいいのに」と思うでしょうし、男性は「彼女がもっと自分を持ったプリンセスや、ヒロインでいてくれればなぁ」と思うかもしれません。

実は、自分の心を振り返らずに相手に決めてもらおうとすると、二人とも楽しめないのです。

パートナーのどんな小さなニーズにも、敏感に応えようとすると、二人とも疲れてしまう

ですから、相手が少々不快になっていても、後ろめたく思わず、あまり背負いこまないようにしましょう。相手にどれくらいをして、どれくらいをしてもらうか、見返りを求めないニーズのバランスを学ぶべきだと、テレサは切々と話してくれました。

全てのカップルは、自分たちの持ち味に従い、この自立と依存のバランスを取らないといけません。しかしHSPの二人は、このちょうどいいバランスを選ぶ暇《いとま》がないくらい、あまりに早急に相互依存してしまうのです。

第2章で話したとおり、そうならないよう意識的な努力をしない限り、HSPは相手の微かな求めに波長を合わせ、それを満たそうとし続けてしまいます。

例えば、テレサは「彼のために毎晩、手料理を作らなくては……」と考えていました。テレサの母親が父親にそうしていたからです。テレサは、ジュアンが帰宅した時にはお腹が空いていて、毎日決まった時間に食事をしたいこと、そしてグルメであることを分かっていました。

一方で、ジュアンはテレサが料理は好きではないことに気づいていたので、ちっとも食事を楽しめませんでした。二人とも、それを何年間も話さないでいたのです。

しかし話し合うと、すぐに二人は、「テレサは、料理したい時はする」「それ以外は、ジュアンが二人分を作る。お腹が空いたら、自分の分は自分で作る」と合意ができました。

また、テレサは仲間との会合に顔を出すことが好きですが、ジュアンは違います。夫婦で参加しないといけない時、テレサはジュアンが不機嫌なことをずっと気にしていて、ジュアンを関係者に紹介した後は、自分はもう少し残っていたくても、早めに切り上げるようにしています。一方、ジュアンは、テレサにとって大切なことだろうからと、無理して行事に参加し、長くいようとしています。二人はこれについても、まだ話し合いをしていません。

相手に合わせること（寛容）と、自分を犠牲にすることは、紙一重です。人は皆、その境界線をどこに置くかを決め、決めた位置には責任を持ち、必要なら相手と交渉しなければなりません。

いつも妥協していては、繰り返すうちに必ず怒りが募っていきます。そうです、パートナーの求めに応えることは、パートナーには都合がよくとも、あなたの「義務」ではないのです。相手は、おんぶに抱っこの赤ちゃんではありません。境界線を守るようにしましょう。

二人とも、地に足のついた現実世界で、リアルな出来事を実践的に捉えるのが苦手

HSPは直感力に優れているので、直感を使いたがるのですが、それはいつも正しいわけではありません。

直感は、物事がどうなっているのか、どうなっていくのか、感覚でキャッチした情報を意識的にせよ無意識にせよ、注意深く受け止めることです。物事を知る一つの手段でしかありません。

物事を知るには、さらに情報を得るという別の手段もあるのですが、HSPの二人はおそらく直感を好むでしょう。

ちゃんと質問をしたり、実際に確かめたりするのは、HSPらしくないのです。刺激が多くなり努力が要るため、スマートでない、賢くないと思うのでしょう。しかし、直感は、推測できるだけの複数の根拠に基づいていません。

直感の使い過ぎは、HSPカップルにどう作用するでしょう？

情報や経験に依《よ》らず直感に頼ったせいで、例えば、事業に失敗したり、何年も下積みをしてきた職に就けなかったりといったストレスを、二人で受けることにもなります。あるいは、店が開いていることを電話で確かめず、いざ着いてみると日曜は早くに閉店していたということもあります。

直感は、二人の間の、そして二人と他人の間のすれ違いの原因にもなります。直感に頼ったせいで、身体的に、経済的に、職業的に、あるいは社会的に一度でも行き詰まると、自分たちは落伍者《らくごしゃ》だと思うようになり、それもまた「カップル肯定感」を低める、もう一つの原因になります。

二人とも傷つきやすく、非難されないうちに、さっさと謝ってしまう

「ごめんね。みんな僕が悪かった」
「いいえ、悪いのは私。これからは何でもあなたの言うとおりにするわ」
「いいんだよ、僕は君の望みどおりにしたいんだ」

あなたはささいなことを最大限に受け止めることで、小さなことを深刻に考え過ぎることがあります。自分や相手が引き起こす結果を、実際以上のものに見てしまいます。周囲や相手のトゲトゲしい感情を受け止めるほど、そう感じるようになるでしょう。

例えばケイトは、アレックスのミスをちょっと言っただけで、大袈裟に謝ってくるのがいかに煩わしいか、書いてくれました。あまり謝られると、ちょっとした文句やイライラは、伝えづらくなってしまいます。

ささいなことに気づくことで生じる問題の解決策

決める時には、正しい情報を元にする

何かを決める時、その情報は根拠のない直感ではなく、事実に基づいているかを確認しましょう。決め事をする時には、助けを借りるのです。人生に関わる決断ならカウンセラー、仕事絡みならコンサルタント、旅行なら行ったことのある人に確かめましょう。買い物なら口コミを読みましょう。こうすれば、二人で決めたことに高い肯定感を持てるようになります。ただ相談相手は、決定に利害の及ばない人にしましょう。気質を見て、やみくもに突っ走るタイプの人に相談するのもよしておきましょう。

最終決定の前に寝かせる

HSPは、よく無意識的に、あるいは自然に決めてしまうことがあります。「どうしようかな」と思っていて、ある日、二人とも目が覚めたように分かるのです。例えば一両日、一つのことを半ば無意識に考えながら生活していて、そこに、もう一つ考えないといけないことが加わると、どれも決められないような、悩みのタネに思えてしまうでしょう。

しかし、大抵は最後には決められます。直感的にも正しいと思えるところまで行き着きたいのなら、あえてはっきりさせないでおくことに、慣れなければなりません。

選択を急ぐしかないのなら、

・うまくいかなくなった時のやり直し方、影響の和らげ方

・急な決断によって、最悪の不安が現実になったらどうするか

を一緒に考えるようにしましょう。

そうすれば、さほど悪いことにはならないかもしれません。こうしないと、HSPカップルには、決断のストレスはとてもつらいものになることがあります。

それでも確信に至らないのなら、腹をくくる潮時かもしれない

十分に時間をかけたのに、まだ決断に至らないのなら、今ある情報を元に、とにかく突き進んだほうがいい時期なのかもしれません。私たちには特に、変化や新しいことへの怖れがあるので、不安でいつになっても確信が持てないこともあります。

もし、怖れが直感を鈍らせている気がするなら、「機能」（後［267ページ］で説明します）を「切り替え」てみましょう。いろいろな研究結果や理論を読んで、あらゆるデータやロジックが「進みなさい」と言っているようなら、お互いに助け合って、その怖れを乗り越えないといけないかもしれません。

２人のうちのどちらかが（それがその人個人のことであっても）、結論に行き着いたのなら、もうそれ以上は突き詰めないようにしましょう。

そしてパートナーにも何度も問題を引っ張り出して考えないように、止めてあげましょう。決めたことはもうそのままにしておくのです。もちろん、決めたことが間違っていたと分かることもあるかもしれません。しかし複雑な決定の場合は特に、全ての情報を得ることも、それが結局どうなるかを予見することもできないのです。後になって間違った選択だったと分かったとしても、そういうものなのです。確信できるだけの情報を持たずに、間違う可能性を想像するのは、HSPにはとてもつらいことです。

しかし一方で、HSPは大抵素晴らしい決断ができます。今、いい思い出があるのは、当たり前ではなく、あなたが、そして二人が、適切な判断をしてきたからです。

今決めることが、とても不可能に思える時は、「仕事は大変だぞ、でも自分ならうまくできるはずだ」と受け容れましょう。私たちの社会は、素早く決めることを讃えると話してきましたが、正しい決断には、時

間が要り、HSPには、時間のかかるような決断が、向いているのです。けれども、HSPは大抵上手な決断をするので、時にはいつものように長い時間をかけなくてもいいかもしれません。

重く受け止め過ぎないようにする

「細かいことをあまり受け止め過ぎないように」というと変に思うかもしれませんが、それはある意味、あなたに課せられた仕事なのです。

例えば、何か批判された時は、「あぁ、自分はなんてひどいことをしたんだ……」と思い込まずに、一つの不満として聞けるようにならなければなりません。言われたことは、あなたの落ち度ですらないかもしれないのです。

もしそうだとしても、間違いを犯したっていいのです。間違いがつらいのは分かっていますが、間違うことは、とても大切なことでもあるのです。あなたは1日に何度でも間違うでしょう。それでも、言い訳(防御）したり、自己嫌悪に陥ったりしないことが、パートナーにとっても二人の関係にとっても、ずっと大切なことのはずです。つい、そのような言い訳（防御）をしてしまった時は、それが分かった時に謝って、次からは肯定的な見方をすることを誓いましょう。

批判されたことや「失敗」についてよく考えて整理する時間を取ることもいいでしょう。パートナーにも協力してもらいましょう。それは大したことでなかったり、仕方なかったり、むしろ反対だったり、ちっとも間違いでないと分かることがよくあります。

私はそれを痛い目にあって学びました。博士課程の筆記試験を受けた3週間後の晩、帰宅し、届いていた郵便物を開けると、それは皆から優秀な学生といわれていた私の不合格通知でした。その晩は本当に最悪でした。しかし翌朝、何かの間違いだと思って見直すと、そのとおりでした。不合格だと勝手に思い込んでいたのは大きな勘違いだったのです。

ユングの「4つの機能」で微細な処理の柔軟性を広げる

ユングによると、意識には4つの機能（世界への4通りのアプローチ）があります。それぞれの機能は知性の一種で、誰にでも得意（優位）な機能があります。

全員ではありませんが、HSPのほとんどは、4つのうち、直観型です。直観型は、聞いて見て、全ての機微を無意識で受け止め、得た情報を超える直観的飛躍を始めます。

直観の反対は感覚です。「表面的」な情報を、シンプルに見て注意深く聞いて受け止めるタイプです。直観型と比べて、感覚型は、見聞きしたものを振り返ることにはあまり時間をかけず、実際に存在するものを認識するのに時間をかけます。感覚型は、他の可能性を直観しません。感覚型が見るものは、そのままのものです。マジシャンは、トリックをあまり気に留めない感覚型が、いいお客です。

感覚型は、地図を読むこと、レシピどおりに作ることが得意で、「シンプルな事実」を求め、フォームを丁寧に埋めていくことに快感さえ覚えることがあります。

あと2つの機能は、これらもまた対を成している「思考」と「感情」です。

これらは、情報をどう受け止めるかよりも、決定の動機に関係しています。HSPの場合、このどちらが強いかは、真っ二つに分かれることが分かりました。

思考機能は、物事を決めるルールとして、抽象的な原理や理論を使います。感情機能は、感情的に決めるということではなく、その人間、感情を含めた個人的な印象を評価しているのです。
「思考型」と「感情型」では、慈悲深さ（あるいは自分勝手さ）は同じくらいでも、その方法に違いがあるといえます。ケガをしている子どもがいたら、感情型は、まず抱き上げてさするかもしれませんが、思考型は、応急処置の方法を思い出し、救急車を呼ぶかどうかを決めます。世界にはこの両タイプの対応がないといけません。

自分はどの機能が優勢なのかを測ることができます。
一番弱い機能は、使おうとすると、本当に無力な気がしたり、心が折れたり、神経質になったり、恥ずかしい気になるものです。優位な機能はその逆です。

もしあなたの優位な機能が「直観」なら、反対の感覚の機能を高めることが、あなたの生涯の課題となるでしょう。思考と感情をうまく利用することで、バランスが取れて、「直観」の機能を伸ばすことができるでしょう。例えば、一つの決断の結果がどうなるか、直観を使うより感覚型がするように、思考したり、感じたりすることで、もっと情報を集めたほうがいいと分かったりします。

身近な関係においては、お互いが４つの機能のどこに立っているのかを知ると、弱点を補強し合い、互いの強みを活かすことができます。
二人ともHSPなら、二人とも優勢機能が直観かもしれないので、なお役立ちます。しかし、二人とも同じ機能が優勢ならば、お互いにそれを強めることはあっても、劣勢機能は鍛えようとしないので、二人で無視し、衰退させ、その結果、何らかの問題が起きることもあるでしょう。
劣勢機能を鍛えることが、あなたの心理学的な仕事であり、生きる意味を探るスピリチュアルな道だともいえるのです。

HSPは、通常このように物事に枠組みを設けることで動かされますが、私はそれが正しい方法だと思います。ユングは、劣勢機能を「無意識への入り口」とみています。

例えば、あなたが直観型なら、「感覚」に身を浸している時（音楽、セックス、グルメ）が、無意識への扉が一番大きく開いているのです。感覚型の人は「慣れている」ので、これらの感覚では簡単には無意識の扉の向こうへは行けません。

ユングは、劣勢機能を育てることが、より大きな全体性に向かう重要な道筋と考えます。

直観型の魂の目を開くためには、

・それ以上は見ずに、そこにあるものだけを見る
・現在にとどまり、心を集中する
・意味を探らず、そのままに聞く

こういう感覚の仕方ができるようになることです。

お互いに、相手が劣勢機能に取り組んでいる時には、手出ししないのがベストです。

直観型のパートナーには、一人で地図と格闘させましょう。その人がやみくもに、荒野かもしれない方角に歩き出しても、現在地を示すだけにしましょう。

パートナーが感情型なら、あなたのサポートなしで、論理的な状況判断をしないといけません。

思考型なら、現実的かどうかに関係なく「自分は何をしたいのか」を感じること、感覚型なら、その奥に広がる無限の可能性を見ることです。

●HSPの自己肯定感の低さから生じる問題

HSPの二人は、一方が、敏感さに対する偏見を根深く持っていたとしても、お互いの自己肯定感を高め合っていくことができます。一方で、互いに自己肯定感を螺旋《らせん》を描くように降下させてしまうこともあります。後者の場合、以下のようになるかもしれません。

お互いにリスペクトを失う

誰かを愛するためには、自分を愛せることが大事だと話してきました。

特にHSPは、パートナーを自分の一部だと思う傾向があり、相手の気質と自分の気質を混同することさえあるからです。相手が自分とすごく似たHSPなら、なおさらです。そのため、あなたが自分のことを敏感「過ぎる」（劣っている、負け組だ）と思っていればいるほど、HSPのパートナーのことも、そう見るようになるでしょう。

自分の選んだパートナーを、「こんな自分が選んだ相手だから……」さらに「こんな自分と似ている相手だから……」と二重に否定するようになるのです。

第５章でも話しましたが、自己肯定感が低いと、受け容れ難い自分自身の嫌な部分をパートナーに投影することがあります。無意識に「僕（私）は敏感だから、弱くて神経質で男気がない（いい女でない）」と感じていると、パートナーをそう見下すことで、自己否定感を取り除こうとするかもしれません。

例えば、パートナーが自分を卑下しているのにイラッとするのは、自分のそういう気持ちに蓋をして耐えてきたからかもしれません。私だって我慢しているのに、自分だけかわいそうな人間と思うなよ！　となるのです。あなたは自分に許していないことを、存分にしている誰かのことが鼻持ちならなくなるのです。

相手に目に見える欠点があったり、あなたの投影にそれなりの客観的真実があったとしても、あなたはあなたと相手に対し、共感の気持ちを持つ必要があります。

あなたや、パートナーが「弱」かったり、または「神経質」だったりするのは、おそらくつらい幼少期、あるいは、ストレスの多過ぎた人生が、敏感な神経システムと結びついたからでしょう。そのような環境さえなければ、恐らくは「弱」くも、「神経質」でもなかったはずなのです。

まずは自分を受容しましょう。そうすれば、おそらくパートナーにも寛容になれるでしょう。

一人の不安や鬱に、もう一人も巻き込まれる

普通自己肯定感が低いと、感情もネガティブになります。この世界でうまくやっていけるのか、どう生きていけばいいのか、怖くて希望が持てないのです。

たとえ仕事をこなし友達とは仲よくしていても、鬱や不安症、不安定型であることをパートナー（特にHSPのパートナー）に隠し通せたHSPを私は知りません。

パートナーには、あなたが密かに目立たぬようにしていることさえ、見抜かれてしまいます。

相手は、あなたがそのような問題を抱えていても、平気かもしれないし、もうお手上げと思っているかもしれませんが、それでも二人の肯定感がぐるぐると降下してしまう恐れもあるのです。

自己肯定感の低さから生じる問題の解決策

私はもう何度も、敏感さを肯定することが大切だと話してきました。HSP/HSPカップルには、加えて以下の言葉を贈りたいと思います。

自分のこともパートナーの敏感さもしっかり肯定する

自分とパートナーの敏感さのどちらかだけを、不満に思うことはよくあります。しかし、無意識のレベルでは、自分の敏感さも、相手の敏感さも肯定できていないのです。あなたの自分の気質に対する思いは、テレビを見たり、過去を思い出したり、知り合いから何かを聞いたり……事あるごとに、浮き沈みをしているでしょう。

ケイトは、ナイトクラブや喧しい音楽は苦手なのに、「楽しめたらいいのにな……」と思っていて、一方、アレックスは、楽しまなくても平気でした。ケイトは、イベントで恋人たちが街中はしゃいでいるのを見聞きするにつけ、そこに行けないことでアレックスを責めていただろうと思います。

HSPは、自分の敏感さを、すぐ相手の中に見て、次には、それを罵ります。そうすれば、自分を責めなくて済むからです。

しかし、本当の解決のためには、敏感さのいいところと、課題（他の人のように賑やかな夜は楽しめない）と、両方、裏表セットで肯定することです。

できるだけ、傷を癒す

あなた自身が問題を抱えていて、かつとても敏感なパートナーを持っているのなら、心理療法を受けること、あらゆるインナー・ワークに取り組むことは、愛のための行動であり、道徳的な義務でもあります。相手が、あなたの様子に一喜一憂し、振り回されてしまうのは仕方がないのです。自分自身の人生のゴールを見据え、安心と希望を満たしていきましょう。

パートナーが落ち込んでいたり不安になっていたら、ほどよく距離を置いて安定性を保ち、インナー・ワークに取り組めるよう、一人にしてあげるのもいいでしょう。相手の気分を自分が引き受けたり、怖れや絶望を伝染《うつ》されたりしないようにしましょう。

このようにほどよく距離を置いた安定性を保ち、落ち込んだ人を前に冷静でいるためには、あなた自身に癒しと入念なインナー・ワークが必要です。これは単純な意志の力でどうにかできる話ではありません。

しかし、あなたがパートナーにしっかり寄り添えば、パートナーもあなたを支えてくれ、お互いに人生の楽しみと意義を探求する同志になれるでしょう。

治療を考える

もしあなた自身やパートナーが鬱や不安症で、治療を勧められたのなら、受けることが二人の関係を救う決断になるかもしれません。ただそれは、敏感であることが、病気や症候群だという意味ではないし、そう説得しようとする医者がいるならば、その医者にかかるのはやめましょう。

多くのHSPは、抗鬱剤を飲むと（それは鬱や不安症のHSPがよく選択している治療法ですが）、より完全な形で敏感さを経験するといいます。薬物療法と、心理療法や良質のカウンセリングを合わせて受けることで、自分自身やパートナーを肯定できるだけでなく、自分たちの敏感さをも肯定できるようになるかもしれません。

もちろん、鬱や不安の治療法は他にもあるので、オプション（選択肢）をよく知らねばなりません。しかし、どれかを選び行動を起こしましょう。鬱や不安が2、3週間続くようなら、いったん落ち着いても、また同じようなことがあるかもしれないので、何か対策を講じるのです。

ケイト（247ページ参照）がいい例です。彼女は大学時代、深刻な鬱になりました。彼女は、眠れない、食べられないという身体の声に耳を傾け、ようやく抗鬱剤を飲み始めました。薬をやめるといつもぶりかえし、それでまた薬を飲むと何ともなくなります。

おそらく、ケイトは、神経質で不安を感じやすいタイプの母親から脆弱性を受け継いだか、母親の深刻な鬱のせいで幼少期に過度なストレスを受けていたことが、ケイトの神経生理学的な柔軟性に影響を与えたか、したのでしょう。もしかすると、母親が病気で何もできなかった当時、ケイト自身が何をどう感じていたのか、振り返って掘り下げる、今がその時期なのかもしれません。彼女の鬱の原因が何であれ、私はその問題に正面から向き合うことが、非常に大切だと思います。

しかし、一つ注意点があります。（“Listening to Prozac［プロザックに聴く］”の著者でもありこのテーマに造詣の深い）ピーター・クラマーは、“Should You Leave?（別れるのですか？）”にこう書いています。

多くのカップルは、お互いの鬱や不安に対応することで、自分たちの関係をより深いものにしてきました。一人が治ってくると、もう一人も後に続き、幸せな結末になります。しかし一方さまざまな理由で、一方がそれを拒んだり、ついていけなくなったりすることもあります。

その場合は、相手を置き去りにしてでも病気を治すという、つらい選択をせざるをえなくなります。その人は、この鬱に染まった生活から何とかして抜け出したいという、強い願いを持っています。一方で、相手を見捨てることもまた堪え難いと思うでしょう。そのため、二人とも不安や鬱があるのなら、同時に治す治療を探してみましょう。

二人へ贈る最後の言葉

結論としては、自分とそっくりな相手に出会えたことは、とても喜ばしいことです。もし、二人に、癒しの取り組みが必要だとするなら、それはつらい過去や生きにくい社会から来るもので、二人にとっては、それも裏表のセット《パッケージ・ディール》なのです。それは、非HSPをパートナーに持つHSPが、また違う種類の恵まれた点と課題をセットで抱えるのと同じです。

幸いなことに、二人とも生まれながらに、相手の敏感な心理や、人間関係の心理に長けていて、お互いに助け合うことが上手です。その長所をさらに伸ばすことが、次章の目標です。

第７章

心から満足できる関係を作るために

―HSPのためのアドバイス―

結婚を控えているHSPの話から始めましょう。HSPにはよくあることですが、その彼は、新婚生活のスタートからつまずいてはいけないと、結婚カウンセラーや友達、インターネットのオススメ本を7、8冊読んでいました。二人で式の準備をしながらも、もっとその女性《フィアンセ》との関係を深めていこうとしていました。前にも敏感さのことで私のところに来ていた彼は、今回も私を訪ねて来ました。いい夫になれないかもしれないと怖くなったのです。

彼はこれまで読んだ本に書かれていた、育った家庭のこと、無意識の問題の現れ、イライラ、不安、クヨクヨが多く、感情の浮き沈みが激しいといった、幸せな夫婦生活を壊す神経症のサインが自分に全て当てはまると思ったのです。

彼の混乱ぶりを見て、私は、もっと深刻で差し迫った、シンプルな問題に気づきました。彼は人生最大のイニシエーションを控え、刺激がオーバーし、動揺し、圧倒されていたのです。彼は高ぶりのせいで、自分が惨めになり、おそらく一緒にいる彼女に対しても惨めな気持ちになったのでしょう。外からどれだけいいアドバイスをもらっても、本人が惨めだと、幸せな婚約も結婚生活も有り得ません。

そのパートナーを選ぶことに迷いがあるのか尋ねると、彼は「それは全然ないです。ただ、彼女がこんな僕なんかでいいのかと思って……」と言います。私は、「結婚生活は蓋を開けてみないと分からないけど、あなたの不安の大部分は、あなたの神経質さが作り出したものよ。しかしそれは人生のほんの一部なの」と伝えました。結婚という刺激が避けられない間は、書物を読んであれこれ調べるのは後回しにして、刺激を最適レベルに保つことを最優先したほうがいいでしょう。

彼の様子から、女性のほうも、もしかしたら彼より動揺しているのでは、と思い、二人には一緒にこの目標に取り組んでもらいました。いろいろな出来事から、お互いにできることを学ぶ、それが一番重要なのかもしれません。

初めにこれを話したのは、読者の皆さんには、彼のように動揺してほしくないからです。本章では、幸せな関係を保つために、大切な6つのポイントをお伝えしましょう。その6つの提案は、二人が気質的にマッチしているかどうかに関わることで、それは特にHSPにとって重要なことです。

その話の後に、いいカウンセラーの見つけ方を提案します。どのカップルにも、家庭医があればいいように、プロが必要ですが、自分の愛を突き詰めようとしているHSPなら、なおさら必要です。

最後に、その人との関係修復をあきらめ、去る時のことを考えてみます（HSPには特に難しいことですが）。まずは、私と夫の新しい研究結果で、きっと初耳の提案から致しましょう。

提案①　一緒にワクワクすることが大事

前章で、HSPカップルは、その関係が、やがて「退屈」してしまう静かな避難場所にならないように気をつけましょう、と言いました。実はこれは、HSPの、全ての人間関係に通じる問題です。二人ともHSPなら、家に居過ぎて、二人の関係がマンネリ化するのを放置してしまいがちです。

パートナーが非HSPだと、HSPは頻繁に相手を「一人でいってらっしゃい」と外へ送り出し、相手に必要な刺激を与えようとしますが、二人の関係自体は、広がりも楽しみもなくなり、成長が止まってしまいます。

恋をした時、自分の気持ちを知る方法は、

・エッセンシャル・スピリット（第4章参照）に動かされること

・自分の人生に現れたその人によって自分が成長すること

この両方で、ワクワクを感じることにあります。

おそらく、夜通し何時間も、相手の人生、自分自身の新しい気づきを語り合って盛り上がっていたと思います（この愛の「自己拡張」作用を調べるため、アートと私は、数カ月にわたり、独身の若者から毎週の自己記入式のアンケートを集めました。その期間中に恋をした人もいます。新しい恋をしている人は、大きく成長した、考えが多様化したと書いてくれました。記述からは、彼らは文字どおり大きくなっているようです）。

しかしお互いをある程度知った後は、当然、「ワクワク」も「自己拡張の感覚」も、停滞します。そして、HSPかどうかに関わらず、ほとんどのカップルは、時を重ねるにつれ、交際の満足度は、減少の一途を辿ると報告しています。すると人々は、ほとんど本能的に、旅行したり、新しいところに引っ越したり、互いの友達に会うなど、一緒に楽しいことをして、それを避けようとします。家を建てる、子育てする、一緒の仕事をするといった、人生をともに歩むこと自体も、本来はワクワクするはずのことです。

しかし、これらの活動や、他の強い興奮を避けるカップルは、次第にその関係に不満を持つようになります。彼らは「退屈」が、関係における大きな問題だと考えていないのかもしれません。しかし実際はそうなのです。たとえ交際と関係のない、いろんな面白い経験のできる仕事や友人関係であったとしても。

● 新しい地平を開くための革新的な研究

ここで話す「退屈」は、どれも単なる憶測ではありません。

約10年前にアートと私が行った調査で、「退屈」は、満足度における強い指標だと分かりました。アートの博士課程の生徒であるシャーロット・レイスマンは、それを丁寧に実験しました。

彼女は、夫婦に、日常の行動リストを渡し、相手と一緒に行って、

・心地よい項目

・ワクワクする項目

に印をつけてもらいました。

それから、3分の1の被験者に、自分たちで選んだ「ワクワクする」活動を、毎週90分10週間連続して行ってもらいました。もう、3分の1のカップルには、「心地よい」活動を同じ量だけしてもらい、残りの3分の1には何もしないでいてもらいました。

10週間が経つと、「ワクワクする」活動を一緒に行った夫婦は、結婚生活の満足度が驚異的に増加していました。同じ量の時間、「心地よいこと」だけを一緒に行った夫婦と、特別なことを何もしなかった夫婦は、10週間後の満足度に全く変化がありませんでした。これは、「ワクワクを取り入れない」のは「何も特別なことをしない」に劣らず「よくない」ということです。

もう一つの実験では、夫婦を研究室に招き、ランダムに、

・ワクワクするやりがいのある作業

・単調な作業

・何もせずに一緒にいること

を割り当て、それをして過ごしてもらいました。

その後、各夫婦が旅行の計画を立てるところを録画し、その会話の様子を、あらかじめ夫婦が何をしていたか知らされていない観察者（訓練を受けた人）に評価してもらいました。一緒にワクワクする大変な作業をした夫婦の会話は、格段にポジティブで、（相手への）反感も少なかったのです。また、この実験の前後では、夫婦生活の満足度もテストしてもらいました。ワクワクする大変な作業を一緒にした夫婦は、そうでない作業をした夫婦と比べ、「満足度」と「愛情」が著しく増加

することが分かりました。

この研究が発表されるまでは、交際の質は、二人の性格や経歴に、コミュニケーションスキルが加わって決まるとされていたので、親密な関係を研究する研究者たちはざわめきました。

カップルのトラブルの多くは、「退屈」が引き起こしている可能性が大変高いと分かったのです。

「退屈」した人は、ちゃんと散歩に連れていってもらえない犬のように、刺激を求めて、自分や二人の間のあらゆる問題を引っ掻《か》き回してしまうことがあるのです。

●ワクワクしましょうといっても、HSPは

「一緒にワクワクすることをしましょう」といっても、もちろん「興奮し過ぎること、高ぶり過ぎること」でないことを、HSPは確認しておく必要があります。これは、「一緒の時は、いつも安静にし、別々の世界に飛び立つため羽を休める」ということでもありません。「二人にとって最適な刺激レベルのことを一緒にする」という意味です。安らぎだけでなく、ワクワクも取り入れて、二人の関係を活性化させましょう。

二人ともワクワクできることを選ぶのです。

パートナーもHSPなら、刺激の最適レベルが近いので、簡単なはずです。パートナーが非HSPなら、あなたが慣れていて、高ぶり過ぎずワクワクできるものを、そしてパートナーにはまだ馴染みがなくて、心臓が高鳴るものを選ぶのです。例えば、乗馬は、私には心地よく、アートにはかなり興奮することです。HSPのマリアと非HSPのダン（後で詳しく話します）の旅先は、マリアの故郷のペルーかラテンアメリカです。マリアには故郷なので寛《くつろ》ぐこともできるし、実家に帰ったり、新しい場所を旅したりして、ワクワクすることもできます。ダンはスペイン語が話せないので、ラテンアメリカのどんなところでも常に興奮で

きるのです。
一緒にワクワクすれば、「最近、あまりしゃべってくれないな」とか「何だか自分ばっかり頑張ってるような……」といった二人の温度差を埋め、関係を改善できます。
こうすると、日頃からポジティブな感情を増やすことができるし、不満があっても、喧嘩や仲直りができるようになるのです。
ところで、喧嘩はどうしていますか？ それが次のテーマです。

提案②　お互いの考えを理解する対話を

性差《ジェンダー》や気質の違いを扱う時は対話が大事と言ってきましたが、ここで改めて強調したいと思います。
人間の違いの中には根本的なものもいくつかあって、それが世界に対し全く違う感情や、反応を生んでいます。ジェンダーや、気質、民族、宗教、貧困や人種差別の経験の有無といった根本的なものが違っていると、最愛のパートナーであっても、信じ難いような考えを持っていることを、受け容れるのはなかなか難しいかもしれません。
しかし、「お金の使い方」や「子育ての仕方」など、普通の衝突でさえ、時々自分は異星人のような心地がしませんか？
ここでも、解決策は同じです。自分が大切に思っている人の考えなのだから、その相手と同じくらい大切に聞こうと、最初に決意するのです。そして、対話しましょう。

● 共感しながら聞き、共感されるように話す

私もそうですが、カップルへのアドバイザーたちはいつも、相手の話を、反復しながら、共感的に聞くように心がけます。しかし、実はそれだけでは不十分なのです。というのも、話を聞くことには長けてい

ても、相手にちゃんと聞いてもらえるような強さを持って自分の考えを表明できない人や、あまりに簡単に相手の意見に同調してしまう人がいるからです。これは、女性のことと思われがちですが、私の経験では、HSPは男女とも、腰を低くして、相手にしゃべるだけしゃべらせがちです。

パートナーが話している間、心の中では、「それは違う」という思いを何度も持ちながら、それを口にしたら刺激が高ぶると怖れているのです。そのため、HSPは相手のプランに合わせるだけになってしまいます。しかし、HSPは、そうであってはなりません。

多くの研究から、どちらか一方が力を持ったり、影響を受けたりする関係は、長期的に見て、二人とも幸せになれないことが示されています。ですから、あなたは対話の中で、自分の役割をきちんと果たすことを学ばなければならないのです。

対話における共感的な聞き方とは、聞き手は、内容だけでなく気持ちにも心を傾け、遮らない、解釈しない、アドバイスしない、自分のことを話さない、質問さえしないことです。これができて、対話は、まだ半分です（これは、“The Highly Sensitive Person［ザ・ハイリー・センシティブ・パーソン］”と“The Highly Sensitive Person's Workbook［ザ・ハイリー・センシティブ・パーソンズ・ワークブック］”にも書いてあります）。

対話のもう半分は、話し手になり、自分の考えを率直に、本心から、尻込みせずに、相手に伝えることです。「私はこう思う」「私はこうしてほしい」「私はこう理解した」と主語を自分にして、率直に、正直に、相手を責めずに話すのです。それからまた、遮ったり、アドバイスをしたり、「本当はこうでしょう」と解釈しないというお決まりのルールに従って、相手の返答や釈明を聞きましょう。

● 対話における敬意と信頼とは？

対話には、お互いに、早まった解釈をしたり遮ったりせずに聞いてくれるという信頼感だけでなく、「何が起きているのか」全て本当のことを話してくれているという信頼感も必要です。

その人がその状況をどう見るかは、それぞれ大切な意味があり、尊重されねばなりません。それは、いかようにも編集されたり、批判されたり、貶められたりするべきではないのです。パートナーによっても、あなたの内面の声や、高ぶりへの怖れによってもです。

もしパートナーが、対話をせずに、ただ自分のしたいようにする人なら、あなたは、なぜそれが長い目で見て、深刻な問題に発展するのか、説明しないといけません。

簡潔に言うなら、相手が親密な関係を望むなら、お互いへの信頼が必要で、信頼のためには、どちらも相手を支配してはならないし、支配しないためには、お互いの意見を尊重し耳を傾け、最終的な結論には平等の影響力を持たなければなりません。

もちろん、永遠に合意には至らないテーマもあります。でもそういう時こそ、対話の原則に忠実であることが大切です。テーマが、「どっちが北か」ではなく、「価値観」や「感じていること」なら、双方の意見はそれぞれ正しく、二人の立場と同じくらいの重みがあるのです。

お互いの話を聞き抜けば、問題の本質が見えて、なぜパートナーが譲れないのか分かります。よい対話の後は、もし自分が相手の立場なら、自分もそうだろうと感じさえします。しかし、あなたはパートナーではないので、全く同じ意見にはならない、なれないかもしれません。それもまた大切なことです。

〈ダンとマリア〉

先ほど少し話したダンとマリアは、素晴らしい対話の例を示してくれています。

ダンは、非HSPで、環境法が専門の弁護士で、ユダヤ人です。マリアは、HSPで、カトリックの家庭育ちで、ペルー人。ダンスの才能があります。二人は出会った時、自分たちの宗教には、さほど熱くありませんでした。

結婚が決まり二人が約2分間で話し合ったのは、子どもをどう育てるかでした。ダンは、たとえ混血であってもユダヤの子は、ユダヤ教徒として育てたいと強く思っていました。マリアは、自分の信仰を疑問視していた時期であったこと、そして、自分が負けるに決まっている争いは避けたいことから、ダンの子育て計画に同意していました。

ところが、マリアは妊娠すると、カトリックの信仰心、ペルー人としてのルーツが蘇りました。それでもダンにとっては、同意は同意です。彼は、自分の子をカトリックにしたくないだけでなく、マリアには、一度決めたこんなに大事なことを簡単に覆せると思ってほしくなかったのです。マリアにとっても、こういうことは前にもありました。彼女は、なんだかんだとダンに言い負かされるので、喧嘩を避けダンに御機嫌でいてもらうため、その時は同意するのですが、後になって、「やっぱりちょっと……」となってしまうのでした。マリアは、ダンに「しない」と言ったのに、後からしたくなり、したことを隠そうと嘘までついたことがあります。彼女は、自分でもそれを大変恥じたのですが、ダンにばれてしまいました。その事件があってからは、ダンは、「君は約束にルーズだ」と決めつけ、宗教上の問題ならなおのこと、決めた合意を守らせるようにしていました。二人が私のところで語ったそれぞれの立場はこうですが、ほとんどがダンの語ったことです。

妻が自分の子をクリスチャンとして育てたい情熱が芽生えたことを話すのを、ダンは、遮って批判したり自己弁護したりせずに、腰を据えて聞く時がやってきたのです。

ダンはまた、マリアが同意させられたのは子どもの宗教教育のことだけではなく、他にもたくさんあったことを、妻から聞かねばなりませんでした。マリアはどんなに疲れていても動転していても、弁護士の夫は自分が勝つまで譲らないので、いつも言い争いを避けてきたのです。

〈マリアの話〉

マリアは一度だけついた嘘については、もう十分に謝ってきたし、もちろんもう二度としないつもりでいます。ダンはどんな時もマリアに嘘をついてこなかったのでしょうか？　マリアが特に傷ついたのは、何度も、「嘘つきは子どもに宗教の価値を教える資格がない」というようなことを言われたことです。

しかし、マリアが一番覚えているのは、結婚前の住む場所を巡っての争いです。彼女は、ダンの容赦ない物言いに、日頃の鬱憤が爆発し「大嫌い！」と大声を出してしまいました。「……君はやっぱり感情的なラテン人だな」と静かに告げて立ち去るダンに、「僕は正しく、君が間違っている」という決定的な証拠を突きつけられた気がしました。

マリアは、後から謝って、結局ダンの望む場所に住むことになりました。そして、「もう二度とそのような態度を取らない」と約束し、ずっとそうしてきました。

ダンはここまで聞いて、「妻をこの状態に追い込んだのは、むしろ僕が原因かもしれない。妻を脅えさせ、反感を押し殺したりさせず、最初から彼女の言い分に耳を傾けたほうがよかったのでは」と気づき始めたようでした。

次は、ダンが話をする番で、マリアは夫の、ユダヤをルーツとしている感情を聞く必要がありました。

〈ダンの話〉

ホロコーストではほとんどの親族を失ったこと。ユダヤ人に何もしてくれなかったキリスト教徒や、とりわけローマ教皇への怒り。子どもたちにはユダヤとしての誇りを持たせることに大きな意味があること……。

そして、住む場所を巡る最初の争いも、ダンには嫌な記憶がありました。マリアの怒り方は、彼が小さい頃見た、酒に酔った父親の暴れる様子を思い出させたのでした。さらに、ダンには、「妻は、今までも嘘をついていたかもしれない。また違う形で裏切られたら……」という深い恐怖があり、それは、彼自身、対話をするまで自覚していなかったのです。

マリアは、いつもクールで論理的なダンにも熱い思いがあったことを聞き、心を深く動かされました。そして、彼女もまた、「私がちゃんと自立していたら、夫にとって裏切りでしかない嘘をつかずに済んだのに」と分かりました。

この例で、対話の必要性をよく分かってもらえたと思います。

この二人の対話では、まだ子どもの宗教教育について、二人にとってベストな解決には至っていません。多分、無理でしょう。しかし、二人がどうするにせよ、対話によって徹底的に話し合えば、これから先二人が何を決める時にも、必ず、お互いの考えを平等に尊重できるのだと実感できたのです。対話によってそれがかなうのです。

提案③　喧嘩中の高ぶりを抑える

「ワクワク」と「対話」について提案してきましたが、3つ目の提案は、気質がどうあれ夫婦関係の研究者も強調していることで、もしかするとHSPには一番重要なことかもしれません。

マリアは、ダンとの争いで、刺激に高ぶることをひどく嫌がり、それを避けようと、進んでダンに迎合し、自分の考えもニーズも無視して、自分らしくない、ありのままの自分とは真逆の嘘さえつきました。

もうお分かりと思いますが、HSPは刺激過多を怖がります。このおびえがあると、例えば、どんなに敏感でも自分に必要なことは言わないといけない、そう分かっていても、対話で自分の意見を言えなくなってしまうのです。

非HSPもまた刺激の高ぶりを嫌がります。ダンは、あまり自覚していませんでしたが、我を失ったマリアに大声を出された時は、かなり刺激過多でつらかったに違いありません。妻の感情的な物言いに対して、理性的になろうとするのは、おそらく彼にとってかなり苦痛だったと思います。ダンの場合、感情的な言い争いに対して、父親のようにコントロールできなくなる、という無意識の恐怖があったので、早々に刺激がオーバーしてしまいました。大事なことは、原因や経過はどうであれ、ひとたび刺激過多になると非HSPも同じように不快で、二人の関係がおかしくなるような判断をしてしまうということです。ただ、HSPは、刺激過多になりやすく、そこへの到達が早いのです。

● 刺激オーバーのサイン

ワシントン大学の心理学者ジョン・ゴットマンは、“Why Marriages Succeed or Fail, The Seven Principles for Making Marriage Work（結婚はなぜ成功／失敗するのか。成功させる７つの法則）”という著書と、成功する結婚、失敗する結婚の違いを研究した数々の論文を執筆しています（成功例と失敗例を両方考察するのは賢いアプローチです。それまでは、うまくいかない交際ばかり観察する人間関係のセラピストが書いた本がほとんどでした）。

彼は、研究室でカップルたちに対話してもらうという研究を行いました。彼は、対話中に刺激過多になる悪影響について特に注目し、研究室でカップルをあえて興奮させ、刺激過剰状態でどうなるかを調べ、刺激を減らす練習もしてもらったのです。

ゴットマンは、気質の違いまでは言及しませんでしたが、ここではそれを考察しましょう。HSPは、刺激過多を経験しやすいので、二人の交際でも、その扱いに慣れておくことがなおさら必要です。刺激過多はどんな感じかよくご存知と思いますが、ゴットマンらがまとめた外見のサインで、お互いに見ることができます。

・刺激が高ぶっている人の脈拍を測ると、おそらく１分間に95～100回である（正確には安静時の心拍数との比較によります）。
・刺激を減らそうとして、目を閉じる時間が長くなるか、まばたきが増える傾向がある。
・腕組みをしたり、相手から腰の向きを逸《そ》らしたりするかもしれない。
・自分の髪、ペン、ティッシュをいじったり、手で顔を覆うかもしれない。
・顔面筋が引きつったように見える。顎を強く引き、上唇の色が隠れるほど唇を固く閉じている。
・「悲嘆筋」が緊張している。つまり、目尻が釣り上がると同時に、両眉は眉間《みけん》の中央に寄っているか、一直線である。
・声は、うわずっていく。呼吸は、胸部ではなく口でしていて、浅い。
・ため息をついたり、言葉を語尾まで言えなかったり、重複したり、噛んだり、いい抜かしたり、どもったり、「えー」が頻発する。

もっと全体的には、刺激の高ぶっている人は、
・ユーモアや関心を示さず、何に対しても明るい表情で反応しなくなる。
・脅威に対し用心深く、ネガティブに考え始めたら、ずっと続く。
・新しい情報、洞察を受け付けなくなり、刺激の高ぶっている人には何を言っても無駄。

刺激過多の状態になっている人に、振舞いを改めてもらいたいと思うなら、今はいったんあきらめましょう。新しい振舞いというものは、

繰り返し練習して自動的にできるようにならなければ、とても身につけることはできないものなのです。

多くの場合、刺激がオーバーしている時は、マリアのように言い争いから逃げるか、ダンのように相手を完全に支配するか、どちらかです。刺激過多の状態で話し合いを続けると、彼らは全てに不満を持つようになり、ゴットマンのいう「4つの騎士」に従うようになります。4つの騎士とは、以下です。

① 批判する
② 防衛（言い訳）する
③ 見下す
④ 石の壁を作る、心を閉ざす（HSPはこれが一番多いです）

高ぶりから身を守るには

当然のことですが、刺激がオーバーする事態は避けたいものです。対処法をいくつか紹介しましょう。

・片方が疲れていたり、刺激がオーバーしていたり、他のストレスがある時、さらに高ぶりそうな話はしない。
・森の中や海辺など、外部の刺激から守られた静かな環境にこもって話をする。
・緊張する話は、配慮して優しく。相手が問題を軽減してくれたなら何であれ、感謝する。
・うまくいかなかったり、違和感があるのなら、自分でも修正を試みて、相手の努力も善意に捉える。
・妥協できるところ、または自分のニーズを傷つけずに受け容れていいところを探す。
・高ぶりに見舞われたら脈拍を測る。これは真面目な話です。休憩が必要か客観的に判断できます。
・平静に戻るのには少なくとも20分はかかる前提で休憩時間を決めて

おく。
・話し合いをいつ再開するか約束しておき、あまり先延ばしにしない。
・刺激の最適レベルを保つため、過去の傷の慢性的な高ぶりから回復するため、過去の心の傷を癒すため、二人それぞれができることは何でもすると約束する。
・予防的な意味で、二人のよい思い出が悪い思い出より、大きく上回るように、二人の関係を活性化する。

喧嘩の軌道修正の仕方を話します。パートナーを侮辱したり、「バカじゃないの」とか「神経質だね」とレッテルを貼ったりするのは、こだわるよりもさらによくない、悪い喧嘩の見本です。よい喧嘩のルールに反しています。直ちに「ごめん。今のは、言うべきじゃなかった」と謝ることが、「防衛（言い訳）」（２番目の騎士）の反対です。ゴットマンによると、このように修正の術を示す夫婦の83パーセントが、関係が続くといいます。そのスキルを覚え、パートナーが過ちを認めた時は、褒めて、そこから二人で学びましょう。

瞑想治療、マッサージ、食事療法、心理療法を通して刺激過多から回復することで、争い中も、視野が狭くならず、落ち着いていられるようになります（高ぶった時、追い詰められおびえる心理の反対です）。ですから、このように自分のケアを大切にするのは、わがままではありません。特にHSPには、本当に必要なことで、自分への投資です。

神経システムが正しい活気に満ち、物事をポジティブに捉えている時、そのHSPは、ゴットマンのいう、「夫婦口座の貯金」が増えているのでしょう。
夫婦口座の貯金は、二人のどちらかに何かポジティブなことが起きる度に、預金が増えていくのです。いいセックス、優しい交流、ランチの素敵な会話、心が満たされる休暇などがそうです。

反対に、ネガティブなことがある度に、引き落としがかかります。ちょっとした喧嘩から、子どもの死に至るまで、全てそうです。貯金が0になると、もはや二人が一緒にいる理由がないので、たった一度の高ぶりで、離婚に至ります。

HSPの高ぶりは、増えていくことのほうが多く、HSPの味わう喜びと悲しみは激しいので、二人の世界には、刺激の大王が暴れまわっているようなものです。急速に盛り上がり、急激に盛り下がる。

「いい感じ」の貯金は、急上昇したかと思えば、一気に破産です（HSPは関係を本当に終わりにはしないかもしれませんが)。慢性的な高ぶり、あるいは高ぶりへの怖れがあって、対話をしないでいると、間違いなく結婚は破産で終わるまで一直線です。

提案④
自分なりに関わる。しかし放棄はしない

喧嘩や腹立ちは、別れのきっかけにはなりません。幸せな夫婦も、そうではない夫婦も、意見が合わない回数、その程度は、同じくらいです。喧嘩した時にどう振舞うかが、別れるかどうかの分岐点になるのです。

HSPは、喧嘩を避けたり、喧嘩中にそっぽを向きがちです。それが最悪です。ほとんどの関係は、このような「放棄」で終わります。

離婚した夫婦の80パーセントは、ただ「だんだん離れていった」という一方で、喧嘩した、意見をぶつけ合ったという夫婦はたったの40パーセントしかありません。喧嘩は、まだ解決に至る見込みがあるのです。不一致について話し合わないと「徐々に離れていく」のみです。マリアもそうでした。そして次に話す夫婦もです。

〈ジャックとレイブン〉

ジャック（HSP）は、ベビーシッターの手をフルタイムで借り、三つ子を育てている若い父親です。三つ子の母親のレイブンは、家庭医として働いています。ジャックは、自宅で医療コンサルタントのビジネスを成功させてきました。

二人は医大で出会いますが、ジャックは、そこを中退します。頭がよくやり手なのですぐに起業しました。しかし、ジャックはその事業では表面的な達成感しか得られず、「生涯をかけて本当にしたいこと」をまだ模索していました。

レイブンに三つ子の妊娠を告げられた時、ジャックは動揺しました。彼女とはまだ２年のつきあいで、１人の子を育てる自信さえないのに、３人です。少なくともジャックにはその準備ができていませんでした。ジャックは成人してからずっとプレッシャー続きです。医大に行くかどうか迷い、入学してからも中退しようか悶々としていました。7歳年上のレイブンは、なかなか妊娠しなかったので、年齢的な理由から、排卵誘発剤を使いたいと言い、ジャックは同意していたのでした。

レイブンが３つ子を身籠ったと知った時、ジャックはうれしくなさそうなのが顔に出てしまいました。レイブンは、激怒します。「ジャックは私のことを責めてる」「自分もお腹の子もジャックに愛されていない」と感じたのです。ジャックは、彼女に「中絶してほしいの？ そうでしょ？」と怒鳴られたことを忘れられません。ジャックは、恥ずかしくなり、ショックも受けて、もう二度と自分の本音を彼女に話さなくなりました。レイブンはそれに気づいているのかいないのか、気にしない様子でした。ジャックは、「なんという人生だ」と打ちひしがれつつ、自分の人生は、三つ子に捧げる決意をしました。「僕の人生は終わった」。

ジャックは結婚についてもう何も考えないようにしました。

●「放棄」の兆候

ジャックと、おそらくレイブンも、典型的な「放棄」のサインが出ているのです。放棄とは、以下です。

・二人の問題が解決できないほど深刻に思えて、これ以上激しく高ぶるよりは、一人で何とかしようと抱えてしまう。

・「仕方ないからもういいや」と慣れようとする。しかし、本当の愛も受容も感じない。

ゴットマンの研究室に行くと、いかに冷静でいても、慢性化している生理学的高ぶりを見破られてしまうそうです。

離婚する夫婦は、そうでない夫婦より、心拍数が平均して1分間に17回多いそうです。

・二人が別々に生活し始める。

・孤独を感じる。その時点で、離婚しない理由が、宗教的信念、経済状況、子ども（三つ子の妊娠）以外にないのなら、離婚はいずれ、避けようがない。

放棄は、いつも極端とは限りません。

綻《ほころ》びは、

「休みを一緒に過ごさなくなる」

「仕事の話をしなくなる」

「セックスしなくなる」

というような、日常の小さなところから始まります。「これくらい、まだ大丈夫」と思うのです。しかし、「これくらい」のことさえ、話し合おうとしないなら、二人の関係は、極めて危ういです。

●放棄しない

こうならない最善策は、二人が問題を放棄してしまう前に、そのサインに気づいて防ぐことです。HSPは、イライラ、怒り、虚しさ、距離感、気持ちが通じていないこと、あるテーマについて一緒に話したらどうなるか考えただけで高ぶること、身体的な触れ合いと愛情表現が足りていないことといった、二人の心配事がまだ小さなうちに気づくことができます。

「放棄」を克服するには、二人がそれを深刻な問題と受け止め、それを変えようと、働きかけなければいけません。

変えるためにまず必要なのは、放棄している人（HSPが多いです）が、何がきっかけで黙ってしまったのか、話すことです。そのきっかけは、「特定の会話」であることが多いです。その会話で、HSPが大変高ぶってしまった、あるいは、相手に「なんでそう受け取るの」というような言い方をされたために、今はその話題が、危険で、苦痛で、台無しでどうしようもないものに思えるのです。その話し合いがどれだけ間違っていたとしても、再び立ち戻り、今度は失敗しないようにしないといけません。次こそ、高ぶるなら休憩を挟みながら、責めたり言い訳（防衛）したりせずに、対話しないといけないのです。

その次に、放棄をしてきた人は、現状を変えるために、オープンに話して、自分をちゃんと主張せねばなりません。放棄をしていたのがあなたなら、ある意味、頷きながら相手に合わせて聞くことの「反対」をしないといけません。自分の気持ちにぴったり寄り添い、自分の求め、思い、考えを、表現していく必要があるのです。話しても仕方ないと自分の中にしまい込んではいけません。

ジャックは、遅ればせながらでも、まだ子どもを持ちたくない理由、自分の将来への絶望感を全部、伝える必要がありました。ダンがマリアの話を、批判も言い訳もせずに聞いたように、レイブンもジャックの話を聞き、その後、聞き役と話し役を交代すればよかったのです。

とはいえ、最愛の配偶者のためであっても、その人がどうしてそんなに過敏になるのか、さらなるインナー・ワークがなければ、冷静な態度で話を聞くのは、非常に難しいです。例えば、レイブンが中絶の話で、どうしてこれだけ爆発したのか、その背景には、ジャックのわずかな態度で意識に上った、彼女には到底受け容れ難い、彼女の密かな気持ちが関係している可能性があります。それが次のトピックです。

提案⑤　自分でも気づいていない将来への望みや不安に向き合う

繰り返される、激しい衝突の裏には、
・かなわない望み
・未解決の怖れ
があることが多いです。

三つ子のいる生活では、レイブンには、夫ともっと仲よくしたい、という願いはかなわず（そんな時間はなくなります）、ジャックには、医大を中退し手にした新しい人生が台無しになるのです。

特にHSPは、自分の仕事に意味を見出すことに一生懸命になり、その仕事に生涯をかけたいと願う傾向があります。意味と目的を強く求めているので、パートナーを幸せにしたくても、その人が自分の道に立ちはだかる邪魔者に思えて、非常につらくなるのでしょう。

私たちは、自分の過去の経験、人から見聞きした経験を、深く根ざした怖れとして抱えていることがあります。

例えば、
・天災への怖れ（地震や竜巻のないところに引っ越したい）
・愛しい存在を失う怖れ（子どもに運転免許はまだ早いのでは、と喧嘩する）
・生活空間への怖れ（相手がゴミ出しを忘れたことで大騒ぎをする）
などです。

このような希望や怖れが深くにあるのを、「恐怖症」「理想が高過ぎる」と捉えたり、個人の計画なのに「わがまま」に思えて、恥じているのかもしれません。

● 隠れた希望や不安は、事態を大きくしてしまう

例えば、あなたが節税に必要な領収書を保管し忘れ、パートナーは「二人で苦労して稼いだお金を無駄にして！」と怒鳴ったとします。この背景には何があるのでしょう？

パートナーは、ひょっとすると幼少期に貧困を経験し、貧しさを怖れているのかもしれません。あるいは、半ば無意識で、密かに買いたいもの、行きたい旅行があったのかもしれません。早期退職、転職を望んでいたのかもしれません。パートナーの目には、あなたがそういう目標をないがしろにする人に映ったのでしょう。それは確かに当たっている部分もあって、あなたは小銭を貯めようとしなかったのかもしれません。

一方で、あなたの希望は、病気になったら旅行にも行けず、死んだら貯金も使えないのだから、お金のことは気にせず、その日その日を充実させて生きることかもしれません。このように二人それぞれに、無意識の「望み」があるために、たかが一枚の領収書で大騒ぎになるのです。

第1章のクリスとジョーダンを覚えていますか。ジョーダン（HSS）は、自分のキャリアのために、ロンドンの支店に異動したいと言いました。この望みは決して、モグラの盛り土ほどの小さなものではありませんが、理解できないほどのあり得ない望みでもありません。クリスは二人でカウンセリングを受け、彼に“注意欠陥障害に気づいてほしい、落ち着いてほしい”と願い、でなければ、一緒に行かないと主張しました。

二人はなぜこうなってしまったのでしょう？

実は、クリスは密かに、小さな街に引っ越して、そこに定住し、その地域、土地に馴染みたいと望んでいたのです。一方で、ジョーダンは生涯いろいろな場所、特に活気に溢れた外国の街に住みたいと思っていました。お互いが相手の人生のビジョンを邪魔してしまっていたのです。これは、二人で話し合わないといけません。

ダンとマリアのもめ事の背景には、ユダヤの家系に継承されてきたビジョン、それと反対の、信仰深いカトリックの家系の願いがあります。どろどろした争いにならないわけがありません。

一生を賭けようとしている望みがあって、パートナーの計画がそれを妨げるように思える時は、たとえその夢と障害は、全然露骨でなくても、意識されていなくても、二人とも信じられないような剣幕で争うことがあります。同じように、あなたが生涯続く怖れを抱えていて、パートナーから、そんなの無視してほしい、克服してほしいと期待されたりしても、信じられないほど頑なに抵抗するかもしれません。だから、喧嘩が続いたり、防衛（言い訳）したり、壁を作ってしまう時は、「この騒ぎの裏に、正体に気づいていない大きな願いや、怖れはないか？」と問いかけてみましょう。それは大抵、そこにあります。

逆に、あなたもHSPなので、ジャックと同じく、小出しの喧嘩や言い合いをせずに、放棄しているかもしれません。

● エッセンシャル・スピリットの湧き上がる瞬間を意識する

第４章では、愛はエッセンシャル・スピリットの湧出《ゆうしゅつ》であり、その豊かで原始的な生命のレベルは、共同体的、文明化された生命のレベルであるプリヴェイリング・スピリットに被われてしまっているというジョン・デスティアンの見方を紹介しました。

恋した時、とてつもない「拡張」を感じる理由の一つは、幼少期、あるいは、それよりも過去、抑圧され大地と切り離された時に失ったエッセンシャル・スピリットが満ちてくるのを感じるからかもしれない、とも話しました。エッセンシャル・スピリットは（特にHSPには）、私たちの最も深くにある希望、夢に栄養を与えてくれます。

HSPらしからぬ過剰な反抗をしたり、愛から遠ざかる放棄をしたりして、エッセンシャル・スピリットを抑圧するのは危険です。

厄介なのは、誠実で社会の言いなりになりやすいHSPは、特にプリヴェイリング・スピリットを吸収しやすいということです。

私たちは、魂の奥底に、エッセンシャル・スピリットの存在を感じています。井戸を掘る人が、大地の奥深くに流れる水を感知できるようにです。そして、私たちは愛の冒険をする時、エッセンシャル・スピリットに触れ、純粋な喜びを感じるのです。すると何が何でもそれを守ろうとするでしょう。そして、そう執着するがために、再びそれを失うのかもしれません。その喪失が起きるのは決まって、私たちが「正解を求めて」プリヴェイリング・スピリットを向く瞬間です。

例えばこんな場合はどうでしょう。あなたは、クラシック音楽を愛好していて、今夜は室内オーケストラを聴きに行きたい。そのオーケストラは二部構成で演奏され、いつも感動して涙を流すのですが、恋している最近はますますそうです。最近つきあい始めた相手はクラシック音楽に興味がないことが判明し、「家で仕事をしているから、行きたいなら行って来たら？」と言われてしまうとします。

―演奏中は、別世界にワープし、言葉も交わさずに聞き浸る。休憩時間はディープな語り合いをし、カフェで余韻に浸る。そして、最後は官能的なエンディングを迎え、音楽は二人の愛の営みに昇華される―

そんなあなたの幻想は、あえなく消え去ります。

しかし、ここで典型的なHSPは、自分のことはいいからと相手が望んでいそうな、正しいことをしようとします。もちろんそれは正しいことではあります。あなたは両親のアドバイスを思い出したり、恋愛心理学の本を読んだりして、「自分勝手はよくない、大人になろう、わがままもダメ、コンプレックスにとらわれてはならない、違いは理解できるはず、親密な関係には妥協が必要だ」と必死になってしまうのです。

こうしてあなたは、自分の愛を守ろうと正しい対応（正解）を求め、プリヴェイリング・スピリットに頼ろうとしてしまいます。知らないとはいえ、まさにそこは覗いてはいけない場所なのです。

では、自分は室内音楽を一緒に聴きたいのに、パートナーは興味がない。この違いをどうしますか？ ここで大事なのは、「今夜はどちらの希望に合わせるべきか」「どうやって妥協点を探すか」と考えるのではなく、「自分はどうしたいか？」あるいは「どうして、そうしたいのか？」と自分の心の声をまず聞いてみることです。

例えば、対話によって、エッセンシャル・スピリットの本意を守ることもできます。そうしないと、一番正直な自己を押し黙らせてプリヴェイリング・スピリットに従うことになるでしょう。「自分を黙らせるかどうか」は、自身のエッセンシャル・スピリットに合わせる勇気があるか、それとも、旧来の見捨てられ不安からプリヴェイリング・スピリットの両親に屈する子どもになるかにかかっています。そういう子になると、エッセンシャル・スピリットを抑圧し、自分の望みを押し殺して迎合するしかなくなります。

デスティアンの言葉に、「自身の個の力と尊厳、そして家族やグループの一部たる権利を知る者は、自分を犠牲にする選択ができる」とあり、交際において、自身のエッセンシャル・スピリットを傷つけずに、相手の望みに合わせることもできます。

「よし、コンサートはまた今度にしよう」と妥協するのであっても、二人とも、個の力、権威、意識的な犠牲を選ぶ権利を自覚していて、お互いの違いに十分に取り組んだ結果、そうすることもあれば、自分の境界線や違いを認められなかったり、自立に伴う孤独を怖れたり、喪失への怖れに対する強い抵抗感から、そうすることもあるのです。

個の力、尊厳、権利、勇気、といった、エッセンシャル・スピリットに正直になるために必要な感覚は、全て彼の本に書かれているインナー・ワークから得られます。しかし、これには技術もいるのです。

● 希望、不安を明るみに出して、対話し、クリエイティブになる

相手の望みや、不安に振り回されていたり、相手のために自分のエッセンシャル・スピリットを抑圧しているなら、うまくいかないでしょう。

どんな人も、希望をあきらめる必要もなければ、怖れを否認する必要もありません。それは関係性の中でエッセンシャル・スピリットを抑圧していることです。そのため、賢いカップルは、喧嘩を繰り返しながらも、その裏にある、希望や不安を、できるだけ言葉にして、それを尊重し合っています。彼らは、対話をし、可能な限り相手の望みをかなえ、妥協することがあったとしても、自分のエッセンシャル・スピリットには常に目を開いています。こういう状況では、HSPの仕事は、驚くほどクリエイティブになります。

例えば、アートと私は1994年に、彼の研究に好都合な、ロングアイランドに引っ越しました。しかし、いざ行ってみると、私には合いませんでした。数カ月すると、余生を過ごすにはよくても、今の年齢でここに根を下ろしたくないと思いました。特に、一度開始するとそこから離れられなくなるので、そこで心理療法の仕事を始めたくはありませんでした。私は根っからのカリフォルニア人なので、カリフォルニア人らしい暮らしがしたかったのです（ところで、この経験によって、自然との触れ合いとは、ほとんどエッセンシャル・スピリットとの関わりであり、HSPは非HSPより、「どこに住むか」に影響を受けるのだと実感しました)。

ある日、私は素晴らしくも、ちょっと心配な計画を思いつきました。夫とは、1年ずっと一緒に住むのではなく、同居する時期と別居する時期を設けるのです。

アートが、冬休みの6週間と夏の4カ月の間、カリフォルニアで過ごし、私が、春と秋の2度、2カ月をロングアイランドに滞在すれば、私たちは、冬休み前後の2度の6週間しか離れずに済みます。これはリスキーにも思えました。心が離れてしまわないだろうか？ アートは私の求めるライフスタイルに腹を立てないだろうか？

友達や家族にこれを話した時は、みんなの反応は、「やめたら？」とか「羨ましい」とかさまざまでしたが、どれも穏やかではありませんでした。

しかし、どちらかが完全に折れるより、こうしたほうが、二人とも心地よく過ごせることが分かりました。これが私の言いたい、「クリエイティブな打開策」です。

カップルは皆、こういう問題に、それぞれの解決を生み出す必要があり、それが視野を広げるための成長であり、創造力であり、人格を育むことでもあるのです。

二人の夢や不安は、二人の生活、もっと広い人生の枠組みのどこに位置していますか？（今年ですか？ それとも、20年後ですか？）新車を購入したいのなら、二人目の出産、家の新築、博士号の取得、両親と過ごせるうちにパートナーには故郷で過ごしてもらうという計画とのバランスはどうでしょうか？ お互いの夢、不安を尊重しながら二人で難しい決断ができれば、絆は強まります。

提案⑥　コンプレックスをよく知る

・対話すること
・喧嘩中の刺激の高ぶりを減らすこと
・放棄をなくすこと

これらは、多くのカップルにかなり有効ですが、これを勧める人は、それでもダメなことがあるとも認めています。

例えば、ジョン・ゴットマンは、夫婦の85パーセントは、どちらかが、あるいは二人とも、自分たちが夫婦であることや、自分たちと親しくしようとする人たちを肯定できずに苦しんでいるといいます。こういう夫婦は自己肯定感が低く、第3章の言葉でいえば、不安定型なのです。こういう感覚を抱いている人は、例えば対話が難しいです。「自分には何かが欠落している」という不安が、耳を閉ざしてしまうのです。彼らは、瞬時に「非難されている」と感じ、非難を返してくるのです。

そのため、今まで述べたさまざまなスキルに加えて、他の手助けも必要で、多くのセラピストは、どうしても自分とパートナーを愛せない人や、身近な関係がうまくいかない人が抱える無意識の原因を探してきました。

不安定型の愛着も、これらの無意識の要因を説明する一つの方法ですが、もっと広く深いアプローチは、ユング派の「コンプレックス理論」（私も含めて臨床経験でお墨付きの理論）です。

● 全てのコンプレックスには二極がある

コンプレックス[*1]は、私たちのエネルギーを吸収し、視野を歪める人格の領域で、宇宙のブラックホールとよく似ています。

馴染みがあるのは「マザー・コンプレックス」ですが、多分、「チャイルド・コンプレックス」「マザー・チャイルド・コンプレックス」と言ったほうが的確です。私たちは皆、幼少期に、母親に対する思いを発達させながら育ちますが、中にはいろいろな経験から、人格の中の「ホット・スポット」である本当のコンプレックスを生んでしまう人もいます。

そういう人は母親の話になると、涙ぐむ、不機嫌になる、黙る、短気になる、饒舌《じょうぜつ》になる、ナーバスになる、落ち込む、怒る、解離する、いきなり話題そのものを無視するようになったりします。

コンプレックスは、例えば、「ポジティブな母」と「ネガティブな母」というように、２つの極があり、通常、意識しているのは（アクティブである、上位にある）１つの極だけです。しかし、もう１つの極も、表に出てこようと圧力を加えてきます。深層心理が、「全体性」を求め、「片方だけの状態を終わらせよう」としているからです。

クライアントの多くは、母親がいかに素晴らしい人だったか、滔々《とうとう》と語ったかと思いきや、すぐに母親に対する非難を捲《まく》し立てます。その反対もあります。

ある話題に差し掛かった時、急に話に乗ってきたり、心が奪われるようなら、そこにコンプレックスがあると分かります（コンプレックスは、しばしば仕事の核心にも影響を与えます）。私たちは必ず何かしらのコンプレックスを持っています。しかし、ある話題で、饒舌になったり、意見を言いたくなったり、自分の考えや言葉が絶対的に思えるなら、あなたには完全にコンプレックスがあり、コンプレックスに動かされ、ブラックホールに飲まれているということです。あるいは、それについて考えるだけで落ち込んだり、不安になったり、過剰に興奮したり、自分らしくないことをやらかしそうになることもあります。こういう時、あなたは「狂おしい目つき」、あるいは「何をしでかすか分からない」状態です。

大抵、最初にそれに気づいてくれるのは、あなたのコンプレックスの影響が及ぶパートナーですが、その人はその影響に慣れてしまうかもしれません。コンプレックスの中にいる人に、それを教えるのは、危ない実験です。しかし、慎重に教えることは、後々とても助けになります。「ねえ、昨夜は機嫌が悪かったよね。どうしてだか心当たりある？お母さんから電話があった後はいつもじゃない？」といった感じです。

次にHSPに多いコンプレックスを紹介します。

〈スターコンプレックス〉

今にもプレッシャーで発狂しそうなほどにおびえているのに、そういう敏感なところを隠したり、補ったりして、有能な成功者として賞賛されようとする。

〈神童コンプレックス〉

天才でないと誰にも構ってもらえない、愛してもらえない。抑圧された極は孤児。

〈英雄／生《い》け贄《にえ》のヤギコンプレックス〉

集団が、英雄の思想や洞察を持ち上げて、密かに妬み、あっという間に生贄のヤギへと引きずり下ろす。英雄は、思想が支持されなくなった時、象徴的な意味で石を投げつけられて死ぬ。

〈素晴らしい天才／愚かな変人コンプレックス〉

上記と同様の運命が、次のようなHSPにも降りかかります。あなたを崇拝していた集団が、ある日突然あなたを否定するようになり、牢屋送りにさえする。それから、「ひたすら正直に働く善良な市民」が、ある日突然、「ずる賢い詐欺師や反逆者」に豹変するコンプレックスもあります。もしくは、〈従順な労働者〉というコンプレックスもあります。やがて、自分は、「反逆を企て、組織を乗っ取ろうとしている」ことに気づくのです。

〈犠牲者—支配者コンプレックス〉

多くのHSPが持っているのは、〈犠牲者—支配者コンプレックス〉です。

HSPは、「敏感過ぎる」と言われてきたことで、自分は弱く無力な存在、犠牲者だという極に自分を位置づけます。そんなHSPは、支配者から解放されること、強くなること、正義の裁きを下すことに膨大なエネルギーを使うかもしれません。彼らが抑圧され、無視されてきたと思って誇示しようとしているのは、自分の強さ、相手を支配できる器ですが、他人は既にそれを十分に気づいています。

全てのコンプレックスが、繋がり、重なっているとお気づきでしょうか。どのコンプレックスがあるかは、あなた自身が感じ取るものであり、外部から決められたり言われたりするものではありません。

●「分裂」と「投影」再考

抑圧されているもう半分のコンプレックスは、いつも「分裂」（第6章参照）を起こしています。これが、あらゆるトラブルの種になります。特に、そのコンプレックスをパートナーに投影した時がそうです。

あなたは、投影をしている時、相手に、自分の素晴らしい（あるいは恐ろしい）特質を、映し出し、それに左右されます。それは、間違いない真実だと思い込んでしまいます。あなたの心の状態を保つため、自分についての情報から身を守るためにその防衛は必要ですが、あなたの中に起きる強烈な愛や憎しみは、その防衛をしていることに対する警告、ということがよくあります。

相手に何か素晴らしい投影をしているなら、全てが美しい幸せな幻想の中におれるかもしれません。しかしやがてもう一方の極が爆発します。しかもその爆発のきっかけは、ほんの少しの失望で十分なのです。

第5章で、リンダのスピリチュアルへの目覚め、現実的即物的なマークへの幻滅を話しましたが、愛から憎しみへの激変を、「二人にはそれぞれにコンプレックスが作用していた」と捉えることができます。

分裂と投影がさらに激しくなるのは、私たちが、コンプレックスが一致するパートナーを選ぶからです。パートナーに現れている極は、すなわち自分の無意識の極でもあるのです。

助けてほしい、守ってほしい人は、強い人、誰かを助けたい人と惹かれ合います。救う側は、いつも救っていたいので、一度でも弱さを見せると、救われたい側が混乱するだけでなく、救いたい人自身、自責の念に苦しむことになります。自分の中にも本当は「助けてほしい」というコンプレックスがあるのですが、それはとても悪いことだと思っているからです。

それは、二人にとって混乱の元でもありますが、同時に、今まで自分は「こうだ」と思ってきた自己イメージを書き換えて、もっと全体的で現実的な自己を受け容れるチャンスでもあります。

ジャックとレイブンの話に戻ると、ジャックには、マザー・コンプレックスがありました。ジャックの母親は仕事が忙しい人で、ジャックは、生まれてすぐに、ベビーシッターをたらい回しにされていました。ジャックは、無意識に、母親にもっとそうしてほしかったように、強いレイブンに、自分の面倒を見てほしいと期待していました。レイブンと一緒になることで、彼は、やっと「愛される子」になろうとしたのです。ジャックは、レイブンに母親の代わりを望んだのですが、しかし彼女はずっと外で働いてばかりで、かつての母親と同じでした。こうして「僕は母に見捨てられた子だ」というネガティブ・マザー・コンプレックスの極が現れてしまいます。ネガティブ・マザーによる呪いにかかると、決まって「絶望的なあきらめ」を味わいます。

一方で、レイブンにもマザー・コンプレックスがありました。レイブンの母親は、幸せとはいえず、仕事がなかったので、一人娘のレイブンには自分とは違う道を歩んでほしいとレイブンに過剰な期待をかけていました。レイブンは、母親の前で、強く頼れる存在でいたので、ジャックの前でも、どう振る舞えばいいのか分かっていました。しかし、レイブンは、密かにジャックに、生活の面倒を見てもらいたいと望んでいたのです。それなのに、レイブンは、もし養ってもらいたいという本音を漏らそうものなら、不幸な母親と同じになってしまうとも思っていたのです。しかし、もし彼女が、その正直な気持ちを、三つ子の妊娠が分かった時にジャックに打ち明けることができたのなら、違っていたかもしれません。二人は、結婚して早々に子どもに恵まれること、若くして素晴らしいキャリアを達成できることの両方を享受し、お互いに癒し合うことだってできたはずでした。

● シャドー（影）は知っている

分裂させたもう片方、あるいは、コンプレックスの対極の全ては、無意識へと葬って拒絶してきた自分自身であり、結局は、ユングがシャドー（影）と呼ぶものです。シャドーは、パーソナリティの暗く不快な部分を指すのにぴったりです。多くのHSPがそうであるように、自己肯定感の低い人たちは、自分の優れた資質を無視して、「白い影」を持つようになります。

シャドーは、無意識に置き去りにしてはなりません。それを自覚し、意識の中へと統合していくことが大切です。それが必要な理由を、以下に書きます。

・シャドーのエネルギーを解放できる　（シャドーの性質をコントロールするのに必要なエネルギーと、シャドー自体のエネルギーの両方）。例えば、欲深く、弱くて、威張りたいシャドーは、それに支配されない限りは、この世界の中で生き抜く知恵を与えてくれる。

・自分のシャドーを知れば、無意識にそのコンプレックスの極に突き動かされることもなくなり、他人に投影することも減らせる。
・自分の欲望を知れば、相手の欲深さに気づいても、痛みを分かち合え、批判し過ぎることが減る。
・自分の弱さを知れば、パートナーをあまり批判しなくなり、よくないタイミングで弱さにとらわれることも減る。
・自分の飲み込まれやすさ（例えば支配的な母親に）を知れば、他人が、少々威圧的でも、平気でいられる。他人が、自身の問題を解決しようとしていることを黙って見守ることもできる。

コンプレックスのネガティブな極が分裂しているシャドーは、交際に悲惨な事態を招きかねないことは明白です。

しかし、身近な関係はまた、シャドーに苦しむ場所であるだけではなく、シャドーから自分の姿を学ぶためのたった一つの場所なのです。気軽な友達関係では、このような問題は見えてこないでしょう。だからこそ、関係を深めたほうがいいのです。パートナーや、しばらく一緒に生活したり旅行したりした人なら、まだ自分で気づいていないシャドーを投影しても、大目に見てくれるでしょう。そして、相手のシャドーについて指摘したくなるでしょう。

「一般的に、また単に理論的にいって、人の誤りを洞察することは効果的ではない」とユングは言います。私たちは、他人へのシャドーの影響を感じていません。

しかし、シャドーは、人間関係によって押し出された時、そして自分で気づいた時、相手によって気づかれた時、鋭く姿を現します。私たちは、シャドーを「実感する」ことによってのみ、次々と、その本当の姿を認識できるのです。自分に対して密かに何かを打ち明けても普通は何も起きず、相手に対して告白したほうが、ずっと有効なのと似ています。

自分の欠点を、人間関係の外側から「学問的」に知るだけでは、10000フィート先に爆弾を落としながら、安全なところで退《の》け反っているようなものです。

実際、あなたがパートナーをどれほど傷つけてきたかを確かめることは、あなたが爆弾で荒廃させてしまった跡地を見学に行くようなものです。そして、あなたがパートナーに傷つけられたのなら、その人に、あなたが壊された場所に連れて行ってあげると言いましょう。

●「分裂」がもっと深刻になる時

私たちは皆、複数のコンプレックスを持っていて、コンプレックスの分裂によってしばしば強力に支配されてしまいます。特にHSPは、怖れ、求め、罪の意識、恥じらい、不当に責められたという感覚に圧倒されます。問題は、コンプレックスに「支配される」時間が、どれだけ続くのか、数分か数時間か、あるいは数日か数年かです。コンプレックスを振り返ったり、パートナーに指摘されたりした後に、それを和らげられますか？ もう一方の極との間を振り子のように行き来しないでおれますか？

コンプレックスの典型的な問題は、パートナーや多くの人の明らかな事実を見誤らせるところにあります。ほどほどにいい相手なのに、よく見え過ぎたり、悪く見え過ぎたりするのです。しかし、その人がどんな人なのか深く知ることは、そんなに簡単なことではありません。

子どもは成長する時、徐々に親の欠点を受け容れ、愛せるようになりますが、親はそのサポートをするものです。もし、その子が、両親に、あまりに深く、あまりに早期に失望すると、堪え難い現実から自分を防衛するため、「分裂」を発達させてしまいます。不安定型の愛着スタイルをこう理解することもできます。

第３章で話したとおり、分裂を起こした子は、「全て自分が悪い」となり、「全てがいい人」「自分の全てを受け止めてくれる人」がどこかにいないかと、幼少期に得られなかったものを与えてくれる、救ってくれる異性《ひと》を探す大人になります。

別のケースでは、親が、自分の子を、全ていい子や全て悪い子として見たり、子に崇拝される時期を延ばそうとすることもあります。このように育てられた子は、早期の強く原始的な防衛である、分裂を発達させ、それを軽減するためには、長期間の忍耐と、精神療法が必要となるでしょう。ここでは、その取り組みの概要だけを述べます。

● 分裂はどう起きるのか知る

ここでは、あなたは何を分裂させ、投影させているのかを知る助けをお伝えできればと思います（“The Highly Sensitive Person's Workbook［ザ・ハイリー・センシティブ・パーソンズ・ワークブック］”の第７章には具体的な働きかけを書いています）。

たとえあなたに分裂が起きていて、その治癒方法を探している最中であったとしても、何から自分を防衛してきたのかを自覚するだけで、パートナーに対する明らかな投影は、防げるかもしれません。

パートナーがいれば、あなたが投影してきた善悪を「本当は違う」と否定してくれたり、引っかかるところや一致するコンプレックスがあるのを認めてくれたりして、あなたの助けになるかもしれません。そうすると、自分を恥じたり責めたりするかもしれませんが、全くその必要はないのです。それより大切なのは、二人の関係がコンプレックスに操作されていることを、パートナーにも知ってもらうことです。なぜなら、二人とも必ずコンプレックスを持っていて、操作されているからです。心の中で、分裂がどう起きるのか知るのもまた役立ちます。

研究によると、自分の悪い点を、まとめて一つのフォルダに保存している人がいるようです。例えば、「語学が苦手」「真面目過ぎる」「本当は嫌だけれど独りぼっち」などです。ポジティブな記録は、それとは違う別のフォルダに保管しているのです。「数学が得意」「思慮深い」「過去いい交際経験がある」などです。

防衛として分裂を使わない人は、このような自分についての情報は、内容別のフォルダに分けて保管しています。例えば、「語学は苦手」と「数学は得意」はセットにして、「能力」というフォルダに入れています。「今は独りぼっち」「過去はいい交際をした」もまとめて、「恋愛状況」というフォルダを作っています。

内容別に分類せず、ネガティブな情報だけを全部一緒に保存している人は、一つのネガティブな情報を引き出すと、他の全てのネガティブな情報も一緒に引きずり出されて、圧倒されやすいのです。例えば、「仕事が遅い」と言われた時、一緒に保存していた「語学が苦手」「真面目過ぎる」「嫌なのに一人で生きていくしかない」も出てきて、それどころか、「愚か」「悪い」「成功しない」「人気がない」「拒否された」「不幸」といったものまで、ぞろぞろと引き出してしまうのです。こういう人は、記録を内容別に分けるように意識したらいいでしょう。

さらなる研究では、「自分のパートナーをどう思うか」にもこれは当てはまります。

パートナーに対する記録も仕分けし直しましょう。ネガティブな情報だけをまとめて保管しないようにしないと、パートナーのことを、「今夜は随分おしゃべりだな」と思った時に、「奥ゆかしさがない」「軽薄」「思慮が足りない」「僕の気持ちを考えてない」「だめな相手」「やっぱりこんな相手を選んだ自分の目は節穴だった」「自分のような者にはこんな相手がふさわしいのだ」と繋げてしまうのです。

情報は、「外交的」「面白い」「人が好き」「人に飽きる」といった感じで、できるだけ細かく分け、ポジティブな情報、ネガティブな情報の両方を保管するようにしましょう。いい面も悪い面も一緒に丸ごと一つで見るのです。これが分裂の反対です。ただしこれができるようになるには、時間が必要です。

一番言いたいのは、二人のうちどちらかが、これまでの人生の何かが原因で、分裂や投影を起こしているのなら、親密で円満な関係を持続させるには、二人で丁寧に心理学を学んだほうがいいということです。HSPはそうして満たされるのです。大いに心に注目し心を学ばなくては、そうはなれません。不可解なすれ違いや自分でも分からない気持ちが生じているのならその背景にある、

・不安
・コンプレックス
・未解決の幼少期の問題

を二人でよく知っていく必要があります。

HSPのあなたは、きっとこのような仕分けが得意なはずです。しかし、自分たちの間で起こる投影は、お互い徹底的に理解し合い、ずっと置き換え続けなければなりません。

―「僕はこうしたい、そんなもの要らない！」と言うと、両親は罰し、拒否してきた―

そのような幼少期のコンプレックスは、あなたに必要な物を届けようとするパートナーの姿を、酷い両親が何かを押し付けてくる姿に重ねて見せます。あなたは、その傷を、癒す必要があります。パートナーに何かを届けようとして、相手がおびえるのなら、あなたは相手に、オドオドしたり子どものように拗《す》ねるよりも、よい治療を受けるべきだと伝えないといけません。

お互いに過去の誰かを投影させていないか、オープンに話し合いましょう。それから、もう投影しないよう約束しましょう。お互いうっか

りしてしまう時は、優しく約束を思い出してもらうのです。
レイブンはジャックに、「私はあなたの母親じゃない。けれど、もっと家にいてと言うのなら、そうするわ」と伝えればよかったのです。
ジャックもレイブンに、「僕は君の母親じゃない。いつも強い君でいてくれなくてもいい。頑張っていることを証明しなくたっていいんだよ」と言うこともできたはずです。

プロの助けが要ることもある

カップルには、時にサポートが必要なこともあります。調査によると、離婚した夫婦の１パーセントしか、カウンセリングを受けていないことが分かりました。あなたには残りの99パーセントになってほしくないのです。

また、サポートを受けるにしても、賢いユーザーになってほしいのです。個人カウンセリングと比較すると、夫婦カウンセリングは全然役立たなかったという調査報告があります。それは、受診が遅過ぎるから、または自己肯定感が低い、鬱というような、個人の問題に起因しているからです。しかし、セラピストなら誰でもこの問題が得意というわけではありません。個人セラピーの勉強をしただけで、カップルセラピーに必要なアドバイスができると思っていたり、きちんと訓練を受けていなかったりするかもしれません。カップルに向き合うのには特別な技術が要ります。その専門医を選ぶようにしましょう。
もちろん資格や研修の経験だけあればいいわけではありません。他のカップルに推薦してもらったり、２、３人に診てもらったりして決めればいいでしょう。その人の関わりが、あなたの人生のよし悪しに大きく影響するのですから、これは重要な選択です。二人とも気に入って頼れると思った人にしましょう。これから三人の関係を築くのです。
もしあなたの気に入った相談相手が、パートナーにはそうでもないなら、それを押し通してしまうのは、小さな勝ちを得ても肝心な戦いは負けてしまったようなものです。
カウンセラーが片方の味方になっているように感じた時は、異議を唱えさせてもらうことにあらかじめ同意してもらいましょう。もし、えこひいきが改善されないなら、違う人を探しましょう。いいセラピストは、個人的に思うことはあっても、片方の肩を持つことはしないものです。もちろん、片方だけに問題があると複数のカウンセラーが言うのなら、どうしてか考え、耳を傾けなければなりません。

二人のうちどちらかが、個人セラピーでもお世話になっているのなら、その人はやめたほうがいいでしょう。クライアントは、二人なのです。セラピストの思い入れが、どちらかに偏ってしまってはよくありません。

別れる時

人は、木を見ると森を見なくなります。関係をよくしようと一生懸命なあまり、相手が、
・おそらくあなたの手に負えないほど深刻な問題を抱えた人であること
・あなたが、本当は、その人と一緒に生きていきたいと思っていないこと
に気づかないことがあります。
この世界には、極端な心の問題を抱えているのに、初めは美しい言葉を並べて取り繕っている人が多くいます。そういう人に恋してしまうことも、誰でも一度はあります。「被害者コンプレックス」にとらわれている人は、そういう相手に何度も引っかかります。

HSPはそのような深い問題のある相手を見抜き、避けることが、得意になれるのでしょうか？ はい、経験があれば、見抜けるようになります。しかし、経験のないHSPは、彼らの強烈な求めに応えてしまい、彼らと親密な関係になったらどのような結果になるのか後先考えずに助けたがるのです。

この場合は、投影を減らしたりやめたりするスキルを覚えていくら意識していても、解決できるものではありません。あなたの自身の影《シャドー》の投影ではない、相手の問題に目を覚ましましょう。その人との交際は、ただの間違いだったのです。あなたは、この問題が自分一人で取り組むものなのか、二人ともあるいは片方にはプロの助けが必要なのか、敏感な心で見抜かないといけません。「この人は助けられない」という見極めも必要です。

その見極めを学ぶに当たって、知っていただきたいことがあります。交際をしていて、あるいはカウンセリングを受けていてもすぐに解決できない問題には、長い年月がかかること、その間に、自分の人生は浸食され、他の人との関係を持つ時間もなくなっていくこともあるのです。

問題が深い人たちは、一つの仕事や友達関係が長続きしません。そしてまた、交際中に、相手から、深刻なネグレクト、虐待、幼少期の繰り返すトラウマなどの、かなり明瞭な物語を聞かされるはずです。

敏感さを発揮すれば、そのような傷にすぐに気づくはずです。それほどの傷を自分が癒せるなどと思っては、泥沼にはまります。そのような人には、個別のプロの手が必要なのです。パートナーにはふさわしくありません。特に、その人が今まで治そうとしてこなかったのなら、なおさらです。もしそのような傷を抱えた人が、診療を受けるのであっても、よくなるのには時間がかかり、その間にあなたのことは不要になるかもしれません。相手が、助けを拒むのであれば、少なくともカップルセラピーを拒否するのなら、本当に離れたほうがよいです。

厳しいことを言いますが、第３章では、不安定型の愛着スタイルの人について、第４章では、「いい相手の見分け方」を伝えてきました。その最悪な場合を想像してみれば、自分の手に負えない人が自ずと分かるでしょう。

一つの極端な場合として、愛着スタイルが「最大化」している人がいます。見捨てられ不安が強く、あなたが一人になりたい、相手に変わってほしいと言うだけで、取り乱します。もし、相手にあなたの気持ちを伝えてみた時、反応が、

・悲観的に嫉妬してくる
・完全に言いなりになってくる

いずれの場合でも、あなたが受け取れるようなエッセンシャル・スピリットは、その人にはないのです。

その対極に、愛着スタイルが「最小化」している人がいます。極端な拒絶・回避型、ナルシストたちは、自分は誰も必要としていない、と決めつけています。

敏感になれば、彼らが「ただ一方的に愛してほしい」から、つきあおうとしていることを感じ取れます。しかし、彼らは親密さをあまりにも怖れていて、長く一緒にはいれません。彼らは、あなたのそして自分の人生に対していわゆる普通の「人間らしい心」がないのです。

上記２つの両極端な例は、次の第３のタイプにもなり得ます。このタイプは、交際がストレスとなった時、例えば、遠距離恋愛になったり、喧嘩をしたり、病気になったりした時に、逆上したり、自虐的になったり、あなたに暴力さえふるうことがあります。

このような人たちは、全てが白か黒のどちらかにしか見えず、常に「分裂」しているのです。「君はいつもそうだ」と、「私はいつもこういう目に遭わされている」です。

しかし、黒は突如、白へと変わり、白はたちまち黒に変わってしまいます。ある時は「僕の天使」と崇めたくせに、急に「悪の権化」呼ばわりをしてきます。このような人たちは、自分を守るためのある種の感情、例えば怒りにはすぐに触発されるのですが、自分の脆さには触れようともしません。「一緒に変わろう」「治療が必要かもね」と言うと、自己の核心部を攻撃されたと思って、反撃しかできないのです。

もう一度言いますが、目の前にいる相手を判断するのは簡単なことではありません。

パートナーの中には、

・防衛がとても強い人
・「心理学には興味がないんだ……」と、やわらかく変化を拒む人
・パートナーに「分析」されるのを怖がる人

がいるのです。

分析する側のあなたがHSPで、パートナーがそうでないのなら、怖がられて当然です。その人は経験から、あなたが並外れた目で、自分のプライベートを覗いてくることを知っています。あなたが「二人の関係がうまくいっていないから、一緒にそれを変えていこう」と話した時に、パートナーは、それに耳を貸してくれる、自我の確立した人でなければなりません。

言葉や身体であなたや誰かを傷つけるようなパートナーであれば、犠牲は最小にして一刻も早く、少なくともいいサポートを得られるまで、その人から離れましょう。

しかし、パートナーが、

・親密にも正直にもなれない
・二人にそれぞれの問題があることを受け止められない
・解決を探そうとしない（少なくとも本を読んでくれない）

のなら、それだけで、少なくともパートナーが自覚を持つまで、別れていいと私は思います。あなたには、なぜ二人の歯車が合わなかったのか、パートナーに伝え、変わる、あるいは、助けを求める機会をその人に与える義務があります。しかし、その機会を拒否する、その必要さえ否定するのなら、私なら、別れて違う相手《ひと》と一緒になります。

ひとことだけ

本書も、コンプレックスを深く見つめてどうしていくかより、一般的な自己啓発本のように、他人や気質を責める機会を提供してしまったかもしれません。

自分の心を知るのは自分です。本書はそれを外から見守るセラピストの役割をどれほど果たせているか分かりません。ですが、これは私の心の底からのお願いです。どうか、どうか、パートナーとうまくいかない理由を、気質のせいにしないでください。

訳注

＊1 コンプレックス（complex）：何らかの感情に色づけされた心的内容の集まり。無意識の中に存在し、意識的な活動を妨げるかたちで現れる。ユング心理学の鍵概念の一つ。

第８章

HSP向けの「夜」のお話

― 未来の詩人のために ―

本章では、生まれ持つ気質がセクシャリティにどう作用するのか、私の知る限り、初の追求をしたいと思います。HSPと（比較のために）非HSPの両方、443人のインタビューとデータに則って進めます。もう一つの根本的な気質であるHSS（刺激探求）が、セクシャリティに与える影響についても話します。

予想どおり、HSPの性的経験や思考は、重要な点で非HSPと異なっていますが、異常というほどには違っていません。HSPは、基本的に、普通《ノーマル》なのです。

セクシャリティの普通《ノーマル》な範囲は、生まれ持つ気質を考えれば、広くなるのですが、教育者や、カウンセラー、自己啓発本などでは見落とされてきました。これはかなり大きな見過ごしといえるでしょう。なぜなら、多くの人は、大人同士で合意があれば、「ノーマル」の定義は自由だと頭では賛同しているのですが、気づかないところで、性の概念に縛られ、葛藤しているのです。

そしてHSPは、自分についての肯定的な知識を持っていないと、平均と比べて「自分は少し変なのかも……」と思い悩んでしまいます。

本章で、肩の力を抜いて楽になってください。

まずはじめにこの調査に用いた質問を載せますので、気軽な気持ちで回答していただき、調査結果と比べてみてください。

気質とセクシャリティに関する アンケート

全ての質問に、「こうあるべき」と考えず、
できるだけ素直に答えることが大切です。

質問文の「セックス」の定義

用語をシンプルに統一するため、「セックス」とあれば、
双方の自由意志によって性器を触れること、性的興奮、
高ぶりに関連した行動全てのこととします。
つまり、「その気」なら、挿入がなくてもオーガズムに至らなくても、「セックス」です。
そのため、性器に触れないキスや身体を密着するダンス、
強要された行為は含みません。
もちろん性的行為に、必ずしも一人のパートナーが必要ということはなく、
それについての質問もあります。
特注のない限り、質問のセックスとは、相手がいて、
性的興奮を伴って能動的に性器に接触する行為のことと思ってください。

1 過去12カ月のセックスの頻度

- □ 全くない
- □ 1、2回
- □ 月に約1回
- □ 月に2、3回
- □ 週に約1回
- □ 週に2、3回
- □ 週に4回以上

次のページへ →

② 直近の性行為の所要時間は

- □ 15分
- □ 15分以上30分未満
- □ 30分以上60分未満
- □ 60分以上120分未満
- □ 120分以上

③ ここ12カ月で、パートナーとのセックスで感じたこと

（日頃当てはまるもの全てにチェックしましょう）

※「パートナー」あるいは「主なセックスパートナー」とは、一番大切で頻度の高いセックスパートナー、現在いないのなら、特注のない限り、過去に一番長く性的関係を持った人のことです。

- □ 満足した
- □ 悲しかった
- □ 愛があった
- □ 不安/心配だった
- □ 怖かった/嫌だった
- □ スリルがあった/興奮した
- □ 罪悪感があった

以下の質問には、次の1～5で答えましょう。

1. 全くか、ほとんどそうでない

2. 滅多に当てはまらない

3. 時々そうである

4. しばしばそうである

5. ほとんどいつもである

4 セックスは人生を満足させる重要な要素の一つだと思うか？
（　　　）

5 性的関係を考える時、相手への影響を考えるか？
（　　　）

6 交際中、セックスを楽しむには
パートナーへの愛情が必要か？（　　　）

7 （交際をしていない時）さまざまな性的パートナーを
持ちたいと思うか？（　　　）

8 愛情のないセックスを楽しめるか？（　　　）

9 新しい関係を持とうとしている時、
性感染症や妊娠のことを考えるか？（　　　）

10 微妙な性的サインや、メッセージに興奮するか？（　　　）

11 強くあからさまな性的サインやメッセージに興奮するか？
（　　　）

次のページへ→

12 なかなか性的な気分になれないか？（　　　）

13 性に対して積極的で、主導権を持ち、
リードする側でいたいか？（　　　）

14 圧倒されたり刺激がオーバーして、
セックスを中断しなければならないことがあるか？
（　　　）

15 興奮していても、乱暴に激しく触れられると
性器に痛いところがあるか？（　　　）

16 セックスの途中で気が散ったり
邪魔されたりすると気分が萎えるか？（　　　）

17 セックスの最中は、
音楽が流れていたほうがいいか？（　　　）

18 セックスの最中に、話をするのは好きか？（　　　）

19 セックスは毎回、同じがいいか？（　　　）

20 最中や直前の、ちょっとした音や匂い、相手の何かを見て、
すぐに気分が萎えるか？（　　　）

21 主な性的パートナーとは、
オーガズム（クライマックス）があるか？（　　　）

22 セックスの後、
すぐに通常の活動に戻るのは難しいか？（　　　）

23 セックスに神秘やパワーを感じるか？（　　）

24 セックスを気軽に捉えられるか？（　　）

25 セックスは好きか？（　　）

26 性行為における変化を楽しむか？（　　）

27 お酒で性的パフォーマンスが下がるか？（　　）

28 特定の薬が性的パフォーマンスに
作用したことはあるか？（　　）

29 ここ12カ月で、性行為に、
健康状態による支障があったか？（　　）

30 ここ12カ月で、性行為に、
精神的な問題による支障があったか？（　　）

31 ここ12カ月で、性行為に、生活上のストレスや
プレッシャーによる支障があったか？（　　）

32 パートナーとセックスをしている時、
性的幻想《ファンタジー》はあるか？（　　）

33 マスターベーションをしている時、
性的幻想《ファンタジー》はあるか？（　　）

34 性的幻想《ファンタジー》があるのなら、
大変ロマンチックな状況か？（　　）

次のページへ→

35 性的幻想《ファンタジー》があるのなら、
あなたが相手を支配しているものか？（　　　）

36 性的幻想《ファンタジー》があるのなら、
相手があなたを支配しているものか？（　　　）

その他の質問

37 現在、交際中か？（　　　）はい（　　　）いいえ

38 これまでの性的パートナーの人数（　　　）人

39 1カ月以上一緒に暮らしたことのある
性的パートナーの人数（　　　）人

40 初体験の年齢（　　　）歳

41 初めて性的パートナーと生活した時の年齢
（　　　）歳

42 ここ12カ月の性的パートナーの人数（たった1度でも人数にカウントします）（　　　）人

43 思春期前（声変わりや恥毛が生える前）に、
誰かに性的に触られたか？
（　　　）はい（　　　）いいえ

「はい」ならば、その経験が、
その後の人生に影響してきたと思うか
（　　　）はい（　　　）いいえ

44 人には、セックスに関心がなくなったり、不感症になったりする時期もあります。以下は、ここ12カ月で、そのような経験があったかを質問しています。当てはまるもの全てにチェックを入れてください。

(　　) セックスに関心がなくなった
(　　) 直前に、自分の性的能力が心配になった
(　　) 早々にクライマックスに達した(オーガズムを経験した)
(　　) 挿入の最中、痛かった
(　　) (痛くなかったとしても)気持ちよくなかった
(　　) クライマックスに至らなかった
(オーガズムを体験できなかった)
(　　) 濡れない(女性)

45 ここ12カ月のマスターベーションの平均回数

- □ 1日2回以上
- □ 1日1回
- □ 1週間に何度か
- □ 週に1回
- □ 月に2、3回
- □ 月に1回
- □ 2カ月に1回
- □ 年に2～5回
- □ 年に1回
- □ 1年間していない

「平均」には問題がある

今回のデータの紹介に際して、心に留めておいていただきたいことは、お伝えしているのは、非HSPとHSPのグループの平均のわずかな差異だということです。

現実と平均値の間にはいつも大きなギャップがあり、私の話にもたくさんの例外があります。あなたがその例外ということもあるかもしれませんが、だからといって、あなたが変ということにはなりません。たとえ、あなたの経験が、他とは違っていても、それがHSPの定義を助けてくれます。この調査を通し、私は、これまで性的関係を結んだことのない人も含め、あらゆる経験をしているたくさんのHSPに出会ってきました。性的関係に関わらず、同じ状況でも、多くの人がさまざまな事情を抱えているものですから、ご安心ください。

参考までに、回答者の内訳は、女性308人、男性135人で、平均年齢は、女性が46歳、男性が48歳です。非HSPと自負していた参加者が実はHSPだったということもあるので、参加者全員に、この質問票だけでなく、HSPの簡易セルフテストを渡し、回答してもらっています。

どこまでをHSPとするかは、私がどこで分けるかによりますが、

・敏感な人、敏感でない人を真ん中で分ける

・非常に敏感な人と、非常に敏感でない人とを比較する

この両方の分け方をしましたが、結果は同じでした。

HSPが、他と違わないところ

以下の項目は、HSPと非HSPでスコアがかなり似ていました。

・一緒に住んだことのある性的パートナーの数（質問39）
・直近の性行為の所要時間（質問2）
・セックスは人生を満足させる重要な要素の一つである（質問4）
・ちょっとしたサインに興奮する（質問10）
・なかなか性的な気分になれない（質問12）
・積極的に二人の行為をリードする側でいたい（質問13）
・セックスの最中に言葉を交わしたい（質問18）
・オーガズムの到達しやすさ（質問21）
・マスターベーションの頻度（質問45）
・身体や精神の問題、薬がセックスの妨げになる（質問28、29、30）
・相手を支配する性的幻想《ファンタジー》を持っている（質問35）
・性的虐待に遭い、それが人生に影響を及ぼしている（質問43）
・性的機能不全（興味がない、気持ちよくない、勃起しない、早漏）を報告している（質問44）
・セックスの最中に感じる満足や心配、興奮、あるいは罪悪感（質問3）

私は、これら全ての結果に、うれしくなりました。HSPも、セックスで満たされ、積極的、主体的で、興奮もするし、罪悪感や不安にとらわれず、不感に関する問題とも相関がないのです。つまり、HSPだからといって、性的に躊躇っているわけでも、問題があるわけでもないのです。

HSPが違っているところ

以下の項目は、男女関係なくHSPが、非HSPと比べて「しばしば」あるいは「ほとんどいつも」当てはまると回答したものです。これらの違いは皆、統計的に有意で、つまり、HSPと非HSPそれぞれの平均に差のある項目です。

・セックスに、神秘とパワーを感じる（質問23）
・セックスの後、いつもの状態に戻るのが難しい（質問22）
・強くあからさまな性的サインには興奮しない（質問11）
・興奮していても、乱暴にまたは激しく触られると性器に痛むところがある（質問15）

これは、特に、非HSP女性よりも、HSP女性に当てはまります。非HSP男性と比べるなら、HSP男性にも当てはまります。

・圧倒されたり、刺激がオーバーして、セックスを中断する必要がある（質問14）
・セックスの最中に集中できなかったり、邪魔されたりすると気分が萎える（質問16）
・セックスをしている時や、しようとしている時に、微妙な音や匂い、目に入る特定の何か（環境やその相手）に妨げられやすい（質問20）
・セックスは毎回同じでよく（質問19）、別に変化を楽しんでいるわけではない（質問26）

非HSPとHSPのこれらの違いは、女性にも見られましたが、男性が顕著でした。

これは私の予想したとおりの結果です。最初の２つの項目は、HSPの経験は、深い所で処理されていることを表します。HSPはセクシャリティに、神秘的なパワー、平凡な日常から切り離されたものを見出すのです。もちろん、いつもの生活に軽々とは戻れません。

他の項目は、HSPの身体的な敏感さや、小さなことへの気づきが、セクシャリティを邪魔する可能性を表しています。これらを質問したのは、もし、これらが多くのHSPに当てはまるのなら、たとえそれが、圧倒されたり、刺激がオーバーすることで、取り乱しやすい、気が散りやすい、毎回同じでいい、ということであったとしても、あなただけではないと、自分を許せて、ホッとしてもらえると思ったからです。いつも親しんでいるセクシャリティが、既にミステリアスでパワフルだというのなら、一体誰が変化を望むでしょう。

非HSPのパートナーがあなたの激しさを好きでいてくれるなら、その人は、必ずセットで、あなたのニーズや好みにもつきあわないといけないでしょう。同じように、あなたもその人の、「ちょうどよい刺激の強さ」に鈍感なところ、露骨なイメージやサインにも関心が強いところにもつきあわないといけません。これらは皆、全部セット《パッケージ・ディール》なのです。HSPであってもなくても、人は皆、セクシャリティに好みがあるのです。

HSP女性とセクシャリティ

HSPと非HSPの違いは、男女で異なることがよくあります。以下の項目は、女性で、HSPと非HSPで異なる点です。なお、これらについては、男性では、HSPと非HSPにさほど違いが見られませんでした。

・HSP女性は、非HSP女性と比べ、オーガズムや潤滑の問題が少ない(質問44)
・悲しがったり怖がったり不安がることは少なく愛情を感じている（質問3）
・一生の間の性的パートナーの数が少なく（質問38)、この1年間の数も少ない（質問42)
・性的関係を持つことによる相手への影響をよく考える（質問5）
・性的関係を持つ前に、病気の感染や妊娠を心配する（質問9）
・セックスを楽しむためにパートナーへの愛情を感じる必要があり（質問6）、愛情のない相手とのセックスは楽しめない（質問8）
・安定した関係（夫婦など）がなくても、性的パートナーが次々と替わることは、あまり望まない（質問7）
・セックスを軽々しく捉えない（質問24)

・セックスをあまりしたくない（質問25）
・パートナーとセックスをしている最中に、ロマンティックな性的幻想《ファンタジー》も、他の人を支配するような、性的幻想《ファンタジー》も持たない（質問32、34、35）
・初体験が遅い（質問40）

なんと興味深い敏感な女性のイメージでしょうか。

HSP女性は、激しい、気が散りやすい、圧倒されやすい、ささいなことを気にすることにも当てはまりますが、加えて、オーガズムに達しやすく、非HSPと同じように満足しているのです。それと同時に、あまりセックスをせず､少しだけ楽しんではいません。この理由の一つは、セクシャリティは、通常の刺激の源でもあるので、生活が既に刺激だらけならば、そのことで刺激がオーバーしかねないからです。

また、性的に興奮していても激しく触られると性器に痛みがあると言っていることも理由の一つでしょう。特にHSPの女性は、何かに傷ついても、それを訴えるのはなかなか難しいのかもしれません。うろたえている、変、冷淡、拒否していると思われる気がしたり、そのせいでパートナーの快感を妨げてしまって申し訳ない気分になったりするわけです。しかし、痛みは痛みですし、HSPは痛みへの閾値が低いのです。

つまり、HSPの女性はグループとして見ると、考え深く、誠実で、共寝する相手をはっきりさせていて、恋愛関係の中でのみ、自分のセクシャリティを表現したがっているのです。彼女たちのオーガズムの達しやすさは、このような丁寧さで説明できるかもしれません。

愛されている実感を持っていて、不安や悲しみの感情は少ないのです。賢い女性です。

HSP男性とセクシャリティ

以下の項目は、HSPの男性が、非HSPの男性と比べスコアの高い傾向がありました。なお、HSP女性と非HSP女性の間には違いが見られませんでした。

・現在交際中である（質問37）
・セックスの最中に音楽はないほうがいい（質問17）
・アルコールが性的パフォーマンスに影響する（質問27）
・パートナーとセックスをしている時（質問32）やマスターベーションの時（質問33）に性的幻想《ファンタジー》がある（なんと豊かで忙しい想像力でしょう！）

HSPと非HSPの一般的な違いはあるものの、それを除いては、HSP男性には、非HSP男性と比べて際立った違いはありませんでした。

ただし、HSP男性は、行為にアルコールの影響を受けます。これは私の予想の範囲内です。アルコールの影響は男女ともに全てのHSPにあるものの、性的パフォーマンスは、女性より男性のほうが妨げられます。ですから、アルコールがHSP男性の性的パフォーマンスへ与える影響は、HSP女性と違いがあって当然です。

HSS（刺激探求型）とセクシャリティ

今回の質問には、第1章のHSS（刺激探求型）のセルフテストの簡易バージョンも入れてありました。第1章でも話しましたが、刺激探求と敏感さとは独立しています。HSPとHSSは、片方だけ当てはまることもあれば、両方当てはまる、両方当てはまらない、ということがあるのです。

セクシャリティには、敏感さに影響されていながら、刺激探求にも影響される側面があります。この場合、HSPの敏感さによる影響は、刺激探求によって助長されたり、相殺されたりします。これは、HSSの男女両方に当てはまる次の結果で明白です。

HSP全般に当てはまる結果に、毎回同じがいい（質問19）とあったのを思い出してください。しかしHSSは、男女ともに、毎回全く同じなのを好みません（それほど驚くことではありません）。従って、HSP/非HSSは、最も毎回同じなのを好み、非HSP/HSSは最も嫌がります。HSP/HSSと、非HSP/非HSSはその中間です。これは、刺激探求が敏感さの影響を減らしている一例です。2つの気質が、それぞれの作用を消し合っているのです。

他の刺激探求の結果は、男女で異なるパターンもありました。

● HSS（刺激探求型）女性の結果

・HSSの女性は、そうでない女性と比較すると、より多くの性的パートナーを持とうとし（質問7）、生涯の経験人数が多い（質問38）

この点においては、女性のHSPと非HSPでは差がなく、HSSであることの影響は誰にでも同じです。敏感な刺激探求女性（HSP/HSS）ならば､HSPであろうとなかろうと非HSSよりも､おそらくたくさんのパートナーを求め、手にしてきました。

面白い結果ですが、

・HSSの女性は､セックスには､スリルも興奮もあまり見出しません（質問3）

もう一度言いますが、この点で、HSPと非HSPには差がないのです。ですから、HSP/HSS女性なら、セックスの興奮は、HSPであろうとなかろうと、非HSS女性よりも少ないのかもしれません。

非HSPであっても、HSSと非HSS間の相違は、これらの結果と同じですが、本書はHSPに焦点を当てているので割愛させてもらいます。

・HSS女性は、愛情のない相手とでもセックスを楽しめる傾向がある（質問8）

HSP女性は愛情のない相手とはセックスを楽しめない傾向があるので、これは、二つの気質が相殺し合って、影響が減る例となります。つまり、HSP/HSS女性なら、この中間です。HSP/非HSS女性なら、この傾向は低いでしょう。

・HSS女性は、セックスにパワーと神秘を見出す（質問23）

これはHSPの女性もそうです。ですから、HSP/HSS女性は、気質の組み合わせの中で最も、セックスに神秘とパワーを見出します。

・HSS女性は、非HSSよりもセックスが好き（質問25）

前に、HSP女性は非HSPよりもわずかにセックスを好まないと言いました。つまり、HSP/HSS女性なら、おそらく中間で、気質が相殺され、刺激探求が、敏感さの影響を減らすのです。

・HSP/HSS女性なら、ここ12カ月でマスターベーションの回数が少しだけ少ない（質問45）

・マスターベーションをする時、HSS女性は、非HSSよりも性的幻想《ファンタジー》を抱く傾向がある（質問33）

この点でもまた、女性のHSPと非HSPの間には差がありませんが、HSP女性であっても、非HSSよりも、HSSならこの傾向があります。

つまり、HSP/HSS女性ならば、刺激探求によって、あまりスリルも感じず、マスターベーションもしませんが、さまざまなパートナーとのさまざまなセックスに関心が向かい、愛のない相手とのセックスも楽しみ、セックスのパワフルでミステリアスなところを堪能する優れたセンスがあります。しかしだからといって、刺激探求型でない人が、何かを失っているわけではありません。なぜでしょうか。メディアの論調はさておき、さまざまな相手と、愛のないセックスでも楽しめたりすることが、決してあなたの本質ではないと思うからです。

草食動物は肉を食べませんし、肉食獣は、オート麦を食べないのです。

では、HSP/HSS女性が、セックスを楽しむという結果について、どう説明したらいいでしょう。これは、彼女たちが新しい刺激と経験を楽しむ傾向があることの一つの現れに過ぎないのではないでしょうか。

HSP/非HSS女性は、つい隣の芝は青いと妬みますが、HSP/HSS女性だって、静かに考えにふけるといった、刺激の少ない活動だと、あまり楽しむことができないと思うのです。隣の芝はいつも青く見えるのですが、私たちは本能的に、自分の神経システムにふさわしい庭を選んでいるといえます。

● HSS（刺激探求型）男性の結果

・刺激探求型（HSS）男性の性生活は、敏感であるかないかに関わらず、感情面の問題（質問30）や、ストレス、プレッシャー（質問31）に、非HSSよりも影響を受けることが分かりました。

おそらくHSSの生活は、よりこれらにさらされているからでしょう。この点においてはHSPと非HSPには差がなく（面白い結果です）、HSSだけにこの可能性があります。HSP男性なら、非HSSよりもHSSにこの問題が当てはまるのです。

・HSS男性は、敏感であるかないかに関わらず、不感症の問題（質問44）が少ないです

この点においてHSPと非HSPには差がなく、HSP/非HSS男性よりも、HSP/HSS男性はこの問題が少ないです。

・刺激探求ではないHSP男性（HSP/非HSS男性）が、セックスの最中に邪魔をされると、他のグループの中で一番、萎えやすいです（質

問16）

・両方の気質のある男性（HSP/HSS男性）は、パートナーの数が、他の3グループは年間平均一人なのに比べ、一人未満です（質問42）

つまり、敏感さと刺激探求の両方の気質を持っている場合、満足な関係を安定させることも、続けることも難しいと言えます。

刺激の最適レベルが狭い上に、パートナーに求めているのは、生き生きしていて面白く、深い話のできる女性《ひと》で、しかも、ある時は一緒にドキドキしたがり、親密になりたがっておきながら、またある時には、一人でいたがる、そういう自分を解ってくれる相手でないといけないからです。

回答者たちの声

平均の差を見てきましたが、回答者たち一人ひとりの声を聞いてみましょう。

HSPとしての性的な成長

HSPの中で特に若い子は、自分の敏感さとセクシャリティを分かるまでに、かなりの試行錯誤があったことをコメントしています。ある32歳の女性は、それを「180度の転換」と呼んでいます。

「奇妙なことに、非HSPの女友達と比べて、HSPの私のほうが経験人数が多かったのです。20代半ば、敏感さをだんだん（半分）意識するようになったのですが、それに抗って、「普通」に振舞おうとしていました。それまでずっと、周りに『敏感過ぎる、強くならなきゃ』と言われてきて、でもそれができなくて、これ以上、生きていけない気がしていました。……それでも、とうとう本当の恋をしたのです」

その後、彼女は、いかに激しい感情と刺激に見舞われ、怖いほど圧倒されたかを書いています。その人との関係は、3年で終わりました。二人がお互いの気質の違いを理解できないことが原因でした。彼女はボロボロになりましたが、彼と愛し合った時間の「魂が揺さぶられるような感覚」を忘れられませんでした。

彼女は、その後の「独り身で過ごした」3年間で、HSPである自分が何を求めているのか、その理解と基準は、「永久に変わった」と言います。彼女は、HSPである自分に目覚めることに時間をかけて取り組むことにして、パートナーとの出会いもその一環と考えるようになったそうです。

また違う女性も、20代前半ではたくさんの相手がいたのですが、47歳になるまでのこの10年間は、性的パートナーを持っていないという、似た話をしてくれました。

「人生の他の部分もそうでしたが、若い頃の私は、性的経験については、私は本当の自分、HSPとしての本質に正直でありませんでした。自己に目覚めて、自分を大切にすることで、HSPとして、性に対する考え方が、根本から変わるのです」

一方で、未経験でありながら、自分が、人と違うことを感じているHSPもいます。26歳の女性は、本当の恋をしたことがないので、まだセックスをしていないと書いています。

「私は、激しく感じるので、私の敏感さを大切にしてくれる人がいいです。私はセックスをしたいし、楽しめると思ってます。敏感さは、セックスを盛り上げてくれることはあっても、妨げにはならないと思っています」

彼女は待っているのです。

こう感じているのは、HSPの女性だけではありません。私がインタビューをした33歳のHSPの男性は、こう断言していました。

「はっきり分かるのは、僕は愛している相手でないとだめで、その女性のことを、最初によく知りたいです。もっと違う自分ならよかったと思いたくないんです。拒絶されるのが怖いというのはあります。それで、僕がその女性を本当に好きで、相手もそうであると確信できるまで待つのです。そのおかげで、あまり失恋はしていません」

じっくりと自分に最適な相手を選ぶのは、異性に対してだけではありません。40歳のゲイの男性は、若い頃はたくさんの関係を持っていましたが、自分の敏感さを知ってからは、「感情、身体、スピリチュアルな反応」の3つが一致しないと、もはや興味の対象外だと書いています。彼は、ゲイのうちの約20パーセントが、自分と同じように敏感だと知り、自分に合う敏感なパートナーを探すためには、辛抱強さが必要と思っているそうです。

● 快感に対して非常に敏感である

多くのHSPが、性的な快感が非常に強いとコメントしていました。こう書く女性がいました。

「私はいつも身体が敏感で、そっと触れられたり、愛撫されたりするだけで、深い満足を覚えます。キスされると興奮がマックスになって、唇が震え、鳥肌が立って、悶え声が漏れてしまいます。敏感だから、快感が『鋭く尖っている』のではないかしら。きっとそうです」

また他の女性は、高ぶり過ぎてしまうので、パートナーに行為を中断してもらわないといけないそうです。その後、彼女は、彼が自分で達するのを手伝いながら、敏感さによって、一緒にオーガズムを感じると言っていました。

「腰が揺れてきて、開放される感じがしても、それは本当のオーガズムではありません。揺れはパートナーがクライマックスを迎える直前に始まります。それから、挿入がなくても二人で動いて、私たちは一緒に果てます。まるで、パートナーの中で起きていることを感じ、身体が呼応するかのようです。こういう直感で、刺激されているのです」

敏感さに伴う、快感と苦痛の両方をコメントする人もいます。48歳の女性は、「クリトリス、膣の入口、膣、子宮頸部、子宮、卵巣で、それぞれオーガズムを感じられる。私が、物事をこんな風に、細かく分けることができるのは、HSPの感覚のおかげだと思う」と書いています。

この女性は、思春期の頃から、映画や本や誰かの話を、他人とは違う風に言葉にしてきたと言っています。彼女には、セックスはいつも「パワフルで神秘的なもの」なので、他人が軽々しくセックスを語れてしまうのが、「ものすごく敏感な神経に触る」そうです。

「全てがHSP的に正しくないと、性行為は苦痛になることだってある。私のパートナー（非HSP）にしてみると本当にちょっとした刺激が原因で、急に状況が変わってしまうこともあるわ。私は、オーバーといっていいほどの感覚のせいで、他にも困ることがあります。例えば性器のあたりの匂いにすごく敏感なんです」

彼女は、初めてのパートナーに、洗ってくれるようお願いしたところ、セックス自体を「汚い」と思っているように誤解されてしまったそうです。今となっては、彼が、自分ほど匂いに敏感ではなかっただけと分かりましたが、そういう誤解の数々に相当苦しめられた記憶があるそうです。

● セクシャリティと共感的な繋がり

多くのHSPは、性的パートナーと強い繋がりを感じるといいます。他の刺激がなくとも、パートナーを知覚するだけで、オーガズムを得られる女性について話しました。55歳のHSPの女性はこう書いています。

「30年の夫婦生活で、最近は特に、性的な結びつき自体が、深い内的交わりだとはっきり分かりました。私はよく夫の感情に感応していました。それで、性的な交わりが重要という大きな洞察を得ました」

共感的な繋がりの大切さは、共感がないと性的快感をほとんど得られないHSPがいることからも分かります。48歳の女性はこう告白します。

「私は経験が乏しく、しばらくご無沙汰です。夫婦生活は2年だけでした。他のパートナーとの交際も半年も続きません。私はセルフテストが100パーセント当てはまる超HSPでして……相手と親密になるのには、どうしても時間がかかります。……それだけ待ってくれる男性は滅多にいないし、私は男性とオーガズムを得たことは一度もなく、マスターベーションだけで、激しくイってしまうようになりました。パートナーとでも同じくらいのオーガズムを得られるとは思うのですが、機会がありません」

● セクシャリティを妨げるもの

性的機能障害、病気、ストレス、薬、交際への不満、性的虐待の経験。これらが、セクシュアリティの妨げになる点において、HSPと非HSPの間に、統計的な差はないのですが、中には、

・閉経
・パートナーの無関心
・過去のパートナーによる虐待経験

が、さまざまな形でセクシャリティを妨げると書いてくれたHSPもいました。

中でも痛ましい話は、幼少期のトラウマが成人後、性的障害を生むケースです。

ブルースという大変敏感な男性は、7歳の時に脊髄性小児麻痺にか

かり、2度命を落としかけたことがありました。成人してから若い妻を持ち、性的関係を持とうとした時、全く射精ができなかったのです。心理療法を受けて判明した理由はこうです。幼少期の病院で、女性の看護師たちに囲まれ、胃液や気管支を吸引されることが、彼にとっては「暴行」だったのです。そして、自分の身体から何かを（精子であっても）取り出す女性を怖がり、信じることができなくなったのです。

ブルースの妻は、そんな彼に何年も連れ添い、大きな前進もありましたが、完治までの道のりはまだ遠いです。それでも、彼らは深く愛し合っていて、強い絆があります。

二人は、問題があったからこそ繋がってこれたのだと感じています。この極端な問題は、よい所も悪い所もセットですが、二人の個性に磨きをかけてくれているのだと受け容れているのです。ブルースの話から教えられることは、もちろん満足するセックスは大切で、そのためにいろいろ努力するのも必要ですが、それが全てではない、ということでしょう。

HSPの夜の営みにアドバイス

HSPがいい性的関係を持つためのアドバイスは、これまでのアドバイスとほぼ一緒ですが、いくつか強調しておきたいことがあります。

●欲求について

人は、セクシャルであるためには、欲求がなければなりません。HSPで有るなしに関わらず、若い男性には、この手の問題はあまりないようです。

しかし、どうやらHSPの男女が歳をとって、ホルモンが働かなくなると問題になります。欲求に関連した問題は、大抵精神的なものであって、身体ではありません。欲望に繰り返し身を任せるには、ほぼ毎回、本当に気持ちよくならないといけません。そのためには、リラックスし、痛みがない（全くない）必要があります。

例えば、忙しい1日を過ごし、既に（性的な意味でなく）興奮してしまっているのなら、性的に興奮する人などいません。それなのに、HSPは相手の求めに同調し過ぎて、自分がリラックスしていない、したくもないのに、パートナーを喜ばせるためだけのセックスをしがちです。これは、裏目に出て、結局二人とも楽しめなくなることがあります。本当はセックスしたくないのに、無理にして、全然気持ちよくないということは、よくあります。すると、次回を望まなくなるのは当然で、避けようもないことです。

欲求に身を委ねる前に、現状確認システムが働くことも理由に挙げられます。「性的に抑圧されて育ってきた僕はちゃんとできるだろうか？」「性的にいじめられたことのある私は大丈夫だろうか？」「性感染症は？」「この人を信頼していいの？」といった心配事が邪魔をしてしまうのです。

HSPは、危険な可能性のあることは全て確認しておきたいという強い動機があるので、危険を疑う眼差しが、自分の性的欲求を麻痺させてしまうのです。では、どうすればよいのでしょう？

忍耐強く

パートナーがいるのなら、その人も辛抱が必要です。しかし、積極的に取り組み、心がけないと、性的欲求は改善されないものです。

好き嫌いをパートナーと話す

お互いの好き嫌いは、推測するのでも自分の好みを投影するのでもなく、たくさん話し合いましょう。パートナーがいないなら、自分の想像の中で「性的な自己」と話し合うといいかもしれません。

セックスについての対話には、セックスそのものと同じように、信頼が要求されます。パートナーとの対話には信頼が必要なのです。もしこういった話題で相手に決めつけられたり、拒絶されたりするような危険を頻繁に感じるのなら、対話に対話を重ねて信頼感を丁寧に築いていきましょう。黙っていても信頼は築けません。

自分が心から楽しめることだけをする

あなたが楽しめるのは、あなたが想像してきた、パートナーを喜ばせるイメージとは違う、普通のセックスかもしれません。もちろん、相手を大切にしたい気持ちもよく分かります。しかし、どちらかが望まないことをしてしまっては、長い目では、二人とも苦しむことになるでしょう。あなたの望みが抜け落ちてしまうからです。パートナーの好きなことに、一度は合わせてみたけれど、次はないな、というような時もそうです。たとえ「途中」であっても、嫌なら遠慮せずに拒否しなければなりません。

淡白なほうから誘う

もしあなたがパートナーよりも淡白ならば、二人で、少なくても当分の間は、相手を誘うのはいつもあなたであるよう、決めておかなければなりません。

意識的に自らの本能に気づくようにすることで、そのうちプレッシャーを感じず、気づけるようになるでしょう。自分の身体なのですから相手任せではいけません。

こう決めておけば、第５章で話した「パートナーはいつもしたがりだ」「自分はいつもしたくない」というカップルの分裂を避けることができます。少なくともしばらくの間は、パートナーを喜ばせたり安心させたりするためだけのセックスはやめましょう。あなたがしたいと思わないのなら、してはいけません。パートナーは一人で処理すればいいのです。

しかし、二人の望む頻度に大きな差があるようなら、多分、原因の究明が必要で、もしかしたらカウンセラーに相談したほうがいいのかもしれません。

まずは一人で自分の欲求と向き合う

相手との性的な関係が始まる前に、一人で、自分の欲求を見つめてみましょう。相手と一緒になってからでは、あらゆる刺激を受け取って、身体が欲求するサインが、かき消されてしまうからです。一人のうちに、異性とのセックスはどんな感じがするか想像し、性的感度をアップさせておくのです。

セクシャルな夢を楽しむ

夢の中だけでなく、現実でもセックスしたい気分だとその夢が告げるなら、その夢を信じましょう。

もし、上の空になっても大丈夫

セックスの最中、自分を見失わないか心配しないでください。自分の身体は、相手の身体とともに素晴らしい時を過ごすと信じ、送り出しましょう。いつでも元のあなたに戻れるのです。

幻想《ファンタジー》も楽しむ

HSPは、セックスの最中にパートナーのこと以外は考えては「いけない」と思いがちですが、HSPは、そうでない人よりも、あえて、日常と、セクシャリティといわれる非日常を隔てている壁を、飛び越える必要があります。多くの人はパートナーと愛し合っている時であっても、違う幻想《ファンタジー》を抱いていて、ある調査によると、そういう幻想《ファンタジー》を持つ人のほうが、持たない人より関係が幸せだそうです（これが浮気したい相手との妄想だと話は違いますが！）。

● その他のアドバイス　ー交際中のHSPへー

日頃、欲求には問題ないとしても、あなたの気質からすると、以下のことが重要です。

影響を受け容れる

二人の気質が引き起こすセクシャルな問題を想定し、その影響の受け容れ方を見つけましょう。HSPは、非HSPのパートナーが愛の行為に、神秘性やパワーを少しも見出さないことにがっかりするかもしれません。

非HSPは、HSPが、飛行機の化粧室でしようと提案しても決してゾクゾクしてくれないことにしょんぼりするかもしれません。

そこには、何かしらの失望があるのです。二人ともHSPなら、お互いに白けやすくて、おそらく肩を落とすでしょう。お互いが相手の自然なスタイルを受け容れていくと、無理な要求は減っていき、不足感や言い訳から解き放たれ、自由を感じることができるのです。なんと有り難いことでしょう。

自分の身体、パートナーの身体を学習する

自分は何が心地よいのか、相手は何を喜ぶのか、勉強しましょう。勉強して、HSPだからこそ得られた知識を、最大限に活かすのです。

柔軟《フレキシブル》になる

これは、相手に合わせて（HSPとしての）自分を曲げるということではありません。むしろ正反対で、フレキシブルになれば、二人とも満足できることを発見できるかもしれません。

●その他のアドバイス　―交際をお休み中のHSPへ―

もし、交際をしていないとしても、あなたの性的な自己は、そこに存在するし、関心を向けましょう。

一人のセックスを楽しむ

私のデータによると、HSPも非HSPと同じくらいマスターベーションをしています。気楽に一人のセクシャリティを謳歌してほしいです。

人は皆、本来の自分の場所に還る必要があるのですが、マスターベーションが、健康と幸福に繋がるというよい根拠《エビデンス》があります。自分の身体を愛し、身体のセクシャルなエネルギーを感じるのは素晴らしいことです。性的パートナーがいない人は、忘れずに自分でエネルギーを満たしておきましょう。

情熱を育む

性的パートナーを望むなら、誰かが現れるまで、性的欲求を刈り取ってしまうのではなく、常に満開にさせておくことがとても大事です。

情熱を引き寄せるのは、性的欲求です。性的に無関心なふりをしていると、欲望を遠ざけてしまいます。セクシャリティを抑え込むと、全然気づかないうちに、無関心を相手に伝えてしまうのです。

破廉恥《はれんち》なのではない

「性欲を満開に」というと、「そんな破廉恥な」と言われることもありますが、違います。HSP女性は、性的な憧れがあっても、誰でもいいわけではありません。HSP男性も、身体が飢えていても、見境のないセックスをしようとは思いません。それでも相手や状況によって、抑えつけられることもありますが、それによってあなたの欲情がないということにはなりません。

行動上の現状確認システムと、行動活性システムは、それぞれ独立して作動しています。突き進むこともあれば、必要な時にはストップすることだってあるのです。

あえてそうなのか、
それとも、そうなってしまったのかを捉え直す

あなたが自ら選んだことなのか、そうなるしかなかったのか、性的活動がゼロである事実を新しい視点で捉え直しましょう。多くのHSPの男女は、そうして自分を見つめてきました。

そういう社会もあり、例えば、インドでは、性的な活動を抑止することが、メンタルを高め、スピリチュアルな力を得るのに欠かせないと思われてきました。こういう道を選ぶのは男性に多い一方、出家する女性も、内面の力強さを崇められ、畏れられさえしてきました。特に相談役である僧侶には伝統的に禁じられてきました。そういう考えは、私たちの社会では、けむたがられ、時代遅れとされますが、全くの間違いとも言い切れません。禁欲期間を、より大きな目標のための修行と捉えることで、大きな知恵と利益を得られるかもしれません。

HSP向けセクシャリティの深み

私は、セクシャリティについて実用的であっても浅い本をたくさん見てきました。本章の読者たちをそう思わせてはならないと心に決めました。

以下には、HSPと思われる人が書いたセクシャリティについて、簡単に引用していきます。基本的に、彼らの言葉に私は興奮します。以下はHSP風の官能小説と言ってもいいでしょう。

D. H. ロレンス[*1]の言葉

血の感応しない婚礼は婚礼ではない。血は魂の実体であり、意識の最深部であるから（略）、男の血と女の血の２つは、永久に異なる流れであり、決して、交わることがない（略）。二人は、生命全体を（丸く）取り囲む２つの河であり、婚礼において輪が完成し、セックスによって、２本の河は、混ざりも惑いもせずに、触れ合いお互いを再生するのだ。我々はそれを知っている。男根《ファルス》は、女の血の谷を満たす、血の漲《みなぎ》る柱である。男の血の大河は、女性の血の大河の深みに触れ、それでも境界は破れはしない。それは、あらゆる宗教のあらゆる聖餐式《せいさんしき》の中で最も深遠な儀式である。

ロレンスによる結婚へのアドバイスともいえましょうか。

人類は瀕死である。

それはまるで根を宙に漂わせる巨木のようである。

我々は再び宇宙に根を張らねばならない。

宇宙の鼓動と交信し、現在の「小さな」生命を終わらせ、より大きな生命の中に再生する準備をしようではないか。

ライナー・マリア・リルケ[*2]の言葉

おそらく、その世界の大いなる再生は、男女が、混乱した感情と欲望から解放され、お互いをもはや自らの反対としてではなく、家族の一員、隣人として単純に求めること、そして、二人に任されてきたセクシャリティの重い責任を、シンプルに、真剣に、辛抱強く、そして、連帯して果たすために、人間として結束することから成るであろう。

絡み合い情欲の中に揺れ動こうと夜に出逢う彼らは、厳粛な仕事を成し遂げているのだ。彼らは、やがて湧き上がる言葉にならない歓喜を声にする未来の詩人の歌のために、「甘美」と深さ、パワーを集めているのだ。

この地上は、彼女の一番小さな持ち物に至るまで、この秘密が溢れている。ああ、我々は、この秘密を、軽くではなく、もっと謙虚に受け止め、もっと誠実に耐え、それを忍び、それが如何《いか》にとてつもなく困難であるかを感じることさえすればよいのだ。

しかし、こういったこと全てを意識できるかどうか心配する必要はありません。なぜなら、「彼らが誤りを犯し、盲目的に抱き合ったとしても、未来は同じようにやってくる（略）。この秘密を知らずに誤った生き方をしたとしても（略）それを失うのは、彼らだけであり、未開封の手紙のように、中身を知らなくとも、それは次の世代に引き継がれる」からです。

● バーンド・イェーガーの言葉

現象学者のイェーガーは、性的欲求を肉体の反乱と表現しています。

日常生活においては、頭が肉体を支配するように、「表層が深淵を支配している」のです。

しかし、情熱の世界においては、深淵はもはや、輝かしい表面を支えるにとどまらず、湧き上がり、その魅力的光の戯れと、物質と生物の外の眩しい被いを破壊するのである。

全てが、我々が密かに繋がっている暗い実存性を照らして開くのだ。すると我々は、もはや、視覚や、洞察や、推察を通してだけでなく、自らの肉体を通したもっと深い密接な繋がりによって、これら全てのものと親しく交わるのである。

我々は、自らの身体の内に、生きとし生けるものの蠢《うごめ》きを感じる（略）。

情熱の世界においては、我々は、通信の船舶であり、それ自身が鳴り響き、ゆっくりと輪郭を獲得させ、中を隆起させるのだ。ここに存在する全ての生命は、深部からの、そして中心からの波動の中に広がっていく。その表面は、太鼓のきつい皮や、鉄道の線路に並ぶ鋼鉄のようにピンと張り詰めていて、我々が、耳を押し当てると、接近している出来事の響《ひびき》が聞こえるのだ。

オーガズムに近づくことは、旅の終わりに似ていて、その旅の終わりとは、「よき操舵手《そうだしゅ》が、彼のできることを全て果たし、舵輪《ハンドル》に自らを括り付け、波に身を任せ（略）、絶頂の波しぶきがその船を操縦する」状態です。

セックスのオーガズムにおいても、この高鳴り、この不連続があります。

イェーガーは、手を、外の世界を探索するため、働くため、我々の意思に従うために持って生まれたと考えています。

「昼の世界の仕事では、性的器官は内側に折れ、萎れた器官は、不器用であり無反応でもある。ペニスの上下運動は、強さの妙技ではなく、速さでもない（略）」我々は道具を握る労働者であることをやめ、全く道具でないその道具の虜となって、ただ仕事のない夜の世界の奴隷となるのです。

まとめ

セクシャリティとは、リルケの封書では、未来の詩人が言葉にならない喜びを表すために、「甘美」と深みと力を集める、真剣な仕事のことです。

その喜びとは、敏感な肉体への祝福であり、責任です。それは非

HSPのそれとはまた違ったものとなるでしょう。その違いに感謝しましょう。

訳注

＊1 D.H. ロレンス（David Herbert Richards Lawrence：1885年－1930年）：デーヴィッド・ハーバート・リチャーズ・ローレンス。イギリス、ノッティンガムシャー出身の小説家・詩人。『虹』（1915年）、『チャタレー夫人の恋人』（1928年）など人間の性と恋愛に関する小説を数多く発表した。

＊2 ライナー・マリア・リルケ（Rainer Maria Rilke：1875年－1926年）：オーストリアの詩人、作家。『新詩集』、『ドゥイノの悲歌』などの作品を発表し、フーゴ・フォン・ホーフマンスタール、シュテファン・ゲオルゲとともに時代を代表するドイツ語詩人として知られる。

第９章

身近な人への愛と、大いなる「自己」への道

―相互関係―

私のインタビューの中では常に、HSPは、自身と人との関わりのスピリチュアルな面を快く語ってくれました。それに敬意を払いつつ、本章では、彼らの話を紹介するだけでなく、さらに突き詰めたいと思います。

人間関係の本のほとんどは、HSPからすると、どうすれば幸せになり、それを保てるかについて、少々表面的です。人と関わる「スピリット（精神）」と、その関わりの中での変容を置き去りにしているからです。HSP向けの本では、これらのテーマを抜きに語ることはできません。

私たちの中の何人かは、「第一の関わり」は、母親や父親ではなく、超越者、スピリット＊1、「自己＊2」であると感じていることについて、まず話したいと思います。あらゆる人間との関わりと、究極的なものとの関わりとには、相互作用があると考えるHSPが少なからずいます。

そうでないHSPにとっては、スピリチュアリティは、いろいろと問題があったり、避けてきたテーマなのかもしれませんが、ほんの少しだけでも探求してみようと思うなら、まず第３章のトピックである親密さへの怖れに戻ると分かるかもしれません。

ただ、今回は、超越者、スピリット、または自己に対しての親密さへの怖れについて考えます。また、内なる恋人《インナー・ラバー》（第１章参照）が、いかにして私たちを、「自己」との親密さに導くか、そしてそこから生まれる親密さについて考えます。

最後に、人間の愛に戻り、最も愛するパートナーと長い年月を経て歩むスピリチュアル・ワークについて話します。

HSPは、この社会の相談役（第１章）であり、それは、人間関係の深くて、時には暗く、時には非常にスピリチュアルな側面について、深く理解しているということでもあります。これらの側面は、歪んだ愛によって生み出された痛みや憧れが戦争や残虐行為として具現化した時、地球上にさまざまな苦しみをもたらしてきました。

賢者たちは、人間の本質にある愛と憎しみを、どのように扱えばいいか悩んできました。特に大いなる他者（愛する人、指導者、国家、神）に奉仕したいという熱情に駆られた時、それは顕著でした。

これを考えるのはHSPの仕事です。投資家が持ち株の真価を慮《おもんぱか》るように、HSPは人の関わりの真の意味を深く考えます。持ち株を気にする人は世に多くいます。彼らの持つ情報を紙にしたら、バーモント州を覆い尽くすほどになるでしょう。しかし、身近な関係の深い側面（無意識、スピリチュアル）の情報は、クローゼットを満たすほどにもなりません。しかし、22世紀まで人類が存続するためには、どちらのテーマが重要でしょうか。

夫婦関係、その他の交際、友達関係、家族関係、患者とセラピストの関係など、今、あなたが、相手とどのようなつきあい方をしていたとしても、本章では、あなたの愛の智恵を活性化させたいと思います。では、取りかかりましょう。

「見えないものを見ていく」
というスピリチュアリティ

スピリチュアリティについては、人それぞれ考えがあり、私は心からあなたの考えを尊重したいと思います。まず、私個人の考えをはっきりとさせますが、これは私だけの考えであって、それに同意する必要は全くありません。本書の行間に私の考えを潜ませる、ということもありません。私の考えをはっきりさせておけば、読者も自ずと自分の考えが明確になり、話題になった時、自分の考えを他人に話せると思います（このため、“The Highly Sensitive Person［ザ・ハイリー・センシティブ・パーソン］”と“The Highly Sensitive Person’s Workbook［ザ・ハイリー・センシティブ・パーソンズ・ワークブック］”では、どのようなものであれ自分の宗教的信念を書くように勧めています）。

私は、スピリットや超越者はどこにでも存在していて、逆に、見えないものの中にこそ見やすいと感じています。見えないものを見るため、芸術作品や社会のルールの背後にある価値、表情の奥にあるパーソナリティから始めましょう。深くに目をやると、その奥には、ジョン・デスティアンがプリヴェイリング・スピリット（第４章参照）と呼ぶ、賢く、適応的な、個人的集合的な精神《ソウル》があります（しかし、そこにシャドーもあるでしょう）。

さらにもっと深くを覗くなら、往来する生命の息吹、植物の樹液、自然の不思議で荒々しい美しさという、エッセンシャル・スピリット（第４章参照）という神秘的、本能的な精神に到達します。この潤いが全てを養っているので私たちは全てを精一杯愛せるのです。

ついにさらにもっと深くを探索すると、スピリット、超越者、宇宙の真理、唯一のもの、絶対的な純粋意識という、見えないものの最深部であり、エッセンシャル・スピリットの源があります。この源を一体誰が知りましょう。誰も知りません。しかし、そこに敏感になり、目を向ける者は、近くへと導かれるのです。

HSPは、他人《ひと》には見えないものを見る、場面の背景を直観するスペシャリストなので、いわばスピリチュアルの才能があり、この３つのレベルでスピリットを嗅ぎ取ることができるのです。以上が、スピリチュアリティに関する私の考えです。

人間関係にもたらすことのできる
もう一つの宝　—スピリチュアルの才能—

● 私自身の経験から

私は何千ものHSPとされる人たちと、グループや１対１で向き合い、以下のような観察をしてきました。

静けさに特徴がある

HSPだけのグループが、聴衆として耳を傾ける時、私が口を開くのを待つ時、セミナーで、瞑想《メディテーション》をする時には、あたかも神聖な場所でスピリチュアルな目的や修行で集まる人たちが醸《かも》すような深い静寂が生まれます。彼らは、まるで見えないものに意識を集中させているかのようです。

道徳的である

HSPは、少なくとも表面的にはどの宗教でも大切にされる態度ですが、他人を思いやる傾向にあります。しかし私たちが親切をする時には、いつもシャドーの面（例えば他人の目を気にし、いい人と思われたい）があり、本当の聖者にはなれません。

しかし、HSPだけのグループを前に講演をする人は、ちゃんと聞いてもらえている、協力してくれている、優しくされている（ひそひそ話をしたり、立ち去ったり、文句を言われない）と感じるそうです。HSPは、その場を取り巻く目に見えない気持ちを気遣うのです。

スピリチュアルな経験を望む

HSPは、スピリチュアルな経験を求め、おそらく頻繁に経験しているでしょう。例えば、HSPの多くは、私が機会を提供すると、いつでもすんなりと、瞑想《メディテーション》、内省、祈りに集中します。一方で、非HSPは、「なんでこんなことさせるの？」と怪訝そうに、もしくはイライラしながら聞いてきます。HSPは、宗教とは関係なくても、幼少期からスピリチュアルな経験をすることがあり、「豊かで複雑な内面世界を持つ」といいます。

HSPは見えない内面と慣れ親しんでいるのです。

スピリチュアリティが浸透している

HSPは、人生のあらゆる場面でスピリチュアリティを表現する傾向があります。

聞かれると、いえ、聞かれなくても、非HSPよりは、自分のスピリチュアリティを語ろうとします。宗教行事や、スピリチュアルあるいは哲学的な意見交換の場によく足を運びます。実際、自らが主催者になることもよくあります。HSPは、職業や、健康状態、他全てのことを、自身のスピリチュアリティの側面として捉えているかもしれません。そのため、自分の愛や誰かとの関係も、もっと大きな智恵、謙虚さ、全ての生命との融合へと向かうスピリチュアルな道、あるいは、スピリチュアルなゴールにどれだけ近いかの指標としています。全ての事象の中に、不可視を見るのです。

● 遺伝学によって明らかになったこと

何が人をスピリチュアルにさせるのでしょう？

宗教やスピリチュアルに関心を持つのは、弱さや無知、つまり、厳しい現実を直視しない、「科学的事実」を受け止めないからだという、非理知的な考えがあります。これは、スピリチュアルな資質を持たない一部の人たち（原文：非HSPの戦士の王）によくある非難だと思います。

何億もの情報を意に介さず「厳しい現実に向かって」突進できるのも、その人たちの資質であって、素晴らしいことです。しかし、この社会において、そのような強い資質だけが大切にされ、スピリチュアルな才能がないがしろにされるのは、決してよいこととは思えないのです。

私がスピリチュアルな資質と呼ぶものは、ちょうど音楽の才能と同じように、部分的に遺伝するものだということが、ケネス・ケンドラー、チャールズ・ガードナーとキャロル・プレスコットの遺伝子行動学によって分かりました。彼らは、宗教への関与、アルコール依存、精神疾患と、遺伝の関係を導き出すための研究をしました。彼らは、500人の一卵性双生児と350人の二卵性双生児を含む、2000人の女性にインタビューをし、宗教に対する３つの特徴を質問しました。

- **個人の生活態度の宗教性**
  ……日常生活でのスピリチュアリティの重要性、
  祈り、心の安定を求めているか
- **特定の宗教への態度**
  ……例えば聖書の記述を真実として受け容れられるか
- **特定の宗教団体への態度**
  ……伝統的な教会に属しているかなど

もし、この特徴が多く遺伝によって決まるのなら、同じ遺伝子を持つ一卵性双生児の近似性が一番高くなるでしょう。もし、この特徴の主要因が環境なら、同じ遺伝子を持たない双子の結果は、遺伝子が同じ双子の結果と似るでしょう。二卵性双生児の遺伝子はもはや、他のきょうだいに劣らず似ていないので、この結果の近似性の度合いは、一卵性も二卵性も同じになるでしょう（ところで同様の実験で、HSPの敏感さは遺伝的なものと推定できました）。

結果、個人的な信仰心は、一卵性双生児は、二卵性双生児よりも近似性の度合いが高くなりました。つまり、スピリチュアルな経験をしたり求めたりする傾向は、遺伝するということです。

しかし、特定の宗教への態度、特定の宗教団体への態度においては、一卵性も二卵性も差がなく、遺伝ではなく、家族やコミュニティの影響が大きいことが示されました。もう一つ注目すべき結果は、個人的な信仰心は、アルコール依存や、ストレスによる鬱を持つ人には多いとは言えず、むしろ少なかったこと、また、いかなる精神疾患とも関係していませんでした。宗教的な感情は、脆弱性から起こるという理屈は成り立たなくなりました。

個人的な信仰心は、学歴の高い人に多いことも分かりました。宗教的な感情は、無知から起こるという理屈も成り立ちません。

もちろん、これはHSPの研究としてではありません。「何かが遺伝子の影響を受けている」と言えても、それは、「遺伝子が原因である」とは言えません。しかし、私は細やかな経験に意識を向けさせるのは、「宗教の遺伝子」ではなく、立ち止まって考えさせるもっと基本的な神経システムによるのだと、賭けたいと思います。それが、生まれながらの敏感さです。

スピリチュアリティとは、関係性です

本書は、人の愛情、人間関係をテーマにしています。しかし、私たちがお互いを愛せる能力は、スピリチュアリティの影響を受けているということは疑うべくもありません。またその反対に、聖なるものにどれほど親近できるかは、人間関係の影響を受けることを話したいと思います。

あらゆる宗教や修行は、原始宗教から禅宗、神道からキリスト教まで、個人とスピリットの関係を強調します。一体どうして、人間関係の個人的な経験が、スピリチュアルや、宇宙、自己との関係に向かう感覚に影響を与えないと言えるでしょうか。

時間がなくなってきました。絶対的不可視なものに対する、一つの単語が浮かんできました。

「超越者、スピリット、聖なるもの、など」と呼ぶのではなく、私は〈自己〉という単語に統一します。その主な理由は、エドワード・エディンガー

が“Ego and Archetype（自我と元型）”の中で書いた、ユングの概念である「自我―自己軸」について話したいからです。

まずは、〈自己〉の説明が必要です。超越者を私の勝手で否定するわけではありません。私たちの個の意識は、もっと大きな意識である〈自己〉の一部であり、万物は超越者の意識の表れなのだから、私たちの個の意識も、もっと大きな意識、万物を包摂《ほうせつ》する〈自己〉の一部である、というのが、東洋思想の伝統的な解釈です。

そこには、超越者という存在は不可知であっても、個の自己が、〈自己〉を体感するのは不可能ではないという直観が反映されています。究極的には、個の自己がずっと経験している全てが、実は〈自己〉であると言えます。

「超越者と一体である」ことと、「切り離された超越者を信仰している」ことには、重大な違いがあるとする理論がいくつかあります。

私は、個人的には、その２つの体験に違いはないと思っています。２つの経験は、波の性質と粒子の性質をもつ光に似ていて、〈自己〉を知ろうとするなら、どちらの側面が現れても、それを否定するのはよくありません。この２つの体験は、交じり合う瞬間もあれば、距離を置き相手を想う時間もある、人との関係に大変似ています。

「自我―自己軸」のもう片方、「自我」は、意識している「私」です。

残るは「軸」の定義です。エディンガーは、「２つの対象の間にあってあらゆる位置に生じる両者を繋ぐ直線」と定義しています。自我と〈自己〉がいかに近くにあっても離れていても、この繋がりは、目には見えませんが、大きな力があります。

「軸」で言い表そうとする意味は、あまりにも豊かで、どんなメタファーにも収まりません。あえて言うなら、自我と自己の結びつきは、未だ完全に生まれていない自我を支える「万物の母」の臍《へそ》の緒《お》です。ならば、〈自己〉は、自我が浴する羊水であり、生命そのものが大海から生じるように、自我が現れてきた海です。

これらのメタファーは、個の無意識と集合的無意識を包括していて、デスティアンのプリヴェイリング・スピリットとエッセンシャル・スピリットが統合されている、全ての元型と個の自我をも含む究極的、全体的な心である〈自己〉をも表します。赤ちゃんが母胎から離れて生まれてきてもまだ家族に属しているように、自我は、この全体性から生まれても、未だ全体性の一部であり続けます。

●「自我—自己軸」と幼少期の関係

「自我—自己軸」と、スピリチュアリティは、身近な人間関係から遠く離れた超越的な世界（そういうものがあったとして）のように思われるかもしれません。

しかし、もう一度言いますが、私は、人間同士の関係と、人間と超越したものへの関係は、複雑に絡み合っていると考えます。これを忘れると、スピリットに繋がっている自分の臍の緒を見失うことになります。もっと深い話をしましょう。

エディンガーと、「自我—自己軸」という単語を（おそらく）作ったユング派のエリック・ニューマンによると、私たちは、〈自己〉から生を受け、生まれてしばらくの間は、未だ〈自己〉と結合した無意識の中にいます。この全体的な〈自己〉との同一性によって、乳幼児は、可愛らしくも堂々とわめき、欲張りで、喜ばしくも自然で強く、本能のまま、無意識に従っています（大人がそうしても可愛くはありません）。

２歳頃、もっと自分を認識できるようになると、無垢さを失っていきますが、自我意識を持つようになります。こうして〈自己〉との別れが始まると、楽園は失われます。すると、軸が現れるのです。それが、新しい関係性です。

小さい頃の主要な人間関係は、養育者でした。そのため、私たちは、埋没していく〈自己〉の記憶を、養育者に投影し、自我―自己の関係を、両親との間に結ぼうとします。しかし、徐々に、両親は完璧でないことに気づきます。彼らは、失った〈自己〉ではないのです。もし、このプロセスが、「徐々に」なされないのなら、両親の悪い部分を「分裂」させるかもしれません。例えば親を否定するか、親の悪い部分を自分の中に見出すのです。もしくは、親と〈自己〉を分裂させて、親は全て悪く、現実の他人や空想の人物が全てよい、と思うようになるのです。第7章で話したとおりです。

〈自己〉を両親に投影するのをこうしてやめると、私たちは、〈自己〉を他に求めるようになります。それは、学校の教師や初恋の人かもしれません。そういう特別な人たちを次々と、完全で素晴らしい〈自己〉にするのに失敗していくと、求めることをやめて、理想の人なんていない、と決めてしまうかもしれません。無意識に〈自己〉と繋がることをあきらめてしまうのです。あるいは、そのような投影を飲み込む宗教に入るかもしれません。これが、宗教が存在する理由の一つです。

しかし、多くの人は、彼らの宗教でもこの目的は果たせないと気づきます。そして、〈自己〉の存在への疑いは深まるばかりです。

しかし、多くのHSPは、すぐにはあきらめません。確かに、特に若い人は、自己満足のために、現実の世界で果たす目標を探し、色褪せた理想郷を忘れようとするかもしれません。しかし、このような解決は滅多に長続きしません。特にHSPは、究極的な、スピリチュアル的な意味のない目標には満足できません。どうすればよいのか、どこを向けばいいのか分からず、ついに私たちは、〈自己〉から軸を伸ばし切り、最も離れた、自我と〈自己〉の疎外された状態に達します。こうなると、HSPは特に「虚しく、絶対的なものなどない、つまらない宇宙に独りぼっちだ……」と感じるでしょう。

求めても、求めても同じことの繰り返し

非HSPの場合は、このような疎外に気づくとしたら、それは人生半ばに達した時です。HSPの場合は、求めているものを探し、手に入れたように思ったら幻滅するというサイクルを、ぐるぐると繰り返しているように思います。あるいは、このサイクルの中で、完全に身動きがとれなくなるか、停止してしまっているかもしれません。エディンガーによれば、また私の経験からも、これは、幼少期の経験に大きく影響されます。

例えば、幼児のように〈自己〉と完全に一体になって、このサイクルのどこかにとどまってしまう人もいます。このような人は、妄想的なスピリチュアリティのようなものを引き起こし、自分は悟りを拓いた、特別に選ばれし者だ、大使命を果たすべき、あるいは果たした者だ、と確信しているのかもしれません。このような呼びかけには、慎重にならねばなりません。このような人たちは、子どもの頃、過干渉で育てられ、愛着スタイルがとらわれ型（第３章）になっているか、もしくは、心理的または身体的な虐待、あるいはネグレクトを受け、自己愛的（ナルシスト型）や、拒絶・回避型になって、敵ばかりの世界に一人取り残される恐怖からの防御で、〈自己〉との一体化に執着しているのです。

このサイクルとの完全なる一体化とは対極の状態に固着する人もいます。疎外の状態です。両親に〈自己〉を見出そうとし、急激にあるいは極端な形で裏切られるか、幻滅した人に典型的に見られます。

HSPは、特に、怖れから〈自己〉と距離を取ることがあります。子どもの頃、〈自己〉を投影した周りの大人たちに、圧倒され、過剰な刺激を与えられたことがあるからでしょう。あるいは、おそらく、両親が、例えば、神童が欲しいとか、友達になってほしいとか、極端な場合は、性的対象として、自分の望みを満たすために、あなたを利用してきた

のでしょう。そのようにして大人になると、〈自己〉に近づくことを切望しているのに、無意識に、圧倒されること、利用されることを怖れるようになるのです。

もし、子どもの頃、適切な自我境界を持つことを認められなかった場合は、こういう怖れを持って当然です。実際、自我をちゃんと保てなければ、自我が〈自己〉に押し潰されてしまうのです。

●自我―自己の愛着スタイル

私もエディンガーも、スピリットとの関係のあり方が、全て幼少期の問題に由来しているというつもりはありません。しかし、人々が超越者に抱くイメージは、どこか自分自身のイメージに似ていて、例えば自己肯定感が高い人は、超越者を慈悲深い存在と考える傾向にある、という調査結果があるのです。これは、驚くことではありません。

愛着スタイル（第3章）についていえば、社会心理学者のリー・カークパトリックとフィル・シェイバーは、安定した愛着スタイルの人は、不安定型の人と比べ、超越者を、

・慈悲深く
・身近で
・支配的ではない

と考えていることを発見しました。

ところで、安定型は、宗教やスピリチュアルにはさほど傾倒しません（むしろHSPであることと関係するのかもしれません）。しかし、安定型がスピリチュアルを大切にする時、トーンは、ポジティブです。

不安定型の中でも、回避型（拒絶型と恐怖型を合わせて）は、不可知論者になる傾向があり、「誰も要らない、何も望まない」と人間関係の問題全体を拒否します。それなのに、回避型は、突然宗教に目覚める経験をする確率が最も高いです（拒絶型44パーセント、その他10パーセント）。

とらわれ型は、もっと極端で、無神論者になるか、狂信者になるかです。これは、彼らが不安から、関係に、両価的なとらわれ方をしているため、愛着への思い入れが、〈自己〉への愛着をも含め、最大化しているからと考えられます。

第３章でも言いましたが、HSPだからといって愛着スタイルが不安定であるわけではなく、その確率は誰にとっても半々です。スピリチュアルな資質があれば、〈自己〉や超越者との愛着は、もっと安定しているかもしれません。ただし、幼少期に養育者によって非常に不安定な愛着を持った敏感で不安定な子は、他の子よりも新しい経験を怖がる傾向があるというガンナーの発見を思い出す必要があります。宇宙について考える時、とても安全と思えないのには、このような人生の背景があるからかもしれません。生まれ持ったスピリチュアルな関心を超越者に向け、それを、唯一の安定した真実だと思おうとしても、もし体験や体調が不安定な場合、その安定が本物なのか信じることが難しくなります。

不安定な愛着スタイルの根本にある「自我―自己軸」を理解すると、よりHSPについて納得できるようになります。例えば、なぜ不安定な幼少期を送ったHSPは非HSPよりも大人になってから鬱や不安症になりやすいのか。HSPにとっては、親の世話がないことイコール世界が空虚であることに直結してしまうのです。それだけで、自分には価値がないと絶望するだけの十分な理由になるのです。エディンガーによると、親が子を拒否する時、親も子も、無意識に親は絶対者であると思っています。そうすると子どもは、絶対者と思い込んだ親に拒絶されると、冷酷な取り返しのつかない完全な拒否に遭ったと感じます。そしてこれはもちろん敏感な子によく起こるのです。

幼少期の傷を「自我―自己軸」が壊れることであると理解すれば、

宗教が、いかに、我々がありのままで愛され受け容れられているかを力説する理由が分かるでしょう。しかし、不安定な心には、それも信じることは難しいのです。

● 閉塞した「自我―自己軸」と愛

成人の恋愛における「自我―自己軸」の作用を見ると、私たちが、パートナーから拒否されることは、相手にそのつもりはなかったとしても、投影によって、まさに〈自己〉からの拒絶の経験となります。このことから、「ワーキングモデル（第３章）」あるいは愛着スタイルとは、「自我―自己軸」のどこに自分を位置づけるかに他ならないと言えます。

多くの人（特にHSP）が、幼少期に虐待されたり、成人してトラウマに襲われてさえも、

・深い信仰に入ったり（回避型は突然改心します）

・激しい恋に落ちたりする

のは一体なぜでしょう。

これは、私たちが（多かれ少なかれ無意識にある）〈自己〉との強い絆の元型を、一つの夢として持ち続けていることの証拠だと言えるのではないでしょうか。

〈自己〉を信じようと、あるいは恋に落ちようと（今のところこの２つは等価としておきます）努力する限り、私たちは、ほどよい世界の中で、ほどよい相手とほどよい関係を結ぶ安心感を得ることができるでしょう。

つまるところ、問題は、いかにして安定型になるかです（第３章参照）。

しかし、それにも完全に、スピリチュアルな安心が絡みます。つまり、〈自己〉との親しみと安心がなければ、他人と親しくなって、本当の安心感を得ることも難しいかもしれません。にもかかわらず、愛着の研究では、逆に人間同士、親しみと安心を築けないのなら、〈自己〉に近

づくのもまた困難だといいます。では、どうすればいいのでしょう。私たちは、愛の夢／記憶を持っています。つまり、〈自己〉の夢／記憶を持っています。しかし、夢はかなう、記憶は現実であると信じるには、あまりにも難しいこともあるのです。

「自我―自己軸」を癒す

第３章で話した、安定した愛着スタイルを得る「道標」をここで改め、「自我―自己軸」で捉え直しましょう。

例えば、

・自分自身を受容すること

・さらなる安心感を求めること

の癒しの側面は、〈自己〉の受容そのものです。

●〈自己〉による受け容れ

賢明なセラピストは、セラピーの時間、あらゆる考えや気持ちが受け容れられることを最優先にします（実際は、行動は受け容れられないものもあるかもしれませんが）。どんな観念も、全て〈自己〉の全体性の中の一部分であり、怖れも疎外も感じる必要はないのです。それがいかに穢《けが》らわしく見えても、あらゆる衝動、側面の受け容れが、〈自己〉との和解には必要なのです。あらゆる聖者は、自分の罪と向き合い、それが全て見抜かれ、赦《ゆる》されていると感ずることで、超越者との一体性を感じてきました。

「セラピストという個人は、患者の人生や思考の“中軸”となる。セラピーのセッションが、その一週間の“中心点”となる。混沌と絶望しかなった場所に、意味の中心と秩序が現れるのです」というエディンガーの言葉そのままです。

セラピストの受容によって現れた臍の緒が、自我を受容し、育て、〈自己〉へと引き寄せてくれるのです。

心理療法でも、宗教でも、関係性が、パーソナリティの最も暗い部分を受け容れてくれると、人は大いに安心感を持ち、〈自己〉や他のものを信じる勇気も持つことができます。最も暗い部分とは、生まれた時から、生きていくために隠さねばならなかった不安のことです。しかしこの受け容れは、長期間続けられる必要があります。

第３章の他の提案も同様に、「自我―自己軸」で理解できます。

嘆くことで、あなたは、全ての感覚、身体的経験、感情へと解放されます。それらの一つひとつは、夢の中のイメージやシンボルと同じように、〈自己〉からのメッセージなのです。個性化と瞑想《メディテーション》は、シンプルにその軸に沿って〈自己〉に近づく道だと捉えることができます。

夢と癒しについての言葉

夢への働きかけ（ドリーム・ワーク）は、〈自己〉へ近づき、〈自己〉がそこに存在していて、自分に繋がっていると知る近道の一つです。毎日夢を思い出す度に、想像すらできなかった自分の内面を発見できます。

夢はどこからやってきたのでしょう？ どの宗教でも、夢は、〈自己〉が自我に送るメッセージだと説きます。一例を挙げると、旧約聖書のヨブ記33章15節～18節には、こうあります。

夜の幻と、夢の中で、または深い眠りが人々を襲う時、あるいは寝床の中でまどろむ時、その時、神はその人たちの耳を開き、このような恐ろしいかたちで彼らをおびえさせ、人にその悪いわざを取り除かせ、人間から高ぶりを離れさせる。黄泉の穴の縁（ふち）で死の河を渡るのを押し止める。

この一節の〈自己〉は、厳しくも本当は慈悲深い親が、私たちが道を渡ろうとする時、手を掴む姿です。〈自己〉が死の縁《ふち》にある私たちを抱きかかえ、〈自己〉から疎外された絶望の地へ渡らせまいと警告しているようです。

もしあなたがあまり夢を見ないのなら、あなたの中の回避型が、「僕と〈自己〉にはお互い何の関わりもないのさ」と言っているのかもしれません。ぜひもう一度夢に戻ってほしいと思います。十分な睡眠を取り、どんなささいな夢の断片にも注意を払えば、きっと夢は語りかけてきます。夢の断片が何を示唆しているのか理解するためには、助けが必要かもしれません。夢は、あなたに固有の言語を使ってきますが、全ての夢に共通する「文法」もあります。書物やセミナーやユング派のセラピーでそれを学べば、夢を解釈する助けになるでしょう。夢は語るのです。

〈自己〉との安定した親密さへ
導いてくれる内なる恋人

内なる恋人《インナー・ラバー》という、非常に特別でミステリアスな人物は、第１章でも話しましたが、ここでスピリチュアルな視点で新しく理解したいと思います。

例えば、「不慣れな」異性である誰かの存在が、なぜ内的な生活に重要となることがあるのでしょう？　このとても慣れない、自分とは違う異性だけが、一番不慣れで最も分裂している自身の片割れを連れて来ることができるからです。その片割れはいつもあなたと友達になり、合体あるいは、創造したいと望んでいます。

内なる恋人を愛すれば愛するほど、あなたはより全体性を帯び、あなたが、自我に〈自己〉を受容させればさせるほど、〈自己〉も自我を受け容れるようになるのです。

しかし、夢やアクティブ・イマジネーションが、内なる恋人と反応する、というのは、自分のコンプレックスを克服しつつある象徴に「過ぎない」というつもりはありません。内なる恋人は、〈自己〉が人間に理解できる形で、私達と関係を結ぼうとする手段です。そこで求められることは、現実の恋人と同様に内なる恋人との関係を大切にすることです。

しかし、内なる恋人は、初めは夢の中で、現実の恋人、過去の恋人、全くの他人、あるいは、新しい登場人物として現れます。あなたが認識して応答するにつれ、合体し、リアルになっていきます。

内なる恋人は、大きな癒し、安心の源であり、そして、〈自己〉への道案内人、アクセスしやすい〈自己〉の代理人にさえなってくれます。

〈自己〉に引き寄せられると、この幸せな状態が、時に、内なる恋人とのキラキラした結婚の夢に表現されることがあります。そうでない結婚の夢、例えば、なかなか式場に到着できなかったり、拒んだり、あるいは媒酌人になるような夢は、愛を実らせるまで、あるいは対極の人格と統合しようとする時に立ちはだかる条件を告げているのかもしれません。

フロイト派の考えはさておき、セックスの夢も〈自己〉との交流を意味します。セックスができない夢は、〈自己〉との慣れないジェンダー部分との交流ができていないのです。現実の性行為とは全く関係がありません。

もし「自我―自己軸」が、根本的な治癒を必要としている時も、内なる恋人が夢に現れます。邪魔者の姿をして、自我と〈自己〉の親密さを妨げる全ての歪みを象徴します。〈自己〉を投影した人物に拒否されたことにまだ影響を受けているのなら、内なる恋人は最初、批判的、非協力的、拒否的な形で現れ、嘲《あざけ》り笑ってさえいるかもしれません。

ネガティブな内なる恋人を、内なるワークによって「リハビリ」するには、現実の恋愛関係の中でも、日々働きかける必要があります。片方に働きかければ、もう片方も変化します。両方の舞台で、この親密な調和にもっと身を委ねるだけでいいのかもしれません。さもなければ、自分で立ち上がり、もっと相手を受け容れるか耳を傾けるか、相手に変わってほしいと説得するかです。夢を通して〈自己〉が成長過程を教えてくれるでしょう。

例えば見捨てられ不安を克服しようとした第３章のエリースは、未だ「人を愛する」というリスクを冒すことができていませんでした。エリースにとって、愛といえば、いつの日か必ず失うものだったからです。インナー・ワークが進むと、彼女は、愛犬が死ぬ夢を見ました。それでも彼女の深層心理は人間を亡くす夢は見せません。彼女は夢の中で、犬の死に動揺はしても、全く何も感じることができませんでした。彼女の内なる恋人は、僧侶の姿となってその夢に現れます。この僧侶は、まだ彼女が一緒になれるような相手ではありません。僧侶は、犬の葬儀をしながら、彼女の悲しみのために身も世もなく泣いてくれました。その僧侶の泣き声を聞き、エリースは、自分の意思に反して心に悲しみが起きるのを感じました。そしてついには、葬儀中、人目を憚《はばか》らず号泣してしまったのです。しかし、葬儀で泣くことは当然のことですから、誰も気にかけませんでした。

その後の夢で、エリースは、強く言葉にならない悲しみを感じました。しかし、それは僧侶が明らかに、彼女への愛情から自ら葬式を執り行い、泣いてさえしてくれたことによって、耐えられる悲しみに変わっていったのです。それは、耐えられるものです。

この内的関係にどう働きかけますか？　もう一度言います。自分の夢を気にかけることで、内なる恋人との恋愛を開始できるのです。

内なる恋人との恋は、アクティブ・イマジネーションによって発展させることもできます（113ページ参照）。内なる恋人との愛が育まれるにつれ、私が言う「〈自己〉と慣れ親しんだ生き方」を送れるようになるでしょう。

〈自己〉と慣れ親しんだ生き方

〈自己〉に近づいたり、遠ざかったり、立ち止まったりする繰り返しは、個性化が進むと終焉を迎えます。

夢やアクティブ・イマジネーションによって自分が受け取るイメージやシンボルは、自身に関わる〈自己〉からのメッセージであるという感覚がますます強くなります。すると、多くの現実の出来事も、〈自己〉からのメッセージとして経験するようになるのです。まるで、自分の受容できる部分、できない部分の乖離《かいり》だけでなく、意識と無意識の乖離、心と現実の乖離さえも少なくなっていきます。特にHSPにとって、こうなることこそ、人生の意義なのだと思います。

この状況を、ユングや後のユング派は、「象徴的生活《シンボリック・ライフ》」を生きることと表現しました。それは、乖離が癒される前の人生と比較すると分かります。

〈自己〉から疎外された、現実の生は、特にHSPにはとてつもなくつまらなく無意味で、まさに「死の淵、死の河」にいる気持ちになるのです。

この虚しさを払拭しようと無意識に、例えば、大きなプロジェクトや、完璧な子育て、アルコール（精神《スピリット》の代わりの酒《スピリッツ》）など形あるものに、〈自己〉を投影します。よく選びがちなのが、愚かな教祖や、指導者への依存であり、実らない恋です。これは、盲目から生じる行為です。強いコンプレックスによって本能が誇張されているのです。幼少期に得られなかった基本的な愛を欲しがるように。見境のない振る舞いとはこのことです。〈自己〉に親しまない人生はそうなります。

● マークとリンダの話に戻ります

マークとリンダ（第５章）は、リンダの度重なる不貞で苦しんだカップルです。

リンダは、猛烈に、盲目的に〈自己〉を求めていました。マークや他の誰かはその対象になりませんでした。彼女は、とうとう精神修養に〈自己〉を見出すようになり、最初は、その先生に〈自己〉を投影し、自分が求めてきた相手だと思い込みました。しかし、賢い先生は、彼女の投影を拒否し、マークとの結婚は、彼女の道程の一つとして見るようにと諭しました。〈自己〉が遣わしてくれた相手と思ってマークに接することです。もちろんサポートなしにはできないことですが、不倫相手は、サポートになりません。〈自己〉に近づく成長に役立ちません。マークへの軽蔑、裏切りへと形を変えた彼女自身の分裂を統合することにもなりません。

リンダの浮気の数々は、彼女の〈自己〉へ近づきたいという願望の現れと見ることで、二人は離婚という痛手を負わずに済みました。

〈自己〉との親密さは、なぜ「象徴的な人生」と呼ばれるのでしょうか？

シンボル（象徴）は、〈自己〉との親密さの中心にあります。

ユング派の視点から言えば、シンボルとは、直接知ることのできない、言葉にできない神秘的なものへの道標《みちしるべ》です（それに対して、「サイン」とは、「止まれ」の表示のように、容易に言葉にできるものを示します）。しかし、シンボルにはもっと役目があります。〈自己〉のメッセージと、エネルギーを運んでくれるのです。ちゃんとここにいるよ、どんな恋人よりもそばにいるよと。こういう生命力の正体を意識できなければ、盲目的に服従してしまったり、シンボルとしてではなく文字どおりにそれを受け止め、いろんな人や状況に投影するようになってしまうかもしれません。

例えば、ジリアンというHSP女性は、幸せな家庭を持つ若い母親ですが、乗馬の１日体験で出会ったインストラクターに道ならぬ恋心を抱いてしまいました。

相手は、国際乗馬ショーのチャンピオンで、女性への手癖が悪いことで有名でしたが、関わった女性は後悔しないという噂もありました。敏感で良妻賢母のジリアンには、そんな彼に強く惹かれる思いなど、抱いてはならないものでした。

私は、彼女に、その感情は、彼女の重要な一部分が無視されていることを伝える〈自己〉からのメッセージかもしれないと言いました。自分に素直。セックスや乗馬で本能に近い生き方をして、ワイルドで自由。チャンピオンになるくらい馬の心に寄り添う野生。これが、乗馬インストラクターが示すシンボルです。ジリアンが、このシンボルを文字どおりに受け止めてしまったら、その相手と関係を持ってしまったかもしれません。あるいは、もっと賢明に、彼を内なる恋人として、彼のような生活を送ることもできたかもしれません。しかし、無論いずれも、今の幸せな家庭を壊してしまうような恐ろしいものでした。

しかし、この感情をさらに象徴的に捉えるならば、何も怖れることはありません。それらは、彼女が人生の片側しか生きていない、あまりにも自分を犠牲にし、本能をなおざりにしているという、〈自己〉からの強い警告です。

全てを象徴的に解釈し何も行動を起こさなくてよいというのではありません。

〈自己〉からのメッセージに耳を傾けて気高く行動することが重要なのです。

ジリアンの場合、数年後の乗馬ショーに出場するとか、同等の何か違うことでもいいのです。賢明な家族なら、彼女がそのような望みを犠牲にしていたことに気づいて、応援してくれるはずです。（第7章に詳しく書きましたが）長い目で見れば、そのほうが、彼女にも家族にもよいことなのです。

特に多くのHSPは、良心的で倫理的な選択をしようとします。そのため、よく分からないエネルギーに支配されずに、本当に選びたいものを選択しないといけないのです。HSPは、非HSPほど無意識の衝動に対する免疫はありません。

免疫がないと言ってもいいでしょう。だからこそ、欲望の中に潜む〈自己〉からの象徴的メッセージを読み解くことに長ける必要があります。

人生のいろいろな出来事が〈自己〉からのコミュニケーションだと分かるようになると、人生の全ての環境が、偏りなく公正で、祝福されたものと感じられるようになります。私はエディンガーのメタファーが気に入っています。

「善いことも悪いことも、人生のあらゆる出来事は、一つひとつが人生の中で数珠のように連なって、自我と〈自己〉の、長期に渡る、崇高な出会いを象徴するのです」

〈ジョシュと水をもたらす者〉

最後の例として、引きこもりのHSPのジョシュについて考えてみましょう。

彼は、ソーシャルスキルを教えるセラピーグループに関わったり、プロザック（抗鬱剤）を飲んだり、さらには、「母親の拒絶や父親の不在で自己肯定感を育ててもらえなかったために社会に拒否されるのが怖くなったのだ」と振り返ったりして、これを何とか克服しようとしました。これらのアプローチは普通は有効なのですが、ジョシュには、効きませんでした。

ある晩、ジョシュはモンスターに掴まれる夢をみました。いくら戦っても無駄でした。ソーシャルスキルを磨いたり、薬を飲んだり、自己洞察を深めたりしても、モンスターをやっつけることはできないことを〈自己〉が、教えてくれているのです。

ジョシュのモンスターの夢は増えて、形を変えていきます。

・魔女に石にされる

・砂漠で喉が渇いて死にそうになる

・蜘蛛の巣に捕まる

ドリーム・ワークについて理解のある人の助けを得て、ジョシュは、それぞれのイメージが何を意味するのか考え始めました。あなたなら、魔女をどう解釈しますか？ 多くのおとぎ話に出てくる魔女の元型は、悪い毒母です。しかし、ジョシュの人生における魔女とは一体誰のことでしょう？ 蜘蛛とは？ 蜘蛛の色は緑色でした。なぜ緑なのでしょう。妬みの色だからでしょうか？ ジョシュは蜘蛛をどう思うのでしょう？ 蜘蛛は常に悪いものでしょうか？

ある晩、ジョシュはミステリアスな女性が、砂漠で水を運んでくれる夢を見ました。ジョシュはとても興味を抱きました。意識的かどうかに関わらず、〈自己〉が治癒法を提案してくれているのだと察知しました。しかし、なぜ、水を運んできたのが、この女性なのでしょう？ 女性的な何かに渇いているのでしょうか？ ジョシュは自分のことを女性的だと思ってきました。しかし、おそらく彼は違います。そこで、自我と〈自己〉の対話が始まります。彼は、もはや、引きこもりたいという、言葉にできない強烈な本能にとらわれなくなりました。その正体を知り、ジョシュはその扱い方を心得るようになりました。

これらの智恵は、本やセラピストから得たものではありません。確かに初心者には手助けが必要かもしれませんが、夢、メッセージ、智恵は、本来彼の内面からやってくるものなのです。

答えは内からやってくる、というこの事実だけで、ジョシュが恐怖から、全ての社会的活動から引きこもりたい、という気持ちに変化が生じました。ジョシュは、自分は本当に、自分が思ってきたような薄っぺらくつまらない人間なのかと疑い始めました。また、自分は本当に独りぼっちだったのか考えます。ジョシュが、結婚しなかったからといって、人生に希望も意味もないのでしょうか？

〈自己〉と親しむ生活では、最初ジョシュに仲間はいませんでした。ジョシュは、傷つけられることへの本能的な怖れに完全にとらわれていました。しかし、〈自己〉は夢を通し、ジョシュに、モンスターに捕まったり、蜘蛛の巣にとらわれた虫のようなことをしているのだと示しました。ジョシュは、まさにそれらにとらわれ、その状況にぴったりで、それを実演していたのです。ジョシュは、まさにモンスターにとらわれた人間、蜘蛛の巣にとらわれた虫で、喉の渇きを潤してくれそうな最初の女性にすぐ恋してしまうような男だったのかもしれません。

しかし、ジョシュが、シンボルとして内なる登場人物たちを意識するようになると、シンボルから浮き上がるメッセージを利用するようになり、自分の純粋な無意識、本能的な反応を扱えるようになりました。

彼はもはや、モンスターや蜘蛛に振り回される者ではなく、また、水を運んでくれる人に心を奪われることもなくなりました。怖いイメージや魅惑的なイメージは、次のレベルにアップし意味が与えられます。彼の生《なま》の本能がいわば、文明化したのです。

文明化は、意識の仕事です。一連のシンボルが提起する全ての関係性を検討する自我を選ぶのです。文明化、シンボル化は、HSPの得意分野です。だから、戦う王たちは、彼らの夢を説明するためいつも預言者としてHSPの力を借りていました。

どのような心でも、たとえ怖れや、臆病（シャイ）でも、自我と〈自己〉の崇高な出会いとして見ることができれば、スピリチュアルな人生のゴールにほとんど到達できたということになります。

巨大な怖れや喪失に向き合う時でさえ、私たちは崇高な出会いをそこに見るでしょう。ならばジョシュのような奥手な生活から始めてみるのもいいかもしれません。

2つの象徴的な生命の結合

多くの宗教やスピリチュアルの伝統は、儀式や修行を、他の仲間たちと行うように勧めます。この方法でスピリチュアルな経験が、より強固なものとなるからです。

同時に、儀式や修行は、大切な人と並んで参加することで、二人の関係が豊かになり、他にない癒しが得られます。交際をしている人がいて、このような儀式や、瞑想、祈りや宗教行事に参加したことがないのなら、一緒に足を運ぶことが重要な一歩かもしれません。もちろん、これらのことを学んだからといって、人間関係の全ての問題を解決できるわけではありませんが。

スピリチュアリティが照らすのは、上の階です。コンプレックス、闇、本能、象徴表現といった、人間心理との対話と理解を地道に続けていくことではじめて、下の階に光を当てることができるのです。相手に寄りかかるのでも、遠ざけるのでもなく、並んで、真っすぐに立ち、二人が一緒にこの仕事に取り組むことで、二人は光り輝く二つの塔になれます。

しかし、遠くから見ると、二人の輝きは、一つの素晴らしい光り輝く都に見えるのです。何度も繰り返し夢に現れる〈自己〉の象徴の一つに、聖なる都があります。私は一介の田舎娘ですが、たった今、このように想像しています。愛が、その都に還り着き、一塔にせよ二塔にせよ、そのリズムと生命において、光の地平線の中に一つになっていくのです。

では、愛とは何か

本書も終わりに近づき、愛について、全く新しい見方ができるようになりました。

第４章では、私は少しドライに「特定の他者と親密になり、その関係を続けたいと思う願望」と述べました。しかし、今となっては、その特定の誰かは、〈自己〉を投影させてくれる人であると理解できます。ある意味、全ての愛は、〈自己〉に向いています。輝く都に向かい、大切な人と並び、二つの塔が一つの空に肩を並べるのです。私たちが、母親や友達、恋人を愛する時はもちろん、車や犬を愛する時でさえ、私たちは、〈自己〉に向かって進み、〈自己〉を愛そうとしているのです。

私は、誰かを愛することが、どこかのスピリチュアルな伝統が示唆するように、本当の目的地である〈自己〉を見失うことになるとは思いません。愛は時として、それらのものよりも大きな役割を果たすのです。

例えば、愛した相手が〈自己〉でなかったと幻滅した時、人は、本当に探しているものを見つけるまで、自分の内面深くを探索します。しかし、スーフィー教のように、人を愛することが〈自己〉への道であるという人もいます。第４章を思い出してください。愛する相手の中に尊いものを見るところから、愛する人を尊いものの一部と思うように変わる時、ファナは、バカとなります。この変容が起きて、あらゆる嵐に耐え抜けるようになるまでには、二人には、時間が必要です。

長続きする愛のために

HSPは、長続きする関係を望みます。HSPは、関係を深く考え、その深みに、何か最も素晴らしいものがあるのではないかと思っています（それでも大体時間が経つと満足できなくなり、夫婦の半分は離婚して終わるのですが……）。

あるいは、HSPは、もっと控えめな理由で、関係を安定させたいと思っています。変化が苦手、振ったり、振られたりが嫌なのです。別れは、堪え難い苦痛で、代わりの相手はきっと今ほどではないと気づいています。

長続きさせたい理由がどんなものであれ、あらゆる種類の長期の関係は〈自己〉とのさらなる親密さを求めます。〈自己〉との親密さが、私たちの長期の愛を深めるのに必要なのと同様です。ユングの考えによると、その人がいかに内向的だとしても、個人の成長の両方の形（〈自己〉との親密さを深めることと私たちが長期の愛を深めること）にとって、関係性の中にあるということが絶対に必要です。

他人と関係を持たない人は全体性に欠けます。なぜなら、人が全体性を獲得するためには、ソウルを通すしかないからです。そしてその心は、「あなた」の片割れがないと存在できません。その片割れは、いつも「あなた」の中にいるのです。全体性とは、「あなたと私」の結びつきであり、象徴的にしか捉えることのできない超越した結合体の一部分として姿を現します。

ユングは言います。我々は、愛する人によって、自分のシャドーとコンプレックスに向き合い、投影をやめ、自分のパーソナリティと気質による自分の限界を受け容れることができます。また、それらの限界を超えるチャンスも手にできます。自分に欠ける何かを相手が持っていることを通して、より完全になれるのです。しかし、私はそれだけではないと思います。

人との関係は〈自己〉の一部であり、〈自己〉へ還りなさいと指し示す、

〈自己〉からの、生き生きとしたシンボルなのです。

全ての関係が、還っておいでという〈自己〉からの強い感覚を伴うわけではないかもしれません。しかし、そのような関係の場合、運命的な色合いを帯びます。

私が現在住んでいる場所なので好んで用いる例なのですが、詩人のロビンソン・ジェファーズとユナ・コール・カスターの恋愛です。

ジェファーズは、主に1920年代に書いた、彼の故郷、カリフォルニアの荒れたモントレーについての叙事詩で有名になりました。明らかにひといちばい敏感であった彼は、ロサンゼルスの大学院のドイツ語の上級コースで出会ったユナと深い恋に落ちました。彼女は、活発で情熱的。教養があり、彼の深さを理解してくれる類い稀な資質を持っている女性でした。残念ながら、彼女は既に結婚していましたが、相手は見かけ倒しのビジネスマンで、ユナとの共通点は、ロサンゼルスの社交界の出会いに過ぎませんでした。

ロビンソンとユナは、何度も二人の関係をあきらめようとしましたが、しかし1年の別離の後、ロビンソンはシアトルからロサンゼルスに戻り、到着して30分もしないうちに道端でユナに再会してしまったのです。ユング派の用語では、この偶然はシンボルで、無視できるものではありません。

いろいろなもめ事や、スキャンダルの後、二人は結婚し、ユナが亡くなるまでの44年間をともに暮らしました。彼は、海岸の上の岩場に自らの手で彼女のために石造りのコテージと塔を建てました。白いトアの塔を建てながら、彼は最高傑作の詩を仕上げました。塔と詩は彼女への愛に捧げられたものでした。

ロビンソンとユナの出会いのように運命的な愛には、それ自体に生命が宿っているようです。第三の新しい何かが生み出されるのです。それ自体が大いなる愛で、二人への〈自己〉からの贈り物です。この第三のものは、二人に要求を突きつけます。ユナとロビンソンの場合は、スキャンダルに苦しむこと。そして、彼には、彼女のために石の塔を建て、詩を書くこと。

〈自己〉に導かれる運命的な関係は恋愛だけではありません。友情にもあります。このような関係を、同時に2つ以上持つこともあります。例えば、歴史上最も運命的で神聖でかつ苦しい三角関係の一つである、アーサー王*3と妃のグィネヴィア*4とランスロット卿*5の場合、それぞれのペアに、そして3人の関係自体にもこの性質がうかがえます。

〈自己〉によって運命付けられたように感じる関係は、どのような形のものであっても、重要な夢と同じように、〈自己〉からのメッセージであり、スピリチュアルの師からの教えなのです。従順を要求し、代わりに、折りに触れこの上ない喜びを与えてきます。しかし、それが、二人に争えと命じる場合、“Divine Madness（聖なる狂気）”中のホールの言葉を借りれば、互いに「好敵手」となって、戦わなければなりません。

許すことを要求されれば許し、罪を告白するよう求められれば告白するのです。

互いの肉体的存在を手放すよう要求することさえあるかもしれません。しかしその場合も、二人が〈自己〉を希求するがゆえに行うこの犠牲によって、その愛はさらに強まるのです。

一体どうすれば〈自己〉の意志を知ることができるのでしょうか。それは、いつも、夢、徴候、日常生活で起こる「偶然」やサイン、あるいは、一見平凡な、日常の下に埋もれている神秘的な輝かしい世界を示唆するものを通してです。

HSPは、特にその意思を解読する役割を与えられています。注意深く、可能な限りその要求に応えることによって、自我と〈自己〉、恋人と〈愛〉

という私たちの全体が、全き人生を歩み成長することを可能にするのです。これが、いわば私たちの「聖杯」なのです。

アーサー王伝説に戻ります。アーサー王を裏切ったばかりか、キャメロットを落城させたランスロットとグィネヴィアの不倫を、なぜ神(や語り手)が、罰さなかったのかと訝る人もいるかもしれません。しかし、ホールは、『聖なる狂気』に、「すぐに忘れがちなのはそれら全てのゴールである」といいます。

この伝承に登場するアーサー、王位、マーリン、円卓、ランスロット卿、グィネヴィア、キャメロット自体が、向かう先は、聖杯というゴールであり、〈自己〉の強力なシンボルなのです。〈自己〉を求める時、あらゆるスピリチュアルな伝承は、関わりのある全ての人物が、必ずといっていいほど暗黒の時代を経験すると説きます。何かしらの新しいものが生まれる時、古いものは死なねばならないのです。

HSPは、変化や死を望みません。だからこそ、このメッセージは大変に重要です。長期の関係において、素晴らしい友情が裏切りに遭うことに耐える覚悟をしなければなりません。その裏切りは、おそらく、激しい闘いの形で起こるでしょう。〈自己〉の情熱が、エッセンシャル・スピリットを通して生まれ変わるのです。

つまり、あなた自身のキャメロットの落城を受け容れる準備をしなければならないのです。キャメロットとは、文字どおり、あるいは、象徴的な意味で、誰かと一緒に引き受けたプロジェクトであったり、建てた素晴らしい家であったり、育てた子どもであったりします。これには、最終的な城の落城、つまり、死への準備も含まれています。

ランスロットとグィネヴィアが修道院に出家し、離れ離れになって、孤独に生きていくことになったのは、当然の報いだと解釈しがちです。しかし、おそらく、二人の繋がりは、第4章で述べたバカというステージに進んだのではないかと思います。〈自己〉は、彼らに、平穏のうちに別々の生と死に向かいながら、常に結びついているという、合一の新たな段階をもたらしたのです。「聖なるスピリット」によって、二人は肉体的な別れをさせられましたが、それによって〈自己〉の中で、もっと究極的に一体になることができたのです。

別れの時

ランスロットとグィネヴィアのように、私たちにもその時がやってきました。最後の別れの言葉は名残惜しく、喪失感があります。私たちは、とても親しくなりました。

あなたの名前は知りませんが、私はいつもあなたの存在を感じてきました。あなたの求めていること、知りたいこと困り事を想像し応えてきたつもりです。それは私の敏感さがなさしめるもので、あなただって、私と同じようにしたと思います。

ここでもう別れなければならないのがつらいのも、私の敏感な性質によるものです。

しかし、私の内なる恋人である賢い男性が、全ての始まりと出会いには、終わりがあるのだという無常を伝えようとしています。

私は、自分を慰めます。内なる世界の人か、外の現実の世界の人か、男性か女性かそれが誰であろうと、あなたは新たな人と新たな物語を始めるのだと思います。夢を見続けましょう。

おやすみなさい。

訳注

＊1 スピリット (spirit)：ユングは、spiritという語を、生きた人間の非物質的側面（思考、心構え、理想）に当てるとともに、人間の身体から離れた実体のない存在（霊）を示す時にも用いた。

＊2 自己 (self)：自我（ego）が、意識の中心であるのに対して、自己は、意識と無意識とを含んだ心の全体性の中心とされる。自己は意識と無意識の統合の機能の中心であり、そのほか、人間の心に存在する対立的な要素、男性的なものと女性的なもの、思考と感情などを統合する中心。「自己は心の全体性であり、また同時にその中心である。これは自我と一致するものでなく、大きい円が小さい円を含むように、自我を包含する」（ユング）

＊3 アーサー王 (Arther)：5世紀後半から6世紀初めにかけて存在したといわれるブリトン人の君主。中世の歴史書や騎士道物語では、アーサー王は6世紀初めにローマン・ケルトのブリトン人を率いてサクソン人の侵攻を撃退したといわれている。

＊4 グィネヴィア (Guinevere)：アーサー王の王妃。ランスロット卿との不倫、そして、アーサー王への裏切りが王国を滅亡させたと、アーサー王物語の中でいわれている。

＊5 ランスロット卿 (Lancelot)：アーサー王物語などに登場する伝説の人物。円卓の騎士の成員といわれている。主君アーサー王の王妃グィネヴィアと不義の恋をし、それにより、円卓の騎士の分裂を招いたとされる。

増補に際して（2016年）

“The Highly Sensitive Person in Love（ひといちばい敏感なあなたが人を愛するとき）”の増補版へようこそ。お気づきのとおり、この本がアメリカで最初に出版されたのは2000年です。これまで直したい箇所はほとんどありませんでしたが、付け加えておきたいことがあり、この場を借りてそれらをお伝えします。主に付け加えたのは、ひといちばい敏感であることに関する最新の研究内容です。また、出版以来、読者の反応を見ていて感じた２つのこともお伝えしたいと思います。

ゆっくりで大丈夫

最初に、この本を読んでいる敏感な読者に、気をつけてもらいたいことがあります。身近な相手に、いきなり、「自分は敏感なんだ」とか、「それによって関係はこうなるんだよ」と告げたとして、相手があなたに歩み寄ってくれると思ってはいけません。むしろ脅かすような結果になりかねません。「何か二人の関係が変わってしまうことかな？ 嫌なことかもしれない」と構えられてしまうのです。きっと「私たちは似ていないから距離を置こう」と言っているように聞こえてしまうでしょう。実際、どちらかはそう感じているかもしれません。

あるいは、それは、あなたが「新しいニーズ」を持ち始めた、そして、それを主張し始めた、ということかもしれません。そのニーズとは、今まではっきり意識していなかったこと、例えば「もっと休憩したい」とか、「賑やかな場所には行きたくない。前は楽しいと思っていたけれど本当はそれほど楽しくなかったと気づいた」というようなことです。

もし、ひといちばい敏感な人、“Highly Sensitive Person（HSP）” に、弱さや精神的な疾患があるとするならば、お互いの力関係は大いに変わらざるを得ないでしょう。しかし、HSPは普通《ノーマル》ですし、ある種の特別な才能も持っています。もちろん権利は平等です。

だから、焦らないでください。あなたには、ずば抜けた共感力（394ページ参照！）があるのですから、自分がこの本を通して新たに知ったことが、相手にはどう思われるのか、想像しましょう。相手にも、尊重すべきニーズがありますし、互いに衝突しないよう、交渉が必要なのです。

そしてその時、気質を武器にしてはいけません。武器にするとは、例えば、「私は敏感だから、そんな話は聞きたくない」と言って応じないことです。喧嘩の最中に、気持ちの高ぶりが過剰になったのなら、20分でも席を外すのはいいことですが、必ず戻らないといけません。また、知ったばかりの違いをことさらに強調するのもよくありません。この本で学んだ新たな知識は、時間をかけてあなたの中で統合され、パートナーとどういう関係であったのか、徐々に新たな見方ができるようになってくるのです。

次に、注意していただきたいのは、疑念についてです。「ひといちばい敏感」という概念を、受け容れるにしても、否定するにしても、それには少し時間がかかります。あなたも、ここに書いてあることが「本当だ」とはすぐには鵜呑みにできなかったのではないでしょうか？ 私だってしばらくは、データが示すことは、本当は違うのではないかと疑っていました。

本書で紹介した別の研究者による別の研究をご覧になれば、確信してもらえるかと思います。しかし、その前にまず、人々が「ひといちばい敏感」という概念を、どうして疑うのか、その理由を考えてみましょう。

きっと、「ではどうして、この概念は、もっと早くに『発見』されなかったの？」「これも自己啓発の本でしょう」と思っていませんか。はっきりさせておきましょう。私は、自己啓発の本を書いたつもりはありません。私の研究を知ったHSPたちの求めに応じているうちに、私は文字どおり本書を「書かされて」きたのです。この気質は、違う呼ばれ方をされてきただけで、ずっと存在していました。しかし、本質的な部分は知られず、外に現れる行動だけで、「シャイ」や「内向的」と言われてきたのです。しかし、HSPが、必ずしもそうとは限りません。また、敏感さは、髪の色や背の高さ、性別などと違って、ほとんど目に見えないので軽視されがちです。しかし、この気質は、性別と同じくらいの影響力を持ち、考え方、感じ方、嗜好、職業など、人生のあらゆる側面に関与していきます。そしてもちろん人間関係にも。

敏感さは、目に見えないだけでなく、HSPは大抵、社会生活や他人《ひと》にうまく適応しているので、気質をよく知らないと彼らの違いに気づくのは難しいのです（ただHSP特有の問題や能力は目立つので、それだけが敏感な人のイメージとなってしまっている場合もあります）。ある意味、彼らの気質の本質は、環境に適応することなのです。

敏感さが重視されないもう一つの理由は、この気質を生まれ持つ人はたったの約20パーセントだからです。残る80パーセントによって、人間についての大多数の意見が形成されます。皆、他人《ひと》は自分と同じと思っているのです。それが分かれば、お互いを理解し共感するのに少しは役立つでしょう。

本書の「あなたはひといちばい敏感（HSP）ですか？」のセルフテストにも、全ての項目に「はい」と答える人もいれば、「いいえ」の人もいるのです。私たちは、皆、同じ地域、同じ屋根の下に住んでいながら、全く違うニーズを持っています。ところが、誰が敏感で、誰がそうでないか（大多数は敏感でない人ですが）分からないので、非

HSPは当然、敏感な人なんているの？ となりますし、HSPでさえ、自分を非HSPであるように思ったり、非HSPのようになろうと背伸びしたりしてしまうことがあるのです（「非HSP」という単語については、これはあくまで科学的な意味で使用しており、非HSPが、他人《ひと》を思いやり、他人《ひと》を助けたいという敏感さに欠けるという意味ではありません。実際、HSPが、他人の求めに対して「ひどく鈍感」になることもあります。例えば、本書で述べる「コンプレックス」の状態で、刺激過多になった時などです）。

全ての種には、生まれながらにして本質的な違いがあります。「皆生まれた時は同じで、全ては学習や選択によって作られるのだ」という思い込みは、人間関係がうまくいかない原因になります。

私たちは、相手が自分と合わないことをしていると、本当に自分を愛しているなら、相手は変わってくれないといけない、と思いがちです。しかし相手は、変われるかもしれませんし、変われないかもしれません。例えば、非HSPはよく、「人は皆、賑やかな飲食店でたわいもないおしゃべりを楽しむべき」と考えて、そうでない人を見ると、気難しく、面倒で、わがままだと決めつけてしまいます。しかしそうではありません。敏感さに違いがあるからこそ、うるさい飲食店もたわいもない会話も、誰かにとっては大丈夫でも、ひといちばい敏感な人には堪え難いのです。敏感な気質は、本当に存在するのです。

最新の研究について

1991年頃、私は「敏感」という言葉を大人に当てはめ始め、1997年には論文を出しましたが、他の研究者たちは、それと同時期かもう少し早くから、子どもを対象に研究をしていました。皆、あまり注目されない中の取り組みでした。

私は、大人にインタビューを行い、統計処理をするための質問票を作って、脳の研究を始めました。これは、子どもへはできないアプローチです。他の研究者は、生理学や遺伝学を研究し、後に敏感さへとリンクさせていきました。今では、この研究は広く知られるようになり、さまざまな研究機関、時にはこの気質を違う名で呼ぶ研究機関からも、問い合わせが来るようになりました。私は、それを、「感覚処理感受性(sensory processing sensitivity)」と呼んでいますが、同じ気質が、「環境的敏感性、反応性」「文脈への生物学的敏感性」「差次感受性、または、優勢感受性」あるいは、ある種の遺伝変異や、動物にあるような行動の柔軟性、適応性と呼ばれることもあります。

● HSPについての基本的な事柄

新しいエビデンスも出てくるでしょうが、現在のところ、どの研究者もこの気質は以下のようなものであると意見が一致しています。
・生まれつきの遺伝的、もしくは「体質的」なものである（他の要因が関係しているという研究者もいますが）。
・常に約20パーセントのマイノリティに見られる。
・環境のささいな面に気づき、新しい状況では、周りを観察し過去の知識と照合するために、立ち止まる（過去の知識を元に、敏速に、確信を持って行動をすることもあります）。
・100種以上の生物に見られる。種の存続に利点があるからと考えられる。
・障がいでも脆弱性でもない。幼少期、過酷な環境で育った場合は問題の影響を受けやすいが、恵まれた豊かな環境の場合は、むしろいろいろな面でよりよい影響を受けるからである。

これが「差次感受性（後に説明します）」と呼ばれるものです。

ズバリ、HSPの人間関係はどうなのか

おそらく最も重要な最新の研究はビアンカ・アセヴェドらによるもので、私や夫も関わり2014年にアメリカで刊行されている科学ジャーナル誌“Brain and Behavior（脳と行動）”に発表しました（私は研究を紹介する時、詳細をウェブサイトに載せています。ここにも上げています：www.hsperson.com）。

この研究では、他人や恋人の、幸せそう、悲しそう、あるいは普通の表情の写真を見て、脳のどの部位が活発になるかを知るために、HSPと非HSPの脳をスキャンしました。すると、明らかな違いが見られました。HSPの人は、非HSPの人よりも、特に、ミラーニューロンシステムが活発でした。HSPのミラーニューロンは、これらの活動の間、脳の他の活発な部位と協働し、共感に強く関連していたのです。私たちは、推論や、相手が自分と似ていると思うことで、ある程度共感することができますが、ミラーニューロンで共感すれば、他人が感じていることを、ある程度実際に体感できるのです。

この研究でHSPはそうでない人より、パートナーが落ち込んでいるのを見ると、脳が「活動モード」になることから、相手の感情に反応すること、それも知らない相手より自分のパートナーの感情、それもパートナーのポジティブな感情に反応することも分かりました。

HSPの脳の他の部位が活発になるのは、単に、脳が他人の気持ちを知る作業に対してより覚醒しているからです。これらは全て、HSPの人間関係における、素晴らしい才能です。

HSPの特徴を示す“DOES”とは

2012年から、私は、DOESという単語で敏感さを捉えるようになりました。“D”は、受け止め方の“Depth（深さ）”です。深く受け止め

ると、“O”となります。“O”とは、“Overstimulated（刺激過多）”です。全てを深く受け止めて、しかも受け止めるものがたくさんあると、結果は“O（刺激過多）”です。

“E”は、“emotionally responsive（感情反応）”と“empathy（共感）”です。研究により、両方の“E”が明らかになってきました。最後に“S”は、“sensitive to subtle stimuli（ささいな刺激に対する敏感さ）”です。

いかにDOESが人間関係や人生のさまざまに影響するかは、言うまでもないことでしょう。ここで立ち止まって、身近なパートナー、友達、家族の中のHSPについて、考えてみましょう。HSPの彼らにはこの４つがぴったり当てはまっているはずです。４つがそろっていない人は、少なくとも私の定義するHSPではありません。

私は最近、この４つに「差次感受性＊1」を加えました。

私が、敏感さについて考え始めた頃から、ジェイ・ベルスキーとマイケル・プルースは、環境に対し敏感な子を産んだ親は、DNAを存続させるよりいい機会に恵まれた（進化における個人のゴール）という理論に取り組んでいました。

そういう敏感な子どもたちは、生まれながらにして、危険に気がつき、自分にとって役立つものを何でも獲得していきます。しかし、一方で彼らが成長して、敏感さがそれほど必要でなくなった時には、逆にそれほど敏感でない子がいたほうがよいのです。敏感さには、多大な労力が必要となるためです。

ベルスキーとプルース以前は、敏感さは、脆弱性を増し、打たれ強さ《レジリエンス》を減ずるとしか思われておらず、だから敏感な人たちは、落ち込みやすく不安が強いとされてきたのです。しかし、今は、敏感さとは、よい環境、悪い環境の両方から影響を受けやすい「感受性（差次感受性）」と言ったほうがいいと分かりました。マイケル・プルースは、これまで無視されてきた感受性の、まさにポジティブな面を研究し始めて、それを、優勢感受性と呼びました。

そのため、同じくらい問題のある幼少期を送ったHSPと非HSPを比較するならば、HSPのほうが、大人になってからも、落ち込んだり不安になったり、シャイになったりしやすく、本書で述べたとおり、人間関係が不安定になり、苦労します。

しかし、逆に十分に恵まれた幼少期を過ごした場合は、HSPにはこういった問題はなく、そうでない人よりもむしろうまく生きていけるのです。不安が強く落ち込みやすいのは、人間関係がうまくいかない大きな要因の一つですが、同時にHSPは、自分の気質をきちんと理解してくれるパートナーや、場合によっては援助者から、差し出される救いの手に助けを得る能力も高いのです。

● "D" 深く受け止める　—Depth of Processing—

受け止め方の深さは、敏感さの鍵ですが、実際に観察したりそれについて質問したりするのは難しいです。

受け止め方の深さは、例えば、ある物事に対して、特に何かを決めなければならない時（アイスの味から人生の意味に至るまで）、物事をさまざまな角度から捉えているかどうかで分かります。このため、HSPは、物事を決める時に時間がかかりますが、このように慎重に考え抜きよい決断ができるので、リーダーになることが多いのです。

これらの主張の科学的根拠は何でしょうか？　ヤージャ・ヤゲロヴィッチらが2011年に"Social Cognitive and Affective Neuroscience（社会的認知情動神経科学／SCAN）"に発表した論文では、わずかな違いのある２枚の写真と、明らかな違いのある２枚の写真から、それぞれの違いを探そうとする時の、HSPと非HSPの脳の動きが比較されています。わずかな違いのある写真を見た時に、HSPは、そうでない人よりも、物事の表面ではなく、複雑なことや細かいことを認識する時に使う脳が、特に活発に働いていました。これはHSPが、そうでない人よりも、脳のもっと「深い」、精密な処理をつかさどる部位を使っている、ということです。

“Social Cognitive and Affective Neuroscience（社会的認知情動神経科学／SCAN）”に2010年に発表した私たちの別の研究では、HSPと非HSPについて、生まれ育った地域によって難易度が異なるとされる認知処理の作業の仕方を比較しました。もともと、アジアのように集団を尊重する文化で育った場合とアメリカのように個々を尊重する文化で育った場合で、難易度が異なる、すなわち必要とされる脳の活動や負荷が異なる認知処理の作業が知られていました。それをHSPと非HSPで比較したのです。

非HSPの脳は、彼らの文化圏では困難と思われる認知作業をする時、予想どおり過剰な活動を見せましたが、HSPの脳は、彼らの出生がアジアであろうがアメリカ合衆国であろうが、脳の活動には全く違いが見られませんでした。それはまるで、彼らが、文化の枠を越えて、物事の「本質」を、より深部で捉えているかのようでした。

また、冒頭で話したビアンカ・アセヴェドらによる、共感についての脳の研究によって、HSPは、自分が以前に発見したことを脳の中で『複製』することで、認知処理を高める部位が活発化することも分かりました。これもよい結果です。

● “O” 過剰に刺激を受けやすい —Being Easily Overstimulated—

自分の外や中で起こっている全てを意識する人、さらにそれを慎重に処理する人は、精神的にも身体的にも疲労しやすく、ストレスを感じてしまいます。これは、HSPにはありふれたことで、しかも身近な人にしか、通常、気づかれないことなので、なかなか研究の対象になりません。

HSPが刺激過剰になりやすいことは、フリードリヒ・ゲルステンベルクが、2012年に“Personality and Individual Differences（性格と個人差）”に発表した論文で実証しています。コンピューター画面上の、さまざまな向きの多数の「L」の中に、「T」が隠れているかどうかを、できるだけ早く答える錯覚実験で、敏感な人とそうでない人が比較されています。HSPは、より早く正確に答えますが、作業中のストレスレベルも、より高かったという結果でした。

しかし、ひといちばい敏感であることの主たる特徴が、「騒音や散らかった部屋、絶え間ない変化によって刺激レベルが高くなり疲れやすい」ということではありません。

感覚の不快感があり、HSPの他の側面がないとすれば、それは、うまく区別できないなどの知覚処理の問題に起因した「疾患」のサインかもしれません。HSPの際立って精密な、あるいは深い知覚処理とは、全く違うものです。例えば、自閉スペクトラム症の人はしばしば、知覚に過剰な負荷がかかると訴えます。しかし別の時には、刺激、特に社会的な手がかりには少しも反応しません。そういった刺激の重要性を感じていないかのようです（HSPが、自閉症や知覚障害になる可能性は当然ありますが、それらの疾患を持っていることと、敏感な気質は、イコールではありません）。

●“E” 感情反応が強く、共感力が高い
—Emotional Reactivity and Empathy—

質問票による調査と実験から、HSPは、ポジティブな経験とネガティブな経験の両方に、より強く反応することが分かりました。

研究者たちは、確固たる証拠をもとに「感情的動機付けがなければ、基本的に誰も何も深いレベルでは処理しない」と主張してきました。つまり、処理の深さは、感情によってもたらされる。より深く受け止めるには、さらなる感情反応が必要だということです。それぞれの実験

の後、実験に協力してくださったHSPは、結果に対し、喜んだり動揺したり興味を抱いたりして、そうでない人より実験について考えていました。物事を深く処理することでそれに対する強い感情が生まれる、ということも、間違いなくあることなのです。

HSPは、自分自身や自分のやっていることに対して、周りからネガティブなことを言われると、強く反応するので、よく、批判に対して「反応し過ぎ」と言われます。特に身近な人に言われます。HSPの生存戦略は、「間違いを犯したら、行動を正す」ことです。そして、そのために、物事を正しく行えているかどうかに神経を尖らせているのです。誰もが何かを気にしています。例えば、学校の生徒は、成績がよいと喜び、悪いとショックを受けるので、試験を行うことが効果的なのです。外科医は、過去のミスはしっかりと反省し、そこから学んでいってほしいものです！ HSPは、単にこの処理（間違いを犯したら、行動を正す）が優れているのです。

では、HSPの感情反応についての研究はどうでしょう？

2005年、クリスティン・デイビーズと共著で“Personality and Social Psychology Bulletin（性格と社会心理学）”に発表した論文中の実験で、片側の生徒たちには、すぐには解けないようなテストを、もう片方の生徒たちには1分で解けそうなテストを受けさせて、「応用思考能力」テストの出来のよし悪しを考えさせました。つまり、生徒たちは皆、受けているテストが超簡単か超難しいか、明らかにそのどちらかになるわけです。HSPは、よくできたか、ダメだったと確信しているか、によって気分の受ける影響がはるかに大きかったです（すぐ全員に、テストは操作されたものであると伝えました）。

2016年に“Social Behavior and Personality（社会的行動と性格）”に発表されたヤージャ・ヤゲロヴィッチによる一連の実験と脳の働きの研究によると、HSPは、そうでない人より、心地よい写真（子犬、子猫、誕生日ケーキなど）と不快な写真（蛇や蜘蛛など）の両方にひといちばい反応しますが、特に心地よい写真に反応を示し、恵まれた幼少期を過ごした場合ほどその傾向が強いことが分かりました。おそらく、差次感受性のポジティブな面がここから説明できます。

そしてもちろん、HSPの社会的な共感性については、ミラーニューロンの働きなど、既に話してきました。

● “S” ささいな刺激を察知する —Sensitivity to Subtleties—

脳の働きの研究では、写真の小さな違いと大きな違いを探す課題では、小さな違いを見つける時のHSPの脳は、非HSPの脳より、特に最初は、うんと活発でした。もう一つ、ささいな違いを見つける能力についての異文化間研究では、HSPは文化の差に影響を受けずに違いを見つけられましたが、非HSPは影響を受けました。いろいろな向きのLに紛れているTを見つけるゲルステンベルグの研究でも、HSPのほうが、早くて正確でした。

遺伝と進化

私たちは、1997年の論文で、この気質が100以上の種で20パーセントに見られることについて、進化論的な理由を唱え始めました。

環境によって、２つの生き残り戦略があることは明らかです。敏感なタイプの戦略は、ここは素早く行動すべしという過去の教訓がない限りは、行動の前に慎重に観察することです。もう片方の戦略は、注意を慎重に払わずに、「勇猛果敢」に素早く行動することです。

2008年の米国科学アカデミーの会報に掲載された論文では、マックス・ウォルフらが、コンピューターシミュレーションと他のエビデンスや理論を元に、敏感さについての進化論的な解釈をしました。例えば、草食動物は、草によって栄養価が異なるのなら、そのわずかな違いに気づく個のほうがその種の中では生存に有利です。しかし、大した差がないのなら、違いに気づいても時間と体力が無駄になるだけです。

なぜ、敏感なほうが少数派なのか、少なくとも同じなのはなぜでしょう？ コンピューターシミュレーションと実際の観察で分かったことは、もし、敏感な個体が多数派であったら、敏感であることで誰も得をしないということです。

例えば、牧草地は、集団を養うのに十分でない時は、すぐに食べ尽くされてしまいます。ちょうど、交通渋滞の時に、半分のドライバーが迂回ルートを知っていてそこを通ってしまうと、その道も混んでしまうようなものです（私はいつも裏道を見つけるのが得意なので、この例えが気に入っています）。

敏感さを決定する遺伝子は何でしょう？ まず初めにお伝えしたいのは私たちが受け継いだ遺伝子には、例えば、瞳の色や身長を決める遺伝子が多様であるように、その遺伝子がどう発現するかを決める遺伝子にも種々《しゅじゅ》ある、ということです。

脳内を伝わるセロトニンの動きを決定する遺伝子は、セロトニントランスポーター遺伝子と呼ばれ、３通りの型があります。長さの短いＳ型と長いＬ型があり、Ｓ型を２本持つSS型、Ｌ型を２本持つLL型、Ｓ型Ｌ型を１本ずつ持つSL型です。2012年、デンマークのコペンハーゲンにある統合的分子脳イメージングセンターのセシリエ・リヒトらは、多くの、あるいはほとんどのHSPは片方にＳ型を持っていることを発表しました。

長年、この遺伝子が短い（Ｓ型である）ことが、鬱やその他諸々の情緒的な問題と関係しているとされてきました。しかし、鬱の人が常にこのS型を持っているとしても、S型を持っている人が必ずしも鬱というわけではないので、一貫性がありません。実際、S型を持っていてもとても幸せで、情緒が安定している人もいます。

現在は、差次感受性を起こすのはS型であると分かりました。例えば、よりよい決断ができたり、周囲のサポートを得るのが上手だったりすることが関係しています。パートナーが持っているととても助かります。

アカゲザルは、この型の遺伝子を持つ唯一の人間以外の種かもしれません。この型を持っていると、すぐにストレスを受ける（“O［刺激過多］”と“E［感情反応が強い］”）ことから、最初は、「神経質」とレッテルを貼られていました。しかし、よい母親に育てられると、集団のトップに立つように育ちます（“D［処理の深さ］”と“S［小さなことに気づく］”）。

面白いことに、人間とアカゲザルは両方とも、おそらく、どの霊長類より社会的な生き物で、さまざまな環境に適応できます。アカゲザルであれ、人間であれ、新しい食べ物は安全かとか、どういう危険があるかなど、小さなことに気づく敏感なメンバーをグループに持てば、そのグループは新しい地でも適応し、生き残っていけると考えられます。

ショービらは、2011年に“Emotion（情動）”に発表した論文で、カップルにおいて、S型遺伝子を持つ人は、相手の感情に影響されやすいと報告しました。ハーゼらは、2013年に同ジャーナルに、パートナーが喧嘩中にポジティブな感情を示すと（ラボで観察）、たとえ数年経っても、それが、夫婦生活の満足度に大きく関係していること、しかしそれはS型遺伝子を持つ人だけであることを発表しました。

もう一つの遺伝子的なアプローチが2011年に中国のチュンリー・チェ

ンらによって発表されました。彼らは、“PLoS ONE（プロスワン）”に、7つのドーパミンの遺伝子型が、HSPテストでスコアが高くなることに関係していると発表しました。2015年、彼らは、fMRI装置（脳機能の画像が得られる）の中で、休息状態におかれたHSPと非HSPを比較し、これらの遺伝子が、強く脳の特定の部位に影響を与えて、HSPの脳のほうをより低活動の状態にすることを示しました。

最後の研究
―交際中のHSPとマンネリ―

2010年、夫と私は、学会で二度ほど口演はしていましたが、論文にはしていなかった一連の研究を行いました。私たちは常々、関係の単なるマンネリが、パートナーとの関係の満足感に影響するのかに関心がありました。特に、HSPの場合はどうなのでしょう？ 非HSPと比べてどれくらいマンネリ化するのでしょうか？

私たちは2つの研究結果から、HSPは、非HSPと同じように、他の面では関係に満足していたとしても、HSPは確実にマンネリを起こすことが分かりました。

私たちは、同じ研究を第三のグループと行いました。その時にマンネリ化してしまった時に、二人で出かけて何か新しい、楽しいことをしようとしたか、それとも自分にとって大切な深い話をパートナーとしようとしたかを質問しました。HSPなら、二人の間で起きた出来事（皆が経験するような）の意味をきちんと振り返りたいと言い、ほとんどのHSPは、自分たちのマンネリを打破するためには、深い会話が必要と言いました。

残念ながら、腹を割った深い会話をしないとHSPは特に、関係に飽きてしまうようです。そしてそれがよく起こるのは、相手がHSPでない場合です。ただ幸いなことに、HSPは、二人の関係が盛り下がっていくのをほったらかしにはしません。おそらく、そういうことに慣れているのでしょう。しかし、それはまた、関係を（おそらく互いにとって）豊かなものにするために、どうしたら深い会話ができるか、二人とも真剣に考えねばならない、ということでもあります。

古くて新しい恋愛観、HSP、スピリチュアリティ

本書は、人との関係のスピリチュアルな面も掘り下げています。なぜなら、HSPがスピリチュアルな傾向が強いことが、関係にさまざまな形で影響するのを見てきたからです。その中には、他人《ひと》をスピリチュアルな方向に導く人もありました。

どのような身近な関係もスピリチュアルな方向に向かう可能性があることを、本書では明らかにしようとしてきました。本書で紹介できなかった文献が２つあります。２冊とも決して軽い読み物ではありませんが、何かの助けになるかもしれません。

１冊は、グッゲンブール・クレイグの“Marriage: Dead or Alive（結婚：それは生か死か）”です。彼は、結婚したら単純に幸せになれると思っている人は、必ず、失望すると考えます（私は、結婚だけでなく、深い間柄になろうとする人全て含めてよいと思います）。もし、結婚を、時には葛藤を経験しながらも、人格を成長させる道、魂を豊かにするためのものと捉えるならば、結婚は大いに生きるものだと言います。

私はHSPは特に、相手との関係の意味に気づき、感謝できるのだと思います。例えば、HSPは大抵、相手との会話にがっかりしているのですが、それでも一方でそれを受け容れ、満足してさえもいるのです。

もう一人、読むべき作家はマルティン・ブーバーです。彼の主著“I and Thou（我と汝）”は、とても難解ですが、“The Knowledge of Man（人類の知識）”“Between Man and Man（人と人の間）”の比較

的やさしい箇所は、愛読されています。どちらを読んでも、ブーバーが「我—汝」と（「我—それ」に対して）表現した、HSPの求める関係というものの深さを感じることができるでしょう。ブーバーは、これらの深さは、どんな関係でも、たとえ短い間だとしても、到達できると主張しています。ブーバーに言わせれば、この関係の深みは、他人との間だけに起こるのではなく、木や動物といった自然の一部や超越者との間にも起こるのです。

彼はまさに、他者との間に、十分な「我と汝」の関係《モーメント》があれば、無神論者でさえも、超越者との「我と汝」という関係《モーメント》に邂逅《かいこう》できると考えたのです。

最近、私は、HSPには特に、スピリチュアルな道と、その道を歩むためのスピリチュアルな実践が必要と考えています。

しかし、そのスピリチュアルな道とは、実は3つの道だと思います。

宗教指導者たちは、世界を、上の世界、「現実」世界、下の世界の3つに分けます。それぞれの世界をよく知ることが、彼らの癒しや救いの作業《ワーク》に必要不可欠です。私にとっては、下の世界の道とは、夢の役割と元型、無意識、深層心理（特に私自身）のシャドー（影）の世界を理解しようとすることです。現実世界の道は、身近な関係を深めることです。そしておそらく、他の2つの世界で発見したことを、創造的な方法で表現することです。本書で最も深められたのは、おそらくこの2つの「世界」です。

上の世界への道は、私にとっては瞑想ですが、人によっては、祈りかもしれませんし、自然の中で過ごす時間かもしれませんし、他の何かかもしれません。私は、45年間トランセンデンタル・メディテーション（超越瞑想）を続けてきましたが、人間関係など人生のあらゆる面で役立ち、何より最終的に、上の世界へと導いてくれたと確信しています。最近はこの3つの道では、師が不在であったり、指導者を崇めるあまり他の２つの道を嘲笑したりしていますが、３つの道は、相反するものではなく、むしろ、互いを補い合い、一つのもっと広大なリアリティの一部分なのです。

本書には、これらの３つの道が通底しています。しかし、私が強調したいのは、スピリチュアルな実践のいくつかは、荘厳で、素晴らしく、価値あるものですが、それには何年もの月日が必要ということです。定年退職に向けて、お金を貯めるのに、若過ぎることはないといわれますが、遅過ぎることもないでしょう。結局のところ、私たちは、どれほど時を積み重ねても、投資をやめるべきではないのです。しかし、定年後の生活がどのようなものだとしても、少なくともHSPの場合、もし内面に深いスピリチュアルな財産を築いていなかったならば、それはきっと寂しいものになるでしょう。

たとえ今、何歳であったとしても、人は皆、老いていきます。しかし少しずつでも、スピリチュアルに成長していったならば、最後は、単なる老いて死にゆく肉体以上のものになれるはずです。本書を手にしたあなたが、究極で、最深の愛に至る道を見つけられることを願っています。

訳注

***1 差次感受性（differential susceptibility）**：感受性の高い人は、そうでない人に比べて、悪い環境からは、悪い影響をより強く受けるが、逆によい環境からは、よい影響をより強く受ける、ということ。

参考文献

本書で取り上げた人間関係以外のHSPについての記述に関しては、以下の書籍、論文に引用された研究に基づいています。

・E. N. Aron, The Highly Sensitive Person (New York: Broadway Books, 1997).

・E. N. Aron and A. Aron, "Sensory-Processing Sensitivity and Its Relation to Introversion and Emotionality," Journal of Personality and Social Psychology 73 (1997): 345-68.

・E.N.Aron, "High Sensitivity as One Source of Fearfulness and Shyness: Preliminary Research and Clinical Implications" in Extreme Fear, Shyness, and Social Phobia: Origins, Biological Mechanisms, and Clinical Outcomes, eds. L. A. Schmidt and J. Schulkin (New York: Oxford University Press, 1999), 251-72.

・E. N. Aron, "Counseling the Highly Sensitive Person," Counseling and Human Development 28 (1996): 1-7.

上記に掲載されていない人間関係またはＨＳＰに関する研究で、参考にしたものは以下に章ごとにまとめました。私自身が行った研究は、ほとんどが上記の書籍・文献においてすでに刊行済みですが、HSPの人間関係とセクシャリティに関する最新の研究結果については、本書において初めて公開しています。

はじめに

1：M. McGue and D. T. Lykken, "Personality and Divorce: A Genetic Analysis," Journal of Personality and Social Psychology 71 (1996): 288-99.

第1章

1：D. M. Buss, "Human Mate Selection," American Scientist 47 (1985): 47-51.

2：R. J. H. Russell and P. Wells, "Personality Similarity and Quality of Marriage." Personality and Individual Differences 12 (1991): 407-12.

3：R. B. Kosek, "The Quest for a Perfect Spouse: Spousal Ratings and Marital Satisfaction," Psychological Reports 79 (1996): 731-35.

4：C. G. Jung, Psychological Types, vol. 6, The Collected Works of C. G. Jung, ed. W. McGuire (Princeton, N.J.: Princeton University Press, 1971).

5：C. G. Jung, Freud and Psychoanalysis, vol. 4. The Collected Works (1961).

6：A. Mehrabian and E. O'Reilly, "Analysis of Personality Measures in Terms of Basic Dimensions of Temperament," Journal of Personality and Social Psychology 38 (1980): 492-503.

7：A. Thomas and S. Chess, "Temperament and Cognition: Relations between Temperament and Mental Test Scores," in Temperament in Childhood, eds. G. A. Kohnstamm, J. E. Bates, and M. K. Rothbart (Washington, D.C.: American psychological Association, 1994), 377-87.

8：J. Poland, The Sensitive Child (New York: St. Martin's, 1996).

9：D. S. Wilson, K. Coleman, A. B. Clark, and L. Biederman, "Shy-Bold Continuum in Pumpkinseed Sunfish (Lepomis Gihhosus): An Ecological Study of a Psychological Trait," Journal of Comparative Psychology 107 (1993): 250.

10：X. Chen, K. Rubin, and Y. Sun, "Social Reputation and Peer Relationships in Chinese and Canadian Children: A Cross-Cultural Study," Child Development 63 (1992): 1336-43.
11：M. Zuckerman, Behavioral Expressions and Biosocial Bases of Sensation Seeking (New York: Cambridge University Press, 1994), 27.
12：M. Zuckerman, "Impulsive Unsocialized Sensation Seeking: The Biological Foundations of a Basic Dimension of Personality," in Temperament: Individual Differences at the Interface of Biology and Behavior, eds. J. E. Bates and T. D. Wachs (Washington, D.C.: American Psychological Association, 1994), 224.

第2章

1：P. Young-Eisendrath, You' re Not What I Expected; Love After the Romance Has Ended (New York: Fromm International Publishing Corporation, 1997),24.
2：L. L. Carli, "Gender, Interpersonal Power, and Social Influence," Journal of Social Issues 55 (1999): 81-99.
3：R. C. Barnett and G. K. Baruch, TheCompetent Woman: Perspectives on Development (New York: Irvington Publishers, 1978).
4：S. Faludi, Backlash: The Undeclared War Against American Women (New York: Crown, 1991).
5：W. Pollack, Real Boys: Rescuing Our Sons from the Myths of Boyhood (New York: Henry Holt and Company, 1998), 6.
6：S. Koffman, "Sensitive Men—Their Special Task," Comfort Zone: The HSP Newsletter 1(1) (1996): 14.
7：B. G. Gilmartin, Shyness and Love: Causes, Consequences, and Treatment (Lanham, Md.: University Press of America, 1987).
8：R. Bly, Iron John: A Book About Men (Reading, Mass.: Addison-Wesley, 1990).
9：L. K. Lamke, D. L. Sollie, R. G. Durbin, and J. A. Fitzpatrick, "Masculinity, Femininity and Relationship Satisfaction: The Mediating Role of Interpersonal Competence," Journal of Social and Personal Relationships 11 (1994): 535-54.
10：L. A. Pasch, T. N. Bradbury, and J. Davila, "Gender, Negative Affectivity, and Observed Social Support Behavior in Marital Interactions," Personal Relationships 4 (1997): 361-78.
11：W. Ickes, "Traditional Gender Roles: Do They Make, and Then Break Our Relationships?" Journal of Social Issues 49(1993): 71-85.
12：N. S. Jacobson, W. C. Follette, and M. Pagel, "Predicting Who Will Benefit from Behavioral Marital Therapy," Journal of Consulting and Clinical Psychology 54 (1986): 518-22.
13：R. B. Stuart, Helping Couples Change: A Social Learning Approach to Marital Therapy (New York: The Guilford Press, 1980), 264.
14：L. J. Roberts and L. J. Krokoff, "A Time-Series Analysis of Withdrawal, Hostility, and Displeasure in Satisfied and Dissatisfied Marriages," Journal of Marriage and the Family 52 (1990): 95-105.
15：C. L. Heavey, C. Layne, and A. Christensen, "Gender and Conflict Structure in Marital Interaction: A Replication and Extension," Journal of Consulting and Clinical Psychology 61 (1993): 16-27.
16：R. Johnson, Inner Work (San Francisco: Harper San Francisco, 1989).
17：P. G. Devine, "Stereotypes and Prejudice: Their Automatic and controlled components," Journal of Personality and Social Psychology 56 (1989): 680-90.

第3章

1：M. D. Sherman and M. H. Thelen, "Fear of Intimacy Scale: Validation and Extension with Adolescents," Journal of Social and Personal Relationships 13 (1996): 507-21.
2：E. Hatfield, "The Dangers of Intimacy," in Communications, Intimacy, and Close Relationships, ed, V. J. Derlega (New York: Academic Press, 1984), 377-87.
3：J. Bowlby, A Secure Base: Clinical Applications of Attachment Theory (London: Routledge, 1988).
4：D. W. Winnicott, Maturational Processes and the Facili-tat-ing Environment (London: Hogarth Press and the Institute of Psychoanalysis,1965).
5：K. Bartholomew and L. M. Horowitz, "Attachment styles among young adults: A test of a four-category model," Journal of Personality 61 (1991): 226-44.
6：M. Diehl, A. B. Elnick, L. S. Bourbeau, and G. Labouvie-Vief, "Adult Attachment Styles: Their Relations to Family Context and Personality," Journal of Personality and Social Psychology 74 (1998): 1656-69.
7：D. J. Siegel, The Developing Mind: Toward a Neurobiology of Interpersonal Experience (New York: Guilford Press, 1999).
8：M. Gunnar, "Psychoendocrine Studies of Temperament and Stress in Early Childhood: Expanding Current Models," in Temperament: Individual Differences, eds. Bates and Wachs (Washington, D. C.: American Psychological Association, 1994), 175-98.
9：K. A. Brennan and P. R. Shaver, "Dimensions of Adult Attachment, Affect Regulation, and Romantic Functioning," Personality and Social Psychology Bulletin 21 (1995): 267-83.
10：M. Mikulincer, "Attachment Style and the Mental Representation of the Self," Journal of Personality and Social Psychology 69 (1995): 1203-15.
11：Y. Lussier, S. Sabourin, and C. Turgeon, "Coping Strategies as Moderators of the Relationships Between Attachment and Marital Adjustment," Journal of Social and Personal Relationships 14 (1997): 777-91.
12：Brennan and Shaver, "Dimensions of Adult Attachment."
13：H. Latty-Mann and K. E. Davis, "Attachment Theory and Partner Choice: Preference and Actuality," Journal of Social and Personal Relationships 13 (1996): 5-23.
14：R. R. Kobak and C. Hazan, "Attachment in Marriage: Effects of Security and Accuracy of Working Models," Journal of Personality and Social Psychology 60 (1991): 861-69.
15：E. C. Klohnen and S. Bera, "Behavioral and Experiential Patterns of Avoidantly and Securely Attached Women Across Adulthood: A 31-Year Longitudinal Perspective," Journal of Personality and Social Psychology 74 (1998): 211-23.
16：Brennan and Shaver, "Dimensions of Adult Attachment."
17：M. Mikulincer, "Adult Attachment Style and Individual Differences in Functional versus Dysfunctional Experiences of Anger," Journal of Personality and Social Psychology 74 (1998): 513-24.
18：Brennan and Shaver, "Dimensions of Adult Attachment."
19：J. A. Simpson, W. S. Rholes, and J. S. Nelligan, "Support Seeking and Support Giving within Couples in an Anxiety-Provoking Situation: The Role of Attachment Styles." Journal of Personality and Social Psychology 62 (1992): 434-46.
20：J. A. Feeney, "Adult Attachment, Emotional Control, and Marital Satisfaction," Personal Relationships 6 (1999): 169-85.
21：B. C. Feeney and L. A. Kirkpatrick, "Effects of Adult Attachment and Presence of

Romantic Partners of Physiological Responses to Stress," Journal of Personality and Social Psychology 70 (1996): 255-70.
22 : Brennan and Shaver, "Dimensions of Adult Attachment."
23 : M. Main, "Cross-Cultural Studies of Attachment Organization: Recent Studies, Changing Methodologies, and the Concept of Conditional Strategies," Human Development 33 (1990): 48-61.
24 : Siegel, The Developing Mind, 91.
25 : Siegel, The Developing Mind.
26 : P. D. Kramer, Should You Leave? A Psychiatrist Explores Intimacy and Autonomy—and the Nature of Advice (New York: Scribner, 1997).

第4章

1 : A. Aron and E. N. Aron, "Love and Sexuality," in Sexuality in Close Relationships, eds. K. McKinney and S. Sprecher (Hillsdale, N.J.: Lawrence Erlbaum, 1991), 25.
2 : A. Aron, Relationship Variahles in Human Heterosexual Attraction (Doctoral Dissertation, University of Toronto, 1970).
3 : A, Aron and E. N. Aron, Love as the Expansion of Self: Understanding Attraction and Satisfaction (New York: Hemisphere, 1986).
4 : A. Aron and E. N. Aron, "The Self-Expansion Model of Motivation and Cognition in Close Relationships," in The Handbook of Personal Relationships, 2nd ed., eds, S. Duck and W. Ickes (Chichester, U. K.: Wiley, 1997). 251-70.
5 : A. Aron, D. G. Dutton, E. N. Aron, and A. Iverson, "Experiences of Falling in Love," Journal of Social and Personal Relationships 6 (1989): 243-57.
6 : H. E. Fisher, "Lust, Attraction, and Attachment in Mammalian Reproduction," Human Nature 9 (1998): 23.
7 : M. Kodis, D. Moran, and D. Houy, Love Scents: How Your Natural Pheromones Infiuence Your Relationships, Your Moods, and Who You Love (New York: Dutton, 1998).
8 : A. Tesser, "Self-Generated Attitude Change" in Advances in Experimental Social Psychology, vol. 11, ed. L. Berkowitz (New York: Academic Press, 1978), 289-338.
9 : D. G. Dutton and A. Aron, "Some Evidence for Heightened Sexual Attraction under Conditions of High Anxiety," Journal of Personality and Social Psychology 30 (1974): 510-17.
10 : C. A. Foster, B. S. Witcher, W. K. Campbell, and J. D. Green, "Arousal and Attraction: Evidence for Automatic and Controlled Processes," Journal of Personality and Social Psychology 74 (1998): 86-101.
11 : E. S. Person, Dreams of Love and Fateful Encounters: The Power of Romantic Passion (New York: Penguin Books, 1989), 264.
12 : A. Aron, Relationship Variables.
13 : J. A. Desteian, Coming Together—Coming Apart: The Union of Opposites in Love Relationships (Boston: SIGO Press, 1989).
14 : J. R. Haule, Divine Madness: Archetypes of Romantic Love (Boston: Shambhala, 1990).
15 : A. Aron, E. N. Aron, and J. Allen, "Motivations for Unreciprocated Love," Personality and Social Psychology Bulletin 24 (1998): 787-96.
16 : C. G. Jung, Visions Seminars (Zurich: Spring Publications, 1976), 110.
17 : V. Harms, The Inner Lover (Boston: Shambhala, 1992).

18：L. D. Ross, T. M. Amabile, and J. L. Steinmetz, "Social Roles, Social Control and Biases in Social-Perception Processes," Journal of Personality and Social Psychology 35 (1977): 485-94.
19：A. M. Pines, Falling in Love: How We Choose the Lovers We Choose (New York: Routledge, 1999).

第5章

1：A. Caspi and E. S. Herbener, "Continuity and Change: Assortative Marriage and the Consistency of Personality in Adulthood," Journal of Personality and Social Psychology 58, (1990): 250-58.
2：Kramer, Should You Leave?, 198.
3：D. Wile, After the Honeymoon: How Conflict Can Improve Your Relationship (New York: Wiley, 1988).
4：Person, Dreams of Love and Fateful Encounters, 264.

第6章

1：B. R. Karney and T. N. Bradbury, "Neuroticism, Marital Interaction, and the Trajectory of Marital Satisfaction," Journal of Personality and Social Psychology 72 (1997): 1075-92.
2：Jung, Psychological Types, vol. 6, The Collected Works.

第7章

1：A. Aron, M. Paris, and E. N. Aron, "Prospective Studies of Falling in Love and Self-Concept Change," Journal of Personality and Social Psychology 69 (1995): 1102-12.
2：Karney and Bradbury, "Neuroticism, Marital Interaction, and the Trajectory of Marital Satisfaction."
3：A. Aron, C. C. Norman, and E. N. Aron, "Couples Shared Participation in Novel and Arousing Activities and Experienced Relationship Quality," Journal of Personality and Social Psychology (2000).
4：C. Reissman, A. Aron, and M. R. Bergen, "Shared Activities and Marital Satisfaction: Causal Direction and Self-Expansion versus Boredom," Journal of Social and Personal Relationships 10 (1993): 243-54.
5：Aron, Norman, and Aron, "Couples Shared Participation in Novel and Arousing Activities and Experienced Relationship Quality,"
6：J. Gottman and N. Silver, The Seven Principles for Making Marriage Work (New York: Crown, 1999).
7：Young-Eisendrath, You' re Not What I Expected.
8：Gottman and Silver, The Seven Principles for Making Marriage Work.
9：B. Jaeger, "The Highly Sensitive Self-Employed," Comfort Zone: The HSP Newsletter 4 (2) (1999): 13.
10：Desteian, Coming Together—Coming Apart, 37.
11：Gottman and Silver, The Seven Principles for Making Marriage Work.
12：C. G. Jung, The Practice of Psychotherapy, vol. 16, The Collected Works (1985), 294-95.
13：C. J. Showers, "Compartmentalization of Positive and Negative Self-Knowledge: Keeping

the Bad Apples Out of the Bunch," Journal of Personality and Social Psychology 62 (1992): 1036-49.

14：C. J. Showers and S. B. Kevlyn, "Organization of Knowledge about a Relationship Partner: Implications for Liking and Loving," Journal of Personality and Social Psychology 76 (1999): 958-71.

15：Gottman and Silver, The Seven Principles for Making Marriage Work.

16："Psychotherapy," Consumer Reports November (1995): 734-39.

第8章

1：J. J. Griffin, Sexual Fantasy, Extramarital Affairs, and Marriage Commitment (Doctoral Dissertation, California Graduate School of Family Psychology, 1990).

2：D. H. Lawrence, "Marriage and the Living Cosmos, " in Challenge of the Heart: Love, Sex, and Intimacy in Changing Times, ed. J. Wellwood (Boston, Shambhala, 1985), 166.

3：R. M. Rilke, "Advice for a Young Lover," in The Art of Staying Together: Embracing Love, Intimacy, and Spirit in Relationships, ed. M. R. Waldman (New York: Jeremy P. Tarcher/ Putnum, 1998), 171.

4：R. M. Rilke, "Learning to Love," in Challenge of the Heart, 264.

5：B. Jager, "Passion and Transformation," in Challenge of the Heart, 218.

第9章

1：K. S. Kendler, C. O. Gardener, and C. A. Prescott, "Religion, Psychopathology, and Substance Use and Abuse: A Multimeasure Genetic-Epidemiologic Study," American Journal of Psychiatry (1997): 322-29.

2：E. F. Edinger, Ego and Archetype: Individuation and the Religious Function of the Psyche (New York: Penguin Books, 1972).

3：P. Benson and B. Spilka, "God Image as a Function of Self-Esteem and Locus of Control," Journal for the Scientific Study of Religion 12 (1973): 297-310.

4：L. A. Kirkpatrick and P. R. Shaver, "An Attachment-Theoretical Approach to Romantic Love and Religious Belief," Personality and Social Psychology Bulletin 18 (1992): 266-75.

5：Edinger, Ego and Archetype, 39-40.

6：Edinger, Ego and Archetype, 117.

7：Jung, The Practice of Psychotherapy, 244-45.

8：J. Karman, Robinson Jeffers: Poet of California (Brownsville, Ore.: Story Line Press, 1996

HSPについて最新の情報が得られる"Comfort Zone（心地よい居場所）"（HSP向けニュースレター）は、www.hsperson.com にて読むことができます。

原著者の謝辞

編集者のトレーシー・ベーハーとエージェントのベッツィー・アムスターとご一緒できとても幸運でした。彼らの気遣いと知見はとても行き届いていて、愛と気質という深いテーマで行き詰まるHSPの私の考えを引き出し、ずっと励ましなだめてくれました。

編集者のサラ・ホイットミアも、私の夫のアートと同様に原稿をよく見てくれました。息子のエリジャーの貢献にも感謝しています。

何時間も快く私につきあって、自分たちの関係について話してくれたHSPの皆さん、インタビュー調査に応じてくれた多くの方々にも深くお礼申し上げます。心理療法に訪れた方々にも感謝しています。彼らの話を一部紹介する際には、事実関係は大幅に改変させていただきました。この本に必要な深さを加えるためには、彼らの物語しかありませんでした。私は彼らの語りの現場に立ち会えたことを心から光栄に思っています。

著者紹介

エレイン・N・アーロン　カナダ・ヨーク大学（トロント）で臨床心理学の修士号、アメリカ・パシフィカ大学院大学で臨床深層心理学の博士号を取得。サンフランシスコのユング研究所でインターンとして勤務しながら、臨床にも携わる。HSPという概念を世界で初めて提唱した。臨床・研究と平行して、HSPのワークショップを各地で開催している。著書に『ささいなことにもすぐに「動揺」してしまうあなたへ。』（SBクリエイティブ）などがある。

訳者紹介

明橋大二　心療内科医。子育てカウンセラー。昭和34年、大阪府生まれ。京都大学医学部卒業後、国立京都病院内科、名古屋大学医学部付属病院精神科、愛知県立城山病院を経て、真生会富山病院心療内科部長。心療内科医として勤務する中で、HSPという概念に出合う。HSP・HSCへの正しい理解を深めるため、メディアを中心に幅広く活動している。

ひといちばい敏感《びんかん》なあなたが人《ひと》を愛《あい》するとき

2020年10月1日　第1刷
2024年6月10日　第4刷

著　者　エレイン・N・アーロン
訳　者　明《あけ》橋《はし》大《だい》二《じ》
発行者　小澤源太郎

責任編集　株式会社 プライム涌光
電話　編集部　03(3203)2850

発行所　株式会社 青春出版社
東京都新宿区若松町12番1号 〒162-0056
振替番号　00190-7-98602
電話　営業部　03(3207)1916

印　刷　中央精版印刷　　製　本　大口製本

万一、落丁、乱丁がありました節は、お取りかえします。
ISBN978-4-413-23169-5 C0011

青春出版社の四六判シリーズ

高校受験
志望校に97％合格する親の習慣
ひと月あれば偏差値10アップも可能
道山ケイ

「自己肯定感」の持ち方で
あなたのまわりが変わりだす
がんばることより、今の自分にOKを出そう！
恒吉彩矢子

結局、すべてを手に入れる
「すぐやる！ノート」
〝いまの自分〟を抜け出す最強の答えとは？
藤田達藏

叱りゼロ！
「自分で動ける子」が育つ
魔法の言いかえ
田嶋英子

今日からできる！
小さな会社のSDGs
事例がいっぱいですぐわかる！ アイデアBOOK
村尾隆介

青春出版社の四六判シリーズ

体のかたさも痛みも解決する！
関節可動域を広げる本
原　秀文

美しく生きるヒント
前に向かって歩む35の言葉
小林照子

ブランディングが9割
なぜか小さい会社でも勝てる不思議なカラクリ
乙幡満男

手術件数1000件超の名医が教える
がんにならないシンプルな習慣
佐藤典宏

はじめまして更年期《コーネンキー》♡
40代からの不調が消える心と体のプチ習慣
永田京子